Des hommes libres

Les Arènes,
17-19 rue Visconti, 75006 Paris
Tél. : 01 42 17 47 80

Pour découvrir nos nouveautés, rendez-vous sur notre site arenes.fr.
Retrouvez les vidéos inspirées de nos livres sur la chaîne YouTube
« Les Arènes du Savoir ». Et suivez-nous sur les réseaux sociaux !

@les_arenes

JAMES REBANKS

Des hommes libres

UNE TERRE TROIS GÉNÉRATIONS

TRADUIT DE L'ANGLAIS (ROYAUME-UNI)
PAR VALÉRIE LE PLOUHINEC

LES ARÈNES

Pour Helen, avec tout mon amour

La charrue et les mouettes

Les mouettes rieuses suivent notre sillage comme si nous étions un petit chalutier en mer. Le ciel est empli de silhouettes ailées et de becs hurlants, et des giclées de fiente laiteuse s'écrasent au sol. Je suis sur le tracteur, tassé derrière mon grand-père, assis sur des clés à molette et des outils variés qui me font mal aux fesses. Nous sommes en train de labourer un champ de cinq hectares, en haut d'un plateau calcaire qui s'incline légèrement vers la vallée d'Eden, loin en contrebas. Des murets de pierre sèche gris argent divisent le terrain en longues parcelles rectangulaires. On se croirait au sommet du monde après nous, il n'y a plus que les nuages. Les oiseaux s'élèvent et retombent dans un tumulte de vagues avides. Les plus hauts planent loin au-dessus du champ, tels des cerfs-volants ancrés par des longueurs de fil invisible. Certains restent à mi-hauteur, à quelques pas derrière le tracteur, et battent des ailes juste au-dessus de la charrue ; d'autres volent sans bouger une plume, presque assez près pour me toucher, le regard inquisiteur, les pattes jaunes et fripées. L'un d'eux laisse pendre une de ses palmes, tordue et infirme. Les collines grises du Lakeland se découpent au loin telle l'échine d'immenses dragons endormis.

Les six socs découpent la terre en rubans que les versoirs d'acier brillant soulèvent, renversent, retournent entièrement. Les entrailles noires et glaiseuses de la terre sont exposées face au ciel, l'herbe chavirée vers le monde d'en bas. Le dessus, fraîchement coupé, est luisant d'humidité. Les sillons se succèdent en travers du champ telle une houle balayant un immense océan brun. Les longueurs les plus récentes sont les plus sombres, les plus anciennes déjà se délavent, créant un dégradé de plus en plus clair, sec et friable. D'autres mouettes arrivent : elles ont entendu une rumeur portée par les vents jusqu'aux quatre coins du ciel. Elles franchissent à tire-d'aile champs et bois, suivant des routes aériennes si rectilignes qu'on les croirait tracées à la règle. Elles hurlent et s'interpellent, surexcitées, en voyant la terre fraîchement retournée.

Le moteur s'emballe et le pot d'échappement crache une fumée d'un noir de poix lorsque nous gravissons la côte. Une odeur de diesel et de terre envahit mes narines. Mon grand-père regarde tour à tour vers l'avant et vers l'arrière, son attention partagée entre les deux. À l'avant, il veille à la rectitude des sillons : il se sert de deux points de repère, loin au-delà de la tournière, pour tracer des lignes droites et franches. L'un est un vieux pin sylvestre, l'autre un trou dans un mur sur une colline éloignée. Il me parle d'un jeune laboureur qu'il a connu, qui se repérait grâce à une tache blanche dans le lointain. Il s'était retrouvé avec des sillons de travers car la tache en question était en fait une vache blanche qui marchait de long en large sur un coteau. À l'arrière, il s'assure que la charrue fait bien son travail. C'est pour ça qu'il est assis à demi tourné entre ces deux angles de vue, le cou étiré, avec ses joues burinées semées de courts poils de barbe gris.

Les mouettes s'abattent sur la terre vierge pour prélever des vers sur la surface ameublie. Puis elles filent vers les cieux dans un grand tumulte d'ailes battantes, pressées de gober leur proie avant d'être assaillies par leurs congénères. Le temps de mettre leur festin à l'abri au fond de leur gosier, elles prennent au moins cent mètres de retard sur la charrue. Elles remontent alors en hauteur, puis se laissent à nouveau planer jusqu'au-dessus du tracteur, et le cycle se répète, encore et toujours. Un peu plus loin, les corbeaux avancent dans le champ d'un pas décidé, et quelques-uns s'envolent sur leurs ailes noires pour se joindre à la mêlée tournoyante.

Soudain, un raclement de métal sur le socle calcaire. Le tracteur proteste, le moteur peine, comme si quelqu'un avait jeté l'ancre, puis un grincement métallique, un claquement de pierre qui se brise, et la charrue se soulève quelque peu avant de bondir en avant, soudain libérée. Une plaque de roche exhumée apparaît derrière nous. Les pierres les plus grosses restent pour l'essentiel enfouies, comme des icebergs, et ne laissent voir au-dessus des sillons que la partie touchée par le soc, ou un fragment arraché. Sur ce rude terrain, la couche de terre est mince, ce qui fait que l'incident est fréquent.

La nuit tombe peu à peu. Les ombres s'allongent. Les mouettes regagnent leurs nids en formant des « V » immenses. Elles m'évoquent les bombardiers en formation dans les films de guerre. Les collines tremblent et vacillent dans l'air bleu qui s'assombrit. Les terres sont labourées, le travail accompli. Nous rentrons à la maison. Les phares du tracteur éclairent un tunnel jaune halogène sous les branchages qui couvrent le chemin. Devant nous, les lapins détalent vers les halliers. Je bâille. De grosses étoiles blanches scintillent dans le ciel bleu-noir. Pendant que le tracteur traverse le petit bourg, les lampes électriques et les téléviseurs illuminent les maisons où l'on aperçoit les gens debout dans leur cuisine ou avachis dans leur salon.

*

Tout voyage doit bien commencer quelque part, et c'est là que le mien a débuté. J'étais assis à l'arrière de ce tracteur, avec le vieux devant moi, et pour la première fois de ma vie j'ai réfléchi à qui nous étions, à ce qu'était le champ, et au rapport entre les mouettes et la charrue. J'étais un jeune garçon en train de vivre les derniers jours d'un très ancien monde agricole. J'ignorais ce qui m'attendait et pourquoi. Certains changements mettraient des années à atteindre nos terres, mais je sentais confusément que cette journée-là valait la peine que je la grave dans ma mémoire.

Ce livre retrace l'histoire de cet ancien monde et de ce qui lui est arrivé. L'histoire d'une révolution planétaire, telle qu'elle s'est déroulée dans les deux petites fermes de ma famille : celle que louait mon père dans la vallée d'Eden, et que nous avons quittée il y a maintenant près de vingt ans, et la petite ferme de mon grand-père dans les hauteurs du Lake District, à vingt-sept kilomètres à l'ouest de la première, où je vis et travaille aujourd'hui. C'est l'histoire, contée sans fard et sans détour, de ce qu'était l'agriculture ici dans mon enfance, et de ce qu'elle est devenue. L'histoire de fermiers comme nous, présents par dizaines de milliers dans le pays et à travers le monde. Je veux y raconter pourquoi nous avons agi comme nous l'avons fait – et ce que certains d'entre nous sont en train de faire pour arranger les choses. Les quarante dernières années ont tout bouleversé, et interrompu ce qui se faisait depuis des millénaires sur nos terres : une expérience radicale et mal réfléchie, menée directement dans nos champs.

Ces années-là, je les ai vécues. J'en suis le témoin.

Nostalgie

Mais avant de fendre avec le fer une campagne inconnue, qu'on ait soin d'étudier au préalable les vents, la nature variable du climat, les traditions de culture et les caractères des lieux, et ce que donne ou refuse chaque contrée.

Virgile, *Les Géorgiques*, trad. Maurice Rat

Le plus difficile est de voir ce qui est vraiment là.

John Alec Baker, *Le Pèlerin* (1967), trad. Élisabeth Gaspard

Une culture *agricole* saine ne peut être fondée que sur le familier et ne peut croître que parmi des gens fermement établis sur les terres ; elle nourrit et protège une intelligence humaine de la terre qu'aucune technologie ne peut remplacer de manière satisfaisante.

Wendell Berry, « The Agricultural Crisis as a Crisis of Culture », *The Unsettling of America* (1977)

Nous voilà silencieux dans la salle d'attente, perchés comme autant de corneilles effarouchées au bord de nos chaises au dossier raide. Les portraits compassés des pères fondateurs de l'office notarial nous toisent sévèrement depuis les murs. À côté de nous, une mère légèrement grisonnante chuchote quelque chose à sa fille, qui lui répond tout bas. Puis un homme en complet à fines rayures les invite à prendre l'escalier. Ces bureaux étouffants à l'atmosphère dickensienne jouxtent l'église en grès du bourg le plus proche de chez nous. Les marches du perron ont été creusées par des générations de paysans venus avec leurs chaussures du dimanche démêler toutes sortes de questions juridiques.

Le plus ancien papier sur lequel le nom de ma famille est mentionné concerne un différend avec un aristocrate local à propos de la propriété d'un terrain en 1420, dans la paroisse voisine. Nous sommes là, dans ce cabinet qui gère les affaires juridiques de notre ferme depuis au moins trois générations, pour prendre connaissance du testament de mon père.

Chez nous, l'homme de loi de mon grand-père était simplement appelé Charles, comme dans « On n'a qu'à demander son avis à Charles », chaque fois que surgissait une question de nature ne serait-ce que vaguement juridique. Les petits bourgs comme le nôtre ont toujours été pourvus en professionnels de cet ordre afin de répondre aux besoins des fermiers et de tous ceux qui vivent de la terre.

Une jeune femme, apparemment apprentie secrétaire, me propose un café. C'est une employée plus âgée qui lui a chuchoté de le faire en lui donnant un coup de coude, mais il est bientôt clair que la jeune ne sait pas se servir de la machine. Elle fait de son mieux, mais n'a pas encore trouvé ses marques dans ce nouvel emploi. Les tasses tremblent dans ses mains. « Je suis pas assez chic pour boire du café », nous souffle-t-elle avec embarras. La dame l'écarte gentiment mais fermement pour préparer elle-même le café. La jeune, de retour derrière le bureau, semble avoir envie de partir en courant. Je connais cette expression. Jusqu'à mes vingt ans et plus, l'idée de devoir parler à des gens « chics » (c'est-à-dire n'importe qui appartenant vaguement à la classe moyenne ou ayant fait des études supérieures) me terrifiait. Je me sentais rabaissé en leur présence, et bien souvent je devenais muet et ombrageux. Ils maîtrisaient les grands mots, eux. Ils savaient tout ce que moi j'ignorais.

Le café n'est pas plus tôt arrivé que la dame nous emmène poliment dans le couloir pour nous faire entrer dans une pièce où des fauteuils capitonnés de cuir entourent un bureau en bois verni. Derrière la fenêtre, deux pigeons gris se font la cour sur un toit d'ardoise. Une femme entre dans notre dos et contourne ma mère, les bras chargés de vieux et épais dossiers attachés avec des ficelles et des rubans. Elle s'installe derrière le bureau, se présente, et nous informe que ce sont les « actes notariés » de nos terres. Aussitôt les rubans dénoués, les documents s'étalent comme une grosse bedaine libérée d'une ceinture. Je voudrais ouvrir ces dossiers, ce paquet d'histoires jamais contées, je voudrais les tenir dans mes mains, mais il est clair que peu de gens le font, car la femme nous donne les informations juridiques que nous sommes venus chercher sans jamais y toucher. Elle a beau nous parler, je n'entends rien de ce qu'elle dit. Voyant que je suis ailleurs, elle marque une pause. Je lui demande si je peux regarder les actes. Elle acquiesce, en pousse quelques-uns vers moi et entreprend de me donner des explications. Les deux ou trois premiers dossiers aux plis raidis s'ouvrent entre nos mains tels de grands papillons déployant leurs ailes de carton.

Ces pages contiennent ce qui se rapproche le plus d'une histoire écrite de nos terres. Les feuilles cireuses sont couvertes de fines anglaises presque illisibles et de plans aux couleurs fanées qui dessinent les contours de nos champs. De grandes lettrines à l'ancienne ouvrent des pages couvertes de texte. Des signatures tracées d'une main ferme entourent des sceaux de cire rouge foncé. À mesure que mes yeux s'accoutument à l'écriture manuscrite et aux croquis des champs, je vois s'ouvrir un monde à demi familier de noms de parcelles et de repères dans le paysage – arbres, ruisseaux, chemins et granges –, un négatif à l'encre du paysage d'herbe, de pierre, de terre et de bois que je connais. Il y a aussi des éléments historiques que je n'ai jamais vus, notamment des découvertes archéologiques qualifiées de « celtiques ».

L'historique de propriété de toutes les parcelles se trouve dans ces dossiers, et les transactions y sont détaillées sur plusieurs siècles. La dernière fois que des yeux se sont posés dessus, c'étaient sans doute ceux de mon père ou de mon grand-père, et avant cela ceux des gens qui cultivaient ici avant nous, car les actes étaient conservés aux archives, à l'abri de nos mains terreuses. Ils n'étaient consultés qu'en cas de différend à propos d'un tracé ou de la propriété d'un lieu, d'un bien ou autre, ou en cas de décès. Les noms des champs m'attirent l'œil :

- Greenmire (Bourbier Vert)
- Little Greenmire (Petit Bourbier Vert)
- Smithy Brow (le mont du Forgeron)
- High Stoney Beck (Haut Ruisseau Pierreux)
- Clovenstone (Pierre Fendue)
- Cloven Stone Rigg (la butte de Pierre Fendue)
- Brownfield (Champ Brun)

- Wood Garth (Clos du Bois)
- Long Field (Long Champ)

Quelque part dans ce dossier se trouve l'acte d'achat de quarante hectares par mon grand-père, au début des années 1960. Il avait emmené mon père, alors adolescent maigrichon, et son beau-frère Jack, qui connaissait le pays mieux que lui, pour aller « voir quelque chose » en voiture un dimanche après-midi. Il les avait conduits jusqu'aux petits champs éparpillés, délabrés, envahis de mauvaises herbes et mal clôturés mentionnés dans ces documents, et qui ensemble formaient une « ferme de moyenne altitude ». Il avait déclaré qu'il emprunterait l'argent et les achèterait comme pâture d'été pour ses vaches et ses moutons. L'ensemble coûtait 14 000 livres. Je trouve aussi les documents selon lesquels mes parents ont acheté à un autre fermier prenant sa retraite vingt hectares au milieu de ces champs, pour compléter la ferme, auxquels se sont ajoutés six hectares dans les années 1990, lorsque le terrain jouxtant le nôtre a été mis en vente. Bientôt, ces archives contiendront aussi l'acte de propriété des cinq hectares que j'ai acquis avec ma femme juste après la mort de mon père, en haut du chemin derrière la maison, car ils sont proches de la ferme et seront utiles pour nos bêtes.

Ces actes montrent la terre passant d'une famille à une autre, encore et encore. Ils me rappellent qu'une ferme n'est pas un bloc immuable mais une entité qui se modifie sans cesse à mesure que les parcelles changent de main, qu'elles soient achetées, louées ou vendues. C'est une histoire désordonnée et compliquée, comme celle de la plupart des familles. Chaque génération renouvelle son attachement à la terre en s'y accrochant et en la travaillant. Cet attachement peut aussi se perdre. Pendant que la notaire nous parle, je sais que l'avenir de ma famille sur cette ferme nichée dans un coin du nord de l'Angleterre dépendra de ma capacité à tirer de nos terres (ou de tout autre chose) un revenu suffisant pour payer nos factures, régler nos dettes et nous nourrir. Depuis l'adolescence, j'ai toujours travaillé à la ferme et gardé le troupeau de brebis. Mais cette fois-ci, c'est autre chose qui se joue. En redescendant les marches usées du perron, j'ai conscience que l'« éleveur », désormais, c'est moi.

Les mois qui ont suivi la mort de mon père ont été les plus durs de ma vie. J'avais toujours voulu devenir le patron, le capitaine du navire, la main sur le gouvernail, mais dès l'instant où c'est arrivé, tout cela a soudain sonné creux. Le monde entier me paraissait gris et terne. Au-delà de notre petite vallée, les gens semblaient être devenus fous : ils élisaient des personnages grotesques et commettaient dans leur rage des actes étranges. L'Angleterre était divisée, brisée. Je me sentais soudain perdu. J'avais toujours suivi les pas d'un autre, je lui parlais, il me rassurait dans les moments difficiles, et voilà qu'il n'était plus là. La ferme était devenue un lieu de solitude, plus pauvre de n'être pas partagée. Et à chaque année qui passait, les fermiers étaient moins nombreux : une catégorie sociale minuscule, en voie de disparition, et de plus en plus impuissante. J'avais une conscience aiguë de la fragilité de notre monde, l'impression qu'il risquait à tout moment de se briser en mille morceaux.

D'après les Nations unies, cinq millions d'humains par mois quittent le monde rural pour des communautés urbaines : c'est la plus vaste migration de l'histoire de l'humanité. En Grande-Bretagne, la « première nation industrielle », le mouvement s'est produit pour l'essentiel il y a deux ou trois générations. De ce fait, notre société est l'une des moins rurales au monde. La majorité de notre population vivant à présent dans des villes de moyenne ou grande taille, nous avons tendance à négliger les réalités pratiques de l'agriculture, ce moment vital où l'humain se mesure au monde naturel.

Et pourtant, nous sommes toujours attachés – très concrètement – à la terre : notre civilisation entière repose sur les surplus qu'elle produit, ce qui épargne à la plupart des gens de faire pousser leur propre nourriture et leur libère du temps pour faire autre chose. Nous ne sommes plus les esclaves des « sombres usines sataniques » de l'ère industrielle – pour reprendre les mots de William Blake –, mais nous sommes, par millions, encore enchaînés contre notre gré aux bureaux sans âme des firmes qui leur ont succédé. Nous agissons comme si nous avions déboulé en ville pour gagner notre vie il y a une génération ou deux, mais avec l'intention de rentrer bientôt quelque part à la campagne. Rares sont les choses auxquelles nous affirmons tenir plus que « la nature », les paysages chers à nos cœurs ; rares, les rêves plus persistants que celui de revenir à une vie pastorale faite de hameaux, de fermes et de chaumières, avec des petits champs bordés de haies qui embaument le chèvrefeuille.

L'Angleterre était autrefois qualifiée de « terre verte et plaisante », mais en vérité elle n'a jamais été entièrement verte, ni entièrement plaisante. C'était une contrée rude, exploitée par l'humain presque jusqu'au dernier hectare, ce qui ne l'empêchait pas d'avoir beaucoup d'agréments. Et pourtant, force est de reconnaître que le paysage qui nous nourrit a changé. Il est profondément différent de ce qu'il était ne serait-ce qu'il y a une génération. Les anciennes terres agricoles et la vie sauvage qu'elles abritaient ont en grande partie disparu, remplacées par un système d'exploitation industrielle sans précédent en termes d'échelle, de rapidité et de puissance. Cette nouvelle agriculture s'est révélée à la fois géniale du point de vue de la productivité et, nous le savons maintenant, désastreuse du point de vue écologique. Plus nous en apprenons sur cette mutation, plus notre malaise et notre colère grandissent face à ce que l'agriculture est devenue. Notre société a beau en être le fruit, notre confiance en elle s'amenuise de plus en plus.

Le moment était mal choisi pour hériter d'une ferme. Je me retrouvais seul décisionnaire quant à la gestion des terres de ma famille. Quelques mois après la mort de mon père, il y a de cela cinq ans, j'ai frôlé le désespoir. Notre rôle était contesté et critiqué comme jamais. Les reportages pessimistes et les études scientifiques témoignant du déclin et de la perte de la vie sauvage sur les terres agricoles devenaient chose courante à la télévision et à la radio. Les forêts tropicales étaient détruites par le feu, les cours d'eau empoisonnés, les sols s'érodaient et d'innombrables paysages devenaient stériles, privés de nature. La presse papier et la télévision vibraient de colère. Pour la première fois, on avait l'impression de devoir s'excuser d'être agriculteur. Et non sans honte et tristesse, je voyais bien qu'il y avait du vrai dans tout cela. Mon nouveau rôle était loin d'être héroïque, comme je l'imaginais dans ma jeunesse. Il était juste difficile et compliqué ; j'étais rongé par le doute. J'allais désormais devoir faire une multitude de choix qui façonneraient ce petit morceau d'Angleterre, en bien ou en mal – certains fondamentaux, d'autres minuscules, petit à petit, jour après jour. Beaucoup de choses, me semblait-il, reposaient sur mon savoir, ou mon absence de savoir, et sur mes valeurs et mes convictions. Je mesurais soudain la limitation de mes choix et l'étendue de mon ignorance. J'allais devoir trouver comment tirer des revenus de nos terres sans les saccager. J'avais hérité d'un lot complexe de défis économiques et écologiques – et c'était peut-être ça, au fond, que cela voulait dire, « être agriculteur ».

Quand on se perd, on gagne souvent à revenir sur ses pas jusqu'à se retrouver en terrain connu. Pendant ces premiers mois douloureux, l'élevage pratiqué par mon grand-père est devenu pour moi un de ces terrains d'où je pouvais examiner ce qui s'était passé afin de comprendre où cela avait mal tourné. J'ai beaucoup réfléchi à la manière dont il avait géré sa terre, soigné ses bêtes, ainsi que la nature qui l'entourait. Je voulais revoir d'un œil neuf ce que cela signifie, profondément, d'être un fermier. Je suis remonté dans mes souvenirs jusqu'à une journée d'avril passée à labourer un champ, presque quarante ans auparavant. Tout était gravé dans ma mémoire jusqu'au moindre détail. Quarante ans, ce n'est peut-être pas très long dans l'absolu, mais en matière de pratiques agricoles c'est quasiment l'époque des dinosaures. Peut-être ne découvrirais-je que d'anciennes erreurs, ou n'en retirerais-je qu'une vague nostalgie pour l'agriculture traditionnelle. Mais je suis retourné dans le passé animé par un espoir, celui d'y trouver une partie des réponses

– et de découvrir quel genre de fermier je voulais et devais devenir.

À regarder les oiseaux à l'arrière du tracteur, j'avais le sentiment que mon grand-père et les mouettes derrière sa charrue faisaient partie d'un tout indissociable, autant pour lui que pour elles. Lui comme elles avaient un droit intemporel à cette terre ; lui comme elles appartenaient au même cycle dans ce paysage. Ils avaient besoin les uns des autres. J'avais conscience, peut-être pour la première fois et avec une clarté absolue, que nous étions fermiers et que cela nous définissait par-dessus tout. Nous transformions la terre pour en extraire notre subsistance et celle des autres. Le travail enracinait mon grand-père dans la terre, le reliait aux récoltes et aux animaux qu'elle portait. J'adorais sa proximité avec le terrain. Je savais obscurément que beaucoup de gens ne vivaient pas comme nous. La plupart des familles, même dans notre village, avaient troqué leur rapport à la terre contre une nouvelle vie loin des champs, des oiseaux et des étoiles.

Un peu plus tôt ce printemps-là, mon grand-père avait décidé que le moment était venu de commencer mon « éducation » agricole. Il s'était mis en tête de m'enseigner les usages de son monde. J'avais peut-être toujours eu une vague idée des cycles du travail, à force d'être dans les pattes des ouvriers depuis que je savais marcher, mais là c'était autre chose. Il sentait depuis quelques mois que la ferme était en train de me perdre. J'étais fainéant et je commençais à me cacher dans la maison, blotti devant la télé. Il savait que si je n'apprenais pas tout de suite à aimer l'élevage, je m'éloignerais et serais perdu à jamais. J'étais en âge de sortir de la maison et des jupes des femmes, en âge de commencer à apprendre et à me rendre utile. Je ne m'entendais pas bien avec mon père, et cela empoisonnait mon rapport à la ferme. Chaque fois que j'essayais de l'aider, il y avait inévitablement quelque chose que je faisais mal. Résultat : je me faisais gronder. Il était dur et je préférais l'éviter. C'était plus simple de rester me morfondre à la maison. Mais cela me faisait honte, car je savais qu'il attendait autre chose de moi. À ce train-là, je risquais de lui causer une grande déception.

Le verre de tous les carreaux, à la ferme, était plein d'imperfections – des tourbillons, comme des nœuds dans un tronc de chêne – qui distordaient le sycomore du jardin, les nuages et les pylônes électriques. Je trouvais les champs plats et ennuyeux. J'étais un grand rêvasseur. Je revois mon père me crier un jour d'enfiler mes bottes et de sortir l'aider, en ajoutant qu'il ne tenait pas un camp de vacances. Quand je suis apparu à la porte, il m'a énuméré les tâches que je devais accomplir dehors et s'est tourné vers la cour d'un air dégoûté, laissant une trace marron dégoulinante sur le placard où il s'était appuyé. Tout ce que j'en ai pensé sur le moment, c'est : comment peut-on avoir envie d'être dehors sous la pluie, les mains gelées, à bosser pour ce dingue ?

J'ai entendu une fois mon grand-père reprocher vertement à mon père de m'avoir déjà « dégoûté » de la ferme, d'avoir été trop dur avec moi. Il était encore le patriarche régnant sur l'intégralité de nos terres, jamais loin des champs, et j'allais bientôt apprendre que c'était bien plus amusant de travailler avec lui ou, encore mieux, chez lui dans les collines, plutôt que travailler pour mon père chez nous.

Il ne payait pas de mine, mon grand-père. Il portait tous les jours le même complet marron. Sous sa casquette, son crâne était pâle, et ses rares cheveux pitoyablement ramenés par-dessus. Il avait un petit pot de cure-dents à côté de son fauteuil, et s'en servait pour trifouiller dans sa bouche. Il n'avait jamais fait jeune, ayant toujours eu à peu près le même physique, à ceci près qu'il était plus mince sur la photo la plus ancienne que nous avions de lui, sur laquelle il tenait un bœuf shorthorn primé devant le château du bourg local. Mais je me fichais de son apparence. Je sautais sur toutes les occasions de passer du temps avec ce vieux qui racontait des histoires incroyables et semblait n'en faire qu'à sa tête. Cette année-là, il s'est mis dans l'idée de tout m'apprendre sur l'agriculture, en commençant par le labourage du champ d'orge et le fonctionnement de notre ferme au fil des saisons. Il savait que, pourvu qu'il puisse passer un peu de temps avec moi, il pouvait me faire tomber amoureux de cette vie. Et il avait raison, car au cours de cette année-là, c'est ce qui m'est arrivé. Presque quarante ans plus tard, cette fameuse année a revêtu une importance nouvelle : elle m'avait empli la tête de souvenirs d'un monde agricole au bord de l'extinction. Ces souvenirs sont devenus pour moi une bouée de sauvetage, une lumière dans les ténèbres.

Mon éducation agricole, cette année-là, a été fragmentée, prodiguée par petits bouts comme autant de pièces d'un puzzle qui ne formaient pas toujours un tout cohérent. Ces fragments allaient mettre du temps à s'agencer de façon à me donner une compréhension claire de ce monde et de ses valeurs. J'apprenais les anciens usages, et cela juste à temps, car ils commençaient à disparaître tout autour de nous, même au sein de la famille. J'avais des oncles et des cousins avec de bonnes fermes de plaine à vingt-cinq kilomètres de chez nous : à voir leurs tracteurs, leurs machines et leurs hangars tout neufs, ainsi que leur mépris à peine dissimulé pour nos méthodes ancestrales, il était clair que les choses avaient déjà changé pour eux.

*

Mon grand-père était au volant de sa Land Rover dans la cour, près de la porte, en train de faire gronder le moteur et de klaxonner. Ma mère m'a dit que je ferais bien de me dépêcher si je ne voulais pas qu'il parte sans moi, et j'ai failli me casser la figure dans ma hâte à enfiler mes bottes en caoutchouc et franchir la porte. Je devais être son «ouvreur de barrières». Nous sommes partis en cahotant sur le chemin pendant qu'il rouspétait à cause de mon retard. Une minute plus tard, il s'est arrêté à la barrière du Long Champ et j'ai bondi pour l'ouvrir à la vitesse de l'éclair (il ne daignait descendre que pour les barrières les plus lourdes, ou celles qui étaient attachées avec du barbelé). J'ai refermé derrière lui après son passage.

Certains pâturages étaient pleins de brebis et de jeunes agneaux. Mon grand-père veillait à ce que leurs mères s'en occupent bien et à ce qu'ils soient en pleine santé. Il savait reconnaître d'un coup d'œil lequel était à quelle brebis et voyait tout de suite si l'un d'eux était manquant ou suivait la mauvaise mère. Nous sommes allés voir les veaux, qui venaient de sortir de leurs granges d'hivernage pour paître en plein air. Les jeunes bovins étaient excités : ils levaient haut la tête et partaient au grand galop en renâclant tels des gnous effarouchés. Papi m'a dit qu'ils allaient bien et que ce n'était pas la peine de les embêter. Plus loin, trois agneaux égarés trottaient sur la route en appelant leurs mères. Ils ont essayé de forcer un passage à travers la haie. Mon grand-père avait toujours à l'arrière de la voiture un seau d'agrafes, un marteau et un rouleau de fil de fer, précisément pour ce genre de situations. Il a envoyé son chien de berger Ben chercher les agneaux pendant qu'il réparait la clôture. Nous avons fait passer le troupeau dans un nouveau pré : il trouvait le premier « un peu passé » et a fait la remarque que mon père aurait déjà dû les déplacer. Les moutons ne doivent jamais entendre sonner les cloches deux fois dans le même pâturage, disait-il – ça voulait dire qu'ils étaient restés trop longtemps sur place.

Il a garé la Land Rover, puis nous avons traversé une zone sableuse couverte d'ajoncs pour aller inspecter d'autres champs. J'essayais de marcher du même pas que lui, tout comme je m'efforçais toujours de faire pipi aussi longtemps que lui quand il soulageait sa vessie (en vain, car il pissait comme un vieux cheval et ça n'en finissait pas). Quand il marchait, l'herbe qui frottait contre ses bottes faisait un bruit de faux. Il portait de vieux brodequins en cuir à lacets jaunes, qui rebiquaient au bout comme des sabots et que ma grand-mère cirait à la graisse. À mi-chemin avant d'atteindre les vaches, il s'est arrêté pour contempler le large panorama sur la vallée, déchiffrant les tons variés de vert et de brun, le patchwork d'herbages différents, les autres fermes. Il savait précisément ce que faisait chacun dans la vallée. Quand nous sommes repartis, il m'a appris que chaque espèce de plante cultivée et d'animal d'élevage avait son propre cycle annuel de semis ou de naissance, de croissance, de protection et d'alimentation, de récolte ou d'abattage et de vente. Il allait s'écouler encore dix ou quinze ans avant que quelqu'un me le dise en termes techniques : il s'agissait d'une exploitation agricole « mixte » à « pâturage tournant ». Pour mon grand-père, ça n'avait pas de nom ; c'était juste la méthode de tous ceux qu'il connaissait.

En même temps que nous parcourions nos terres, il se passait autour de nous un nombre incroyable de choses (à mon sens). Il y avait quatre ou cinq champs de foin, dont quelques-uns pour l'ensilage, et deux ou trois d'orge, notamment celui que je venais de l'aider à labourer. Dans le prolongement de la tournière, un champ d'avoine fraîchement semé pour les chevaux, puis un champ de navets pour les brebis, et une douzaine de buttes où poussaient des patates pour la maison. Encore au-delà, un champ de pois et de haricots « plantes entières », source supplémentaire de fourrage d'hiver pour le bétail. Et comme si cela ne suffisait pas, mon grand-père entretenait aussi – à contrecœur, mais pour faire plaisir à ma grand-mère – un potager avec des rangs de choux, de salades, de carottes et d'oignons, où chaque printemps il jurait et pestait en cassant les mottes avec sa fourche. Jusqu'à une époque récente, il avait eu encore plus d'espèces de bétail dans ses pâtures et ses étables : un troupeau de vaches à lait, un autre pour la viande de bœuf, trois races de moutons, et des cochons, et des chevaux, et des poules pour les œufs, et des canards et des dindons qu'il élevait et engraissait pour les vendre à Noël. À mes yeux, c'était un homme capable de cultiver et d'élever un grand nombre de choses différentes : un touche-à-tout de l'agriculture.

Il m'a dit un jour de ne pas paniquer, que le schéma était simple. « La ferme danse autour de la charrue », a-t-il déclaré. D'autres outils entraient en jeu, mais la charrue était reine. Avant de faire pousser une récolte, il devait labourer ou « retourner » la terre afin de préparer un lit de semences, enfonçant dans le sol les chaumes de la récolte précédente pour en stopper la croissance. La charrue était l'instrument clé pour « améliorer » sa ferme de location – et cela depuis l'époque où, jeune homme dans les années 1930 et 1940, il labourait derrière un cheval, piétinant dans les sillons avec ses gros godillots cloutés.

Il y avait apparemment quelque chose, dans le fait d'avoir travaillé la terre à pied derrière un cheval, qui lui donnait une vision du monde différente de celle des générations suivantes, perchées sur un puissant tracteur. Mon grand-père connaissait nos champs comme s'ils avaient été des extensions de son corps. Il avait senti la charrue trembler en raclant le socle rocheux, éprouvé cette vibration dans ses mains et à travers ses semelles. À pied, derrière un cheval, l'herbe, la terre et les vers étaient tout près : il les voyait, les entendait, flairait leur odeur, les touchait. Rien ne s'interposait entre lui et la nature avec laquelle il travaillait. La tâche était souvent dure, longue et parfois sans doute barbante, mais je ne l'ai jamais entendu dire quoi que ce soit contre.

Je l'ai accompagné à pied et en tracteur d'une saison à l'autre – en observant, en écoutant. En pleine époque thatchérienne, j'étais un gamin sur un tracteur, qui écoutait les histoires de son grand-père datant des années 1930 (et d'autres datant des années 1890, qu'il tenait de son propre grand-père). Des histoires pleines de chevaux. Il y avait de la magie dans ces contes, car les chevaux et les hommes qu'ils évoquaient n'étaient déjà plus là. Le soleil commençait à se coucher sur le monde de mon grand-père. Il vivait ses dernières journées aux champs.

Nous avons suivi le vieux mur de pierre sèche qui menait de la ferme aux pâturages. Le mur montait et descendait en épousant le contour des *riggs*, ces sillons qui formaient des bosses arrondies sur la plaine inondable. Des pipits des prés s'envolaient à notre approche et filaient se percher sur les piquets qui maintenaient le fil de fer au sommet des murets pour empêcher les moutons de s'enfuir. Brebis et agneaux s'interpellaient d'un versant à l'autre de la vallée. Mon grand-père s'est arrêté et a porté la main à son oreille, dans une pantomime exagérée, pour écouter l'appel du coucou dans les bois. J'ai hoché la tête. Il a ouvert en silence le portail près de l'étable en pierre, ou *hoggust*, comme il l'appelait. Une vieille vache aberdeen angus noire devait mettre bas. Il l'avait amenée à l'étable la veille au soir pour pouvoir l'aider si cela tournait mal.

Nous avons regardé à travers un carreau cassé. Un veau noir de jais était couché dans la tache de lumière qui passait par-dessus la porte. Mon grand-père est entré tout doucement. Je l'ai suivi et me suis arrêté à la porte. Les pis de la vache étaient lisses et brillants, signe que le veau avait tété. Il avait le poil luisant, léché, mouillé de salive. Le vieux a parlé à la mère pour la rassurer. Elle a d'abord meuglé, puis s'est détendue et s'est laissé gratter la croupe. Papi a tiré avec précaution sur le placenta, qui est tombé mollement au sol. Il l'a soulevé avec une vieille fourche et l'a jeté aux orties, contre le mur en ardoise et chaux de la grange. Il a passé la main sous le veau et a constaté que c'était un mâle, puis il l'a soulevé sur ses pattes. La mère l'observait avec attention, de ses grands yeux noirs et humides, tout en ruminant. Il m'a fait signe, et j'ai compris qu'il voulait que j'ouvre la porte. La vache l'a franchie d'un pas tranquille, son petit vacillant sur ses pattes derrière elle, et s'en est allée rejoindre le troupeau de l'autre côté du pré. Elle s'arrêtait tous les quelques pas afin de laisser son veau la rattraper sur ses pattes branlantes. Nous les regardions : la mère s'est dirigée vers le ru pour se désaltérer, happant quelques herbes au passage. Certaines sont venues observer le nouveau-né et poser un instant leur museau contre celui de la mère. Les autres continuaient de brouter à l'autre bout, en agitant la queue ; quelques-unes, couchées avec leur petit auprès d'elles, remuaient les oreilles et la queue pour chasser les mouches qui constellaient d'éclats émeraude et noir leurs flancs et leurs yeux encroûtés. Un veau martelait doucement les pis de sa mère en tétant, la tête couverte d'écume laiteuse, tandis qu'un autre profitait de ce qu'elle rêvassait pour lui chiper du lait en passant par-derrière. Papi s'est tourné vers moi : « Un sacré numéro, celui-là, hein ? Il pique du lait à ces pauvres vieilles quand elles regardent ailleurs, pas étonnant qu'il soit gras comme une motte de beurre ! »

Le temps semblait ralentir en présence de mon grand-père. Il était partisan d'observer avec attention et de prendre son temps avec ses bêtes. Il pouvait contempler ses vaches ou ses brebis pendant une éternité, accoudé à la barrière. Ainsi, il les connaissait toutes individuellement. Il voyait tout de suite quand elles avaient un comportement inhabituel, quand elles entraient en période de reproduction ou s'apprêtaient à mettre bas. Il était d'avis que c'était folie de se précipiter. Pour lui, un bon fermier était quelqu'un de patient qui se servait de ses yeux, de ses oreilles, de son nez et de son sens du toucher. Son but était de faire les choses bien, et non vite ou au prix du moindre effort. Il m'appelait son « écuyer », ce que je n'ai compris que bien plus tard : j'étais son projet, son apprenti. Une semaine après avoir labouré le champ d'orge, nous y sommes retournés pour « ramasser les pierres ». Mon grand-père ne l'a pas dit tout haut, mais je comprends maintenant que ce champ allait être ma salle de classe, le lieu où j'apprendrais toutes les étapes du travail agricole.

*

Le vent et le soleil avaient rendu les sillons secs et friables. J'avais reçu l'instruction de longer les trois hectares du champ avec le moteur au ralenti. J'avançais lentement au volant du tracteur, au bord des sillons, de plus en plus secoué à l'avant à mesure que l'arrière s'alourdissait, pierre après pierre. Mon grand-père et John, un ouvrier agricole aux jambes arquées et aux cheveux brillantinés, en pantalon de coton bleu, marchaient derrière, jetant les pierres dans la « boîte de transport », une caisse métallique accrochée aux bras hydrauliques situés à l'arrière du tracteur. Chaque pierre que les hommes ramassaient, grosse comme le poing, se détachait sur le ciel en décrivant un arc et retombait bruyamment dans le fond de la caisse, ou s'écrasait avec un bruit sec contre les autres pierres. Au moment où je commençais à craindre de rentrer dans le mur au bout du champ, papi est remonté à bord et m'a poussé pour prendre le volant. Il a remorqué la caisse de pierres à l'écart pour la renverser plus tard dans des trous du champ, ou dans les ornières des chemins. Toute pierre jugée assez bonne pour faire un mur était mise à part pour être réutilisée. On ne gaspillait rien : la pierre était quelque chose d'utile. Et les jeunes garçons aussi devaient se rendre utiles. La vérité, c'est que j'étais un gamin solitaire, mal dans sa peau et facilement intimidé. Les autres me mettaient mal à l'aise, ce qui me poussait à dire ou faire des idioties. Pourtant, avec mon grand-père, c'était différent. Avec lui, je me sentais respecté et important. J'étais prêt à tout pour le rendre fier, ce qui fait que lorsqu'il a entrepris mon éducation champêtre, je l'ai écouté, même si je n'étais pas encore certain de vouloir reprendre la ferme.

Après le ramassage des pierres, dès le lendemain, il a fallu herser les sillons pour créer le lit de semences. Les herses étaient de grands râteaux de fer renversés, larges comme deux lits doubles et attachés par des chaînes, que le tracteur traînait sur les sillons. À chaque passage, la surface friable s'aplanissait un peu plus. Au bout d'un moment, mon grand-père a déclaré que le lit de semences était prêt ; les lignes laissées par les herses sur le sol finement râtelé ressemblaient aux traces laissées par des doigts dans du sable fin. Mon père est apparu au bout du champ avec le semoir, un appareil d'aspect antique qui enfonçait les graines dans le sol à intervalles réguliers, une par une, tous les dix ou douze centimètres (du moins nous l'espérions, car sinon, ç'aurait été une perte de temps). En passant près de moi, il m'a fait signe : « Ça va ? » J'ai acquiescé.

Trois générations. Le champ envahi par les tracteurs et la poussière. Et à chaque passage, le travail qui s'accomplit.

Une semaine plus tard, la terre irradiait de chaleur sous les premiers rayons du soleil. À ce stade, nous passions le rouleau pour aplatir le sol meuble, nichant les graines sous une couche de terre tassée, protégées des corbeaux. Ou plutôt, mon grand-père passait le rouleau ; pour ma part, je m'employais surtout à éviter de rester à la maison avec mon père, qui était d'humeur massacrante depuis qu'un veau était mort de diarrhée. Derrière nous, l'énorme rouleau avançait lentement. Son cylindre empli d'eau résonnait chaque fois qu'il heurtait une bosse. Je me laissais bercer en rêvassant à propos du film de John Wayne que j'avais regardé ce matin-là, celui dans lequel il engage une bande d'écoliers pour accompagner la transhumance (parce que les hommes sont tous partis pour la « Ruée vers l'or »). Il est ensuite tué par des voleurs, mais tout finit bien, car les garçons rassemblent leur courage et vengent sa mort en pourchassant et en abattant les bandits.

Mon grand-père était en train de parler des vanneaux qui voletaient autour de nous avec leurs ailes en forme de pagaies, tournoyant, montant et descendant, montrant fugacement le dessous de leurs ailes. Soudain, il a arrêté le tracteur et est descendu lentement en maudissant ses vieilles jambes raides, plantées dans le sol fraîchement hersé. Il est parti à grandes enjambées, les yeux rivés sur un point fixe. Je me demandais ce qu'il avait vu. Il s'est baissé, a ramassé quelque chose dans un creux et l'a mis dans sa casquette. Puis il est remonté et a posé la casquette sur mes genoux. J'ai regardé les œufs et j'en ai tenu un dans ma main. Il était tiède et avait les couleurs de ces bonbons imitant les galets qu'on vous vend au bord de la mer. « Ce sont des œufs de courlis, m'a-t-il appris. Ils nichent dans ces champs. » Nous avons redémarré. Une fois le demi-tour accompli sur la tournière, il a repris la casquette emplie d'œufs, est redescendu et les a remis par terre, là où il les avait trouvés, en creusant à nouveau une sorte de nid avec le dos de sa main. Je lui ai demandé si les parents reviendraient s'en occuper, et il m'a répondu : « Des fois ils reviennent, des fois non…, mais c'est le mieux qu'on puisse faire. »

À notre passage suivant, dix minutes plus tard, la mère courlis était en train de couver comme si de rien n'était, et mon grand-père a eu un grand sourire. Ce soir-là, j'ai fièrement raconté à mon père l'histoire des œufs de courlis. Il a répliqué que mon grand-père était « un vieux croûton plein de sensiblerie » et que ce n'était pas étonnant qu'il mette si longtemps à faire le travail.

Deux semaines ont passé. L'orge commençait à percer la terre, tendant ses petites lances vers le ciel. C'est avec un soulagement palpable que mon grand-père a traversé le champ, passant entre des centaines de rangs de pousses vertes réglementaires. Pendant que j'étais en cours, mon père avait répandu des engrais artificiels ; j'en voyais les petites boules blanches, semblables à du polystyrène. À chaque jour qui passait, les courlis, les huîtriers et les vanneaux dans leurs nids étaient submergés par une marée montante d'orge vert azote.

Mon grand-père allait rarement à l'église et considérait le pasteur comme un imbécile, mais il disait des choses comme « T'as intérêt à prier » quand je lui demandais si l'orge que nous avions semée allait pousser. Planter une récolte était un acte de foi. La possibilité que cela se termine par un échec était tout à fait réelle. Il se pouvait que la semeuse n'ait pas bien fonctionné, que les oiseaux volent les graines, qu'il fasse trop humide ou trop froid, ou qu'une sécheresse anéantisse les cultures. Et même si les graines germaient, elles pouvaient être ravagées par la maladie ou dévorées par la vermine, auquel cas tout ce travail aurait été fait pour rien. Ce genre de catastrophes ordinaires pouvaient priver notre ferme de fourrage pour les bêtes en hiver.

L'année précédente, notre orge avait été moissonnée humide car la météo ne lui avait pas permis de sécher. Elle avait chauffé dans le grenier, comme un tas de compost, jusqu'à devenir fumante. Le temps que l'hiver arrive, quand les vaches en auraient eu besoin comme fourrage, elle avait moisi et s'était compactée. Mon père avait déclaré que les bêtes devraient s'en contenter. Elles avaient regardé le fourrage avec dégoût. J'avais commencé à comprendre pourquoi tous ceux que nous connaissions passaient leur temps à se plaindre de la météo. Nous en étions les esclaves.

Un champ rempli d'une récolte saine, abondante et sans mauvaises herbes était notre éternel espoir, mais cela n'avait rien de naturel, et quand cela arrivait, c'était le fruit de la volonté et des efforts du fermier. Les dieux pouvaient aussi bien nous récompenser par une récolte abondante que nous broyer de multiples façons. Et la dureté de ce mode de vie endurcissait aussi les gens.

*

Nous étions en train de traverser la tournière du champ d'orge pour rejoindre les zones sableuses criblées de terriers de lapins. Cela faisait trois ou quatre semaines que l'orge avait été semée et les dégâts provoqués par les lapins commençaient à se voir. Sur cent mètres de large, côté terriers, le champ était dénudé et rongé jusqu'au sol, quinze centimètres plus ras qu'il n'aurait dû être. Mon grand-père avait intimé à John de « faire quelque chose » à propos des lapins, sans quoi, disait-il, il n'y aurait rien à récolter à la fin de l'été. Et je suivais John parce qu'il était patient et bon et qu'il m'enseignait des choses. Il vivait avec sa femme Sheila dans un des logements ouvriers construits en contrebas du champ d'orge. Mon père disait que c'était du gâchis qu'il s'épuise à de durs travaux agricoles. C'était un homme prudent et stable, un artisan-né, toujours fier de son ouvrage, si simple que fût la tâche. Il savait fabriquer et réparer, et mettait un grand soin à maçonner des briques ou des pierres bien droites et alignées. Il façonnait aussi de magnifiques loquets avec des morceaux de chaînes, du fil de fer et de vieux clous.

Derrière chez eux, près des seaux à charbon, deux cages abritaient des furets pour la chasse au lapin. Ils mangeaient dans de vieilles boîtes en fer ayant contenu des tourtes à la viande de la marque Fray Bentos. Des lapins bruns et raides étaient suspendus à côté de la porte, prêts à être écorchés. John m'a recommandé de ne pas passer mes doigts à travers le grillage des cages, car les furets m'auraient mordu et n'auraient plus lâché prise. Il a passé la main à l'intérieur, les a saisis d'un geste sûr, les a fourrés dans sa boîte en bois et a refermé le couvercle. Puis il a passé la sangle en cuir sur son épaule et s'en est allé par un trou dans la clôture. J'ai essayé de marcher dans les empreintes de ses bottes, mais elles étaient trop espacées pour moi et je devais sauter un peu à chaque pas. À quelques dizaines de mètres devant nous, une véritable marée de lapins s'est retirée en vagues basses et saccadées : ils se hâtaient de regagner les orties autour de leurs trous.

Arrivé à la garenne, John a fait une tournée d'observation des trous, comme pour résoudre un casse-tête. Il a donné des coups de pied dans les orties pour dégager les terriers, puis a entrepris de couvrir méthodiquement les nombreuses issues au moyen de filets souples en ficelle blanche qu'il déployait doucement, comme autant de toiles d'araignée. Chacun de ces filets était cerné d'un cordon attaché à une pique en bois taillée à la main, qu'il enfonçait fermement dans le sol. Il a sorti un furet de sa boîte et l'a glissé sous le filet pour l'introduire dans le terrier, une main après l'autre. Ensuite, nous avons attendu. Je savais que John était un peu inquiet, car le furet, s'il parvenait à coincer un lapin dans un cul-de-sac, était capable de le tuer au fond du terrier, et que dans ce cas il ne remonterait peut-être pas. John avait une bêche pour les déloger. La tâche du furet consistait à semer la panique parmi les lapins afin qu'ils se jettent dans les filets. John les surveillait comme un aigle. Au bout d'une vingtaine de secondes, un lapin effrayé s'est pris dans un filet, qui s'est refermé comme une bourse. Prestement attrapé, il s'est immobilisé, muet, les yeux ronds. John l'a saisi dans ses mains, l'a vite retiré du filet, l'a tenu par le cou et les pattes arrière et a tiré un coup sec qui a provoqué un sinistre craquement. Le lapin a frissonné, puis s'est ramolli ; John l'a jeté dans l'herbe à mes pieds, où il a bientôt cessé de bouger. Le filet a été remis en place rapidement et avec soin. Deux autres lapins ont jailli d'un trou caché que John n'avait pas vu. Il a poussé un juron. Puis deux autres ont été pris et tués. Un peu plus tard, le furet a refait surface et s'est laissé soulever, mollement avachi dans la main de John, un rictus légèrement sauvage aux lèvres. Jones l'a rangé dans sa boîte et nous sommes rentrés en traversant le champ à demi ravagé, les trois lapins pendant au bout de son bras.

Bien des années après cette chasse au lapin, en lisant le poète-philosophe romain Virgile, j'ai pris conscience que mon peuple était issu d'une longue tradition agricole. Virgile a écrit il y a deux mille ans un curieux petit livre, intitulé *Les Géorgiques* (ce qui pourrait se traduire grossièrement par « choses agricoles »). C'est une sorte de manuel du bon fermier. Virgile y dresse la liste des modestes outils (l'« arsenal ») à la disposition du fermier romain : le soc, la charrue, la herse, le chariot à cheval, le fléau, la barre de fer, la barrière, le van. Virgile disait que le fermier devait employer ces outils pour « guerroyer » contre la terre. Selon sa philosophie de l'agriculture, nous devions arracher les choses à la nature au moyen de notre sagesse et de nos outils, car l'alternative, c'était la défaite et la famine.

> Si avec le hoyau tu ne fais pas une guerre assidue aux mauvaises herbes, si tu n'épouvantes à grand bruit les oiseaux, si la serpe en main tu n'élagues l'ombrage qui recouvre ton champ, si tu n'appelles la pluie par tes vœux, hélas ! tu en seras réduit à contempler le gros tas d'autrui et à secouer, pour soulager ta peine, le chêne dans les forêts.

Enfant, je ne savais rien de Virgile, mais je sentais bien que les lapins n'étaient qu'une bataille minime dans une guerre sans fin. Une guerre qu'il nous fallait mener, une lutte perpétuelle.

*

Nous les entendions au bout du champ. *Croâ, croâ, croâ.* Je connaissais ce son et sa signification : le bavardage des croque-morts. Pendant que je le suivais, mon grand-père les a aperçus qui sautillaient entre un petit tas de pierres et une forme dissimulée sous un arbuste épineux. Il a grommelé un juron. Il détestait perdre des brebis. Il détestait ce que les corbeaux font aux morts ou aux mourants. Il traitait Mère Nature de « vieille chienne cruelle ». Les corbeaux, le voyant venir, ont sauté sur la clôture en fil de fer barbelé, puis sont allés se percher dans un chêne pour nous observer.

Nous avons trouvé la vieille brebis couchée sur le flanc, lançant des ruades. Elle souffrait de mastite, un pis enflé, et le mal s'était propagé dans son corps. Mon grand-père m'a montré que l'infection avait suivi les canaux lactiques enflés pour pénétrer dans son ventre. Il n'y avait plus d'espoir. J'ai vu du sang sur sa tête, une tache rouge comme des fraises écrasées sur sa laine blanche. Les corbeaux, sachant qu'elle ne pouvait pas se lever, lui avaient crevé les yeux. Son agneau d'un mois nous regardait à vingt pas de distance, puis il est parti en courant. Papi a dit qu'il faudrait l'attraper le lendemain dans l'enclos, en faisant rentrer le troupeau. Quant à la brebis, elle souffrait, aveuglée. Il m'a expliqué que si nous la laissions pour aller chercher un fusil, les oiseaux reviendraient la tourmenter et lui feraient un mal affreux.

Il m'a fait signe de reculer, puis a sorti son couteau et l'a aiguisé contre une pierre. Ensuite, il a tenu la tête de la brebis et lui a tranché la gorge en deux coups rapides. J'ai cru l'entendre murmurer « pardon », mais si bas que je n'en étais pas sûr. Le sang a jailli à flots, chaud, pourpre, coulant de sa gorge ouverte dans le pré. Elle a tremblé un instant, agité les pattes, puis a lentement poussé un dernier soupir. C'était terminé. Papi a décidé que nous reviendrions chercher son corps le lendemain matin. Entre-temps, les corbeaux s'en donneraient à cœur joie, mais au moins ils ne pouvaient plus lui faire mal. Il leur a crié après. « Barrez-vous ! » L'un d'eux a décollé un instant de sa branche, comme s'il écoutait, avant de se poser de nouveau. Mon grand-père et les corbeaux étaient ennemis de longue date et, au fil des semaines, en voyant ce qu'ils pouvaient faire à notre ouvrage, j'ai hérité de sa fureur contre eux.

Le monde de mon enfance s'était empli d'une multitude de cycles de naissance, de vie et de mort. Les journées passées avec mon grand-père étaient occupées à aider des bêtes à mettre bas, ou à rester en bonne santé, ou à avoir assez à manger pour affronter les éléments. Il pouvait parfois être doux, avec des instants de grande tendresse et de grande attention : je le revois prendre un agneau nouveau-né entre ses mains et passer peu à peu la sonde gastrique par-dessus sa petite langue rose. Il la faisait ainsi descendre dans sa gorge et envoyait le lait directement dans son ventre afin de lui sauver la vie. Mais à d'autres moments, quand il le jugeait nécessaire, il pouvait être rude et presque cruel. Il y avait une dureté en lui, qu'il assumait sans aucune honte ni aucune gêne. Pour lui, la mort et le fait de tuer faisaient simplement partie de la vie. Dans le même temps, il avait de solides principes. Même si un animal devait être abattu le lendemain, il nous incombait toujours de faire notre possible pour le garder en vie et bien le soigner sur le moment. Tout ce qui ne contribuait pas à traiter nos bêtes correctement et avec attention était considéré comme mauvais, honteux, un gâchis de vie ainsi que de temps et d'efforts. Il y avait un temps pour vivre et un temps pour mourir. Quand il tuait, il le faisait vite, avec respect, mais sans grandes démonstrations d'émotion. Connaissant la mort et la voyant sur un plan personnel, il avait une sorte de déférence envers la viande posée sur la table. On nous intimait de ne rien laisser, pas même la couenne du lard. Il n'aurait jamais compris que quiconque soit assez écervelé, ou assez riche, pour tolérer que les lapins détruisent une récolte, ou se sente moralement supérieur au point de ne pas daigner tuer lorsque c'était nécessaire. Mon grand-père existait dans la nature comme un acteur sur la scène, luttant toujours pour défendre son bien. Un primate debout, pas un ange déchu.

En mai, les haies d'aubépines qui entouraient les champs d'orge se couvraient de fleurs blanches et d'abeilles bourdonnantes. Par temps de pluie, les hirondelles chassaient sous l'avancée du toit. Dans les prés, les bouvillons se grattaient le dos sous les branches ou se tenaient à l'ombre des arbres pour se protéger du soleil. La fin du printemps, c'était toujours beaucoup de travail, mais du bon travail, disait mon grand-père, parce qu'on accomplissait des choses, contrairement à la routine morne et répétitive de l'hiver que j'avais connue et détestée quelques courts mois auparavant. Les brebis et les agneaux étaient étiquetés, marqués, équeutés, vaccinés. Mon père et mon grand-père avaient le temps de souffler un peu et de réaliser de petits bricolages pour réparer les outrages de l'hiver.

*

C'était un de ces jours de mai où les nuages blancs comme du coton filent vers les collines lointaines et où le ciel bleu se vide peu à peu. Mon père était parti à une vente aux enchères je ne sais où pour voir « ce que donnaient les moutons ». Mon grand-père m'a dit qu'il avait « des brèches à combler », alors je l'ai accompagné. En le suivant le long des limites de notre ferme, je nous ai vus comme une tribu antique arpentant les frontières de son territoire.

Nous avons traversé trois champs, puis sommes descendus dans le bas d'une de nos parcelles baptisée « Longs Champs Étroits ». Un mur s'y était écroulé, là où le gros temps d'hiver, ou peut-être les moutons, avait délogé une pierre ou deux et l'avaient affaibli. Une partie des pierres avaient roulé au bas du talus, de l'autre côté.

On m'a envoyé les chercher une par une. Papi disait que si nous les laissions dans les champs de foin, elles risquaient d'esquinter les engins agricoles. La faucheuse allait sauter et se mettre à trembler en faisant un raffut de tous les diables, comme si elle avait avalé une mine antipersonnel. Et cela devait être fait avant que l'herbe ne soit trop haute. Mon grand-père réfléchissait à la meilleure manière de reloger les pierres dans le trou, comme s'il reconstituait un puzzle. Il les triait soigneusement, mettant de côté les faîtières et répartissant soigneusement les bonnes pierres entre les deux côtés du mur. Puis il commençait à les poser, en prenant la peine de tourner leur face couverte de mousse et de lichen vers l'extérieur et en laissant une surface plane au sommet pour pouvoir construire dessus.

Parmi les pierres à ses pieds, il y avait les débris d'une pipe en argile et une vieille bouteille verte, signe que d'autres hommes longtemps avant nous s'étaient livrés au même travail. Il me racontait des histoires sur son grand-père, comment il était devenu un fermier prospère, sur sa Ford T et sur la montre en or qu'il avait offerte à sa fille en récompense parce qu'elle aidait ses agneaux à venir au monde et travaillait mieux que n'importe quel ouvrier agricole. Et sur le fils de son proprio qui, m'a-t-il dit en riant, avait eu un jour un « vrai emploi », chauffeur de bétonnière, mais qui s'était arrêté au pub et y avait retrouvé ses mauvaises fréquentations, si bien que quand il en était ressorti ivre mort quelques heures plus tard, le béton avait pris dans la bétonnière.

Ses histoires étaient toujours pleines d'enseignements sur le genre de personnes que nous étions et que nous n'étions pas. Il me faisait bien comprendre que c'était de notre côté du mur que nous devions travailler si nous voulions prospérer. Il disait que la valeur d'un fermier se reconnaissait à celle de sa ferme et de ce qu'il y avait dedans. Si nos champs regorgeaient de superbes récoltes d'orge, de navets ou de foin, ou si nos prés étaient emplis de beaux bestiaux broutant une herbe grasse et verte, nous serions considérés comme de « bons fermiers ». Si nos terres étaient mal drainées et présentaient des mauvaises herbes, des murs croulants, des moutons galeux ou des vaches pleines de vers, nous serions plus ou moins des « minables ».

Alors qu'il posait les pierres faîtières du mur, une heure ou deux plus tard, je l'ai senti distrait par quelque chose. Au lieu de soulever une pierre, il a regardé vers la tournière envahie d'herbes folles. Pendant que je travaillais, il m'a touché la main pour que je ne bouge plus, puis a touché sa propre oreille pour me faire savoir qu'il avait entendu quelque chose. « Quoi ? » ai-je demandé tout bas. Il a porté l'index à ses lèvres. Un hérisson est sorti à petits pas des longues herbes sèches au bord du champ. Inconscient de notre présence, il trottinait comme une dame de l'époque victorienne soulevant ses jupons au-dessus de ses jambes grêles. Arrivé aux pieds de mon grand-père, il l'a reniflé avec nonchalance, puis a escaladé le bout de sa chaussure avant de partir se perdre dans l'herbe. Je souriais d'une oreille à l'autre. Mon grand-père, heureux comme un gosse, m'a dit tout bas d'une voix comique, en allusion au personnage des livres de Beatrix Potter : « C'était Madame Piquedru la blanchisseuse qui s'en va rentrer son linge ! »

L'univers de mon grand-père, de même que ses pensées, s'arrêtait pour l'essentiel à ces murs, les limites de notre royaume. Ce qui se passait au-delà ne regardait que les autres. Nous avions des liens avec les voisins et des obligations envers eux, et nous partagions des règles de bonne entente. Nous avions des moments de collaboration. Mais ce qu'ils faisaient sur leurs terres au-delà de ces limites, c'était leur affaire. Nos murs, nos haies et nos clôtures étaient d'une importance cruciale pour notre système agricole. Ils nous permettaient de gérer des parcelles de multiples manières. Nous avions trente ou quarante parcelles, pour la plupart de petite taille. Mais chacune d'elles, pour mon grand-père, avait son caractère, presque sa personnalité, ainsi que son histoire, intégrée dans une série d'histoires qui formaient une sorte de poème épique. Ces poésies champêtres prenaient vie dans les récits et dans le travail en cours. La connaissance des champs, de leurs caprices et de leurs besoins était vitale : elle déterminait ce qui pouvait y être cultivé. La récolte produite par certains d'entre eux entrait dans la légende : il y avait des histoires de récoltes plus abondantes que tout ce que nous avions jamais connu, et nous nous demandions si ce n'étaient pas que des mythes.

Mon grand-père disait que le sol plus sableux du champ qu'il appelait « Castlebanks » était plus « affamé » que d'autres, et avait besoin d'être enrichi par une abondance de « fumier de cosses » (le meilleur fumier, issu des étables où les bouvillons étaient nourris et couchés sur de la paille, qui avait pourri en tas pendant des mois avant d'être utilisé). Les Berges du Bas engendraient de merveilleux navets, gros comme des ballons de foot, baignés par la chaleur du soleil. Le champ de Huit Acres produisait des récoltes abondantes les années sèches, mais il était argileux et pouvait se mettre à « bouder » par temps froid ou humide et cesser de donner. Chaque parcelle avait une histoire humaine à côté de ses origines naturelles. Il parlait des hommes qui avaient planté la haie du champ de la Carrière ou creusé les fossés de drainage du champ du Chemin de fer, ou encore des diverses blessures subies par les ouvriers à différents endroits. Il évoquait les deux frères Buckle, qui avaient posé une clôture autour du pré de Merricks. Entre deux coups de l'énorme maillet, le frère qui tenait le poteau avait posé la main sur le dessus.

Dans un instant de distraction, l'autre avait abattu son maillet et lui avait broyé la main. J'adorais ces histoires. Grâce à elles, les champs devenaient comme un théâtre empreint de magie.

*

Le temps que juin arrive, l'orge me montait jusqu'aux genoux ; par grand vent, des vagues d'un vert argenté parcouraient le champ. Celui-ci avait temporairement moins besoin de nous, et l'école m'a à nouveau absorbé. Un matin, alors que j'attendais le car à côté de l'église avec mes camarades en m'amusant à jeter des cailloux et à shooter dans les pommes de pin, mon grand-père s'est approché de nous avec sa canne et son chien de berger. Il avait mené quelques moutons au pré et rentrait à la ferme. Je savais qu'il m'avait vu chahuter. Parce que je ne voulais pas qu'il me prenne pour un idiot comme les autres, je me suis écarté du groupe. Peut-être aussi pressentais-je ce qui allait se passer, et je voulais éviter qu'ils se moquent de lui dans son dos. Il s'est arrêté et m'a demandé ce que j'apprenais à l'école. Je lui ai répondu que nous allions aborder l'étude des planètes. Il a déclaré qu'il n'y connaissait pas grand-chose, mais qu'en revanche il en savait long sur le soleil. Puis il a entrepris de m'expliquer comment la trajectoire de l'astre au-dessus du village changeait au fil de l'année. Il a donné des coups de canne vers l'horizon, à l'endroit où il se lève le jour le plus court de décembre, en direction du sud-est. « Là ! c'est là qu'il sort », a-t-il affirmé. Ensuite, toujours avec sa canne, il a décrit une série d'arcs de cercle au-dessus de sa tête pour me montrer par où passait le soleil pendant les courtes journées d'hiver puis d'une saison à l'autre. À mes yeux, ses mouvements le transformaient en insecte géant. L'un après l'autre, il traçait les arcs avec sa canne au-dessus de sa tête. Il tenait à ce que je sache comment le soleil évoluait et que j'aie conscience du prodige que c'était. Il voulait que ma journée compte au moins une leçon utile, avant que je ne retourne la gâcher à l'école. Il a achevé son orbite sur les collines au nord-est, là où le soleil se couche. Je le voyais comme un être héroïque, mais force était de constater qu'il devenait anachronique, même si à l'époque je n'aurais su trouver le mot : un homme d'un autre âge, que la plupart des gens auraient jugé dépassé.

Les grands se sont retournés vers leurs sacs de manière assez impolie, ne sachant pas bien quoi penser de ce vieux fou, à vingt pas d'eux, qui pérorait au sujet du soleil tout en exécutant de lents mouvements, tel un samouraï tranchant le ciel de son sabre. Et je ne le savais pas trop non plus, mais j'avais apprécié son explication quasi horlogère du fonctionnement des cieux. Il a terminé, caressé son chien Ben, déclaré qu'il n'avait pas le temps de bavarder, m'a souri et m'a recommandé de ne pas « faire de bêtises pour me retrouver au trou et rater les grandes vacances » avant de repartir en fredonnant. Le petit car rouge est arrivé. Nous y sommes montés et nous sommes jetés sur les sièges. Une ou deux minutes plus tard, nous nous arrêtions aux logements ouvriers pour prendre les élèves qui habitaient là. Je voyais de longues lignes de camions gris sur la route de la colline. Un train diesel brinquebalait sur les rails en crachant une fumée noire, et à travers la vitre pleine de traces de doigts, j'ai regardé le soleil apparaître entre les nuages.

Les enseignants, dans notre école primaire, étaient gentils et attentionnés. Ils laissaient un fils de fermier, un certain Brian, cultiver une parcelle d'orge dans le jardin de l'école. Le garçon veillait sur ce carré comme si la réputation de sa famille en dépendait. Il passait toutes les récréations à le sarcler ou à s'en occuper. Et il se tenait debout à côté, fier, quand le maître nous faisait passer en revue les différents parterres juste avant les grandes vacances : les lamentables rangées de salades grignotées par les limaces, les buttes de pommes de terre atteintes par la rouille, flétries ou mortes, et les pauvres parcelles privées d'amour où il ne poussait que des herbes folles. La parcelle de Brian, elle, montait jusqu'à hauteur de taille et ondulait dans la brise : un parfait rectangle d'orge vert argent, sans une mauvaise herbe.

*

Les six semaines de grandes vacances semblaient ne jamais finir. Tous les après-midi (quand je n'étais pas aux abonnés absents, parti jouer avec des camarades), on m'envoyait chercher les vaches pour la traite. Je prenais mon vélo et je pédalais avec énergie, louvoyant d'un côté à l'autre du chemin dans les côtes les plus raides, jusqu'au sommet de la colline où je pouvais enfin respirer et me mettre en roue libre. Cette colline où paissaient les vaches était appelée Burwens. C'était une pâture partagée, ouverte, non entretenue, qui s'étirait le long de la route jusqu'au village suivant. Les vaches se trouvaient derrière une clôture électrifiée temporaire : un mince câble maintenu à un petit mètre du sol par des piquets métalliques munis de bobines en plastique isolant, plantés à quelques mètres d'intervalle. Les vaches attendaient en chassant les mouches avec leur queue, les pis gonflés, et meuglaient avec ardeur, impatientes d'être soulagées. Je passais la main sous le boîtier électrique rouillé pour éteindre le courant, les doigts tremblants d'appréhension à côté de l'interrupteur. Le câblage était si mal fait qu'il débordait en dessous comme des entrailles répandues. Je m'étais déjà électrocuté à de multiples reprises. Il suffisait de poser le doigt par erreur à un centimètre de l'interrupteur pour toucher un câble dénudé. Une fois, voyant l'interrupteur sur « OFF », j'avais cru le courant coupé. Il ne l'était pas, et en saisissant le câble à pleine main pour faire sortir les vaches, j'avais reçu une décharge. De temps en temps, un chien de berger pissait sur la clôture électrique, faisait fuiter le courant vers la terre, et s'enfuyait en jappant comme s'il avait reçu un coup de fusil. Le boîtier est resté cassé pendant des années, et pourtant il n'est venu à l'idée de personne de le remplacer. Le principe tacite des hommes de ferme était de toujours tenir avec des objets à demi cassés, ou de les réparer. « Ça tient comme ça », disait-on.

Burwens était couverte de touffes de hautes herbes, de fleurs sauvages – des blanches, des roses et des jaunes –, de chardons à tête violette et d'ajoncs hérissés d'épines. Le genre de terrain à demi exploité, à demi sauvage qu'on trouvait dans de nombreux paysages. Mon grand-père en payait le loyer simultanément à deux propriétaires différents. Les anciens de la commune étaient d'avis que c'était depuis toujours une terre « paroissiale », appartenant à tous. Mais les aristocrates qui possédaient la ferme soutenaient que le terrain était à eux ; ils prétendaient l'avoir officiellement enregistré. Qui avait tort ? Qui avait raison ? Je n'en avais aucune idée, mais mon grand-père, toujours prêt à éviter les histoires, disait que le plus simple était de respecter tout le monde et payait la rente symbolique aux uns comme aux autres. Une fois que les vaches avaient brouté une moitié du terrain, il déplantait les piquets et déplaçait l'enclos vers une zone non pâturée le temps que la première se reconstitue. Les bêtes avaient alors bien souvent de l'herbe jusqu'aux genoux. Le terrain entier en était à divers stades de repousse : c'était un patchwork de nuances de vert. La zone où se trouvaient actuellement les vaches était broutée à ras, vert pâle, et constellée de bouses. Seuls les ajoncs, immangeables, le séneçon au goût amer plus quelques chardons et orties dépassaient du sol piétiné.

Cet été-là, mon grand-père m'a inculqué la haine du séneçon. Comme tous les fermiers, il le détestait. Il disait que c'était « toxique » pour les bêtes au pâturage et que ça pouvait tuer des têtes de bétail. Ses fleurs jaunes, pour lui, symbolisaient une forme de laisser-aller. Une terre couverte de séneçon, c'était une terre « gâchée » par de mauvaises pratiques. Il nous a embauchés, mon cousin et moi, pour « rabattre » le séneçon (ses grands projets pour moi tombaient toujours un samedi). Il nous a promis de nous payer 10 pence pour chaque plant arraché du sol. Nous ne devions pas laisser les racines, car tout aurait repoussé. Les plantes déracinées devaient être jetées en tas pour être brûlées.

Nous avons gravi la colline d'un pas conquérant et arraché les herbes jusqu'à ce qu'il ne reste plus une seule fleur jaune sur le pré. Nous étions fiers d'avoir si bien travaillé, et certains d'avoir dépassé les attentes de mon grand-père. Il avait cru que nous trouverions une excuse pour nous éclipser au bout d'une heure ou deux, mais non, nous avions continué jusqu'à ce que tout soit fait. Nos mains nous brûlaient, elles étaient tachées de vert et ont pué le séneçon pendant des jours. Nous n'avons pas reçu les centaines de livres que nous étions convaincus d'avoir gagnées, mais 5 livres à partager entre nous deux. Papi a ensuite pris sa fourche pour transférer les fleurs flétries dans la remorque afin d'en faire un feu de joie. Et j'ai reçu l'ordre de rentrer les vaches.

Les vaches descendaient tranquillement la route sinueuse, suivies par un nuage de mouches noires. Elles les fouettaient de leur queue et s'efforçaient de les écraser contre leurs flancs avec leur mufle. En marchant, elles expulsaient des jets d'excréments vert gazon qui dessinaient des spirales sur la chaussée. Les bouses cuisaient sur la route comme des crêpes, puis se rétractaient et arrachaient le goudron en séchant. Je slalomais entre elles, sur mon vélo, debout sur les pédales pour tenir en équilibre malgré la lenteur des bêtes les plus vieilles. Les hirondelles passaient en piqué sous la brise. Les bas-côtés étaient enfouis sous un mètre de cerfeuil sauvage en fleur que mon grand-père appelait *kesh*, et dont la forte odeur anisée emplissait le vallon. À mi-pente, il y avait un petit bois où quelques-uns de mes copains construisaient une cabane. J'étais tenté d'y aller jouer, mais je ne pouvais pas abandonner les vaches. Nous étions tout le temps en train de construire des cabanes dans les recoins abandonnés du village, y compris la décharge, où les gens jetaient leurs vieux pneus, téléviseurs et matelas. Nous ramassions des pommes sauvages dans les haies et en faisions des stocks en guise de « provisions ». Quand nous mordions dedans, elles étaient si aigres qu'elles nous donnaient instantanément l'impression d'avoir du duvet plein la bouche.

Arrivées en bas de la colline, les vaches devaient en principe entrer dans un enclos, mais elles s'étaient échappées en direction du petit terrain communal du village. Mon père, qui était au jardin, les a vues et est venu me prêter main-forte. Il criait qu'elles « se foutaient de nous » et les a dépassées à la course en braillant et en brandissant une longueur de tuyau en plastique pour leur taper dessus. Sa chienne Lassie s'y est mise aussi, mordillant leurs jarrets et leur aboyant après jusqu'à ce qu'elles soient toutes rentrées.

Dans les années qui ont suivi, le village s'est un peu embourgeoisé, est devenu plus propre, et le fait que des vaches salissent les routes et retournent l'herbe du terrain communal avec leurs sabots est devenu un motif de tensions. Pourtant, quand j'étais jeune, tout le monde savait que les vaches écrasaient les talus par temps de pluie et maculaient la route de leurs bouses – comme elles l'avaient toujours fait. Il y avait des abreuvoirs dans notre cour, et encore quelques années auparavant, quiconque avait du bétail dans le village était libre d'y entrer pour prendre de l'eau.

Mon père était un dur à cuire, mais il aimait ses vaches. Un an ou deux plus tôt, au début des années 1980, il avait encore un troupeau de quatre-vingts laitières à la robe noire et blanche – des holsteins, au dos large et gras et aux pattes robustes. Elles pâturaient dehors la moitié de l'année, de mai à octobre. L'autre moitié, de novembre à avril, elles vivaient à l'étable et dans les granges et étaient nourries au foin. Mais papa a dû vendre ses laitières chéries pour avoir de quoi acheter un terrain situé en plein milieu de nos terres (celui sur lequel vit aujourd'hui ma famille, dans une ancienne grange qui à l'époque n'abritait que des chouettes et des toiles d'araignée). Pouvoir mettre la main sur des terres au milieu d'une exploitation était si rare qu'il tenait absolument à acquérir cette parcelle, malgré le manque de moyens.

N'ayant bu toute sa vie que le lait de ses vaches, mon père refusait d'acheter celui du magasin, qu'il trouvait pitoyable. D'après lui, c'était « de la flotte », un produit « trafiqué ». Il appelait le lait écrémé et demi-écrémé du « lait de pigeon ». Il avait donc gardé une poignée de vieilles vaches aux pis usés « pour la maison » et pour les veaux. La traite était faite à l'aide d'une petite machine électrique. Le lait sortait de l'« appareil » (une sorte de gros bidon) épais, mousseux, chaud et crémeux. L'intérieur de la machine a rapidement été recouvert de graisse jaunâtre – impossible de la récurer assez souvent pour qu'elle reste propre. Les mouches qui suivaient les vaches à l'étable, venues des prés environnants, tombaient souvent dans le lait et devaient y être repêchées alors qu'elles agitaient les pattes dans la mousse jaune. En cas de panne de courant, on trayait à la main, dans un seau. J'adorais faire jaillir le lait du pis, le voir tomber dans le fond chaud et mousseux du seau avec un bruit doux, insistant et soyeux.

La vache préférée de mon père était une holstein noire à l'air avenant, avec de grands yeux noirs et vitreux qui pétillaient quand elle ruminait. Il l'appelait « la Vieille Blackie » et soutenait qu'elle avait « dans les vingt ans » – sauf qu'elle avait toujours « dans les vingt ans », même des années plus tard. Elle se laissait traire avec douceur, « laissait couler son lait », comme on disait, sans jamais donner un coup de sabot. Par amour pour la Vieille Blackie, il gardait aussi sa meilleure copine, Snowy. Mais celle-là était « une vraie garce ». Une fois, elle m'avait renversé à l'entrée de l'étable, et j'avais eu de la chance qu'elle ne me broie pas la cage thoracique. Quand je m'étais relevé, mon père était livide. Il avait déclaré qu'il allait devoir la vendre, ou bien que je devrais peut-être « apprendre à me pousser plus vite ».

Le regard fou, elle essayait souvent de me fouetter avec sa queue, ou lançait des ruades si les mouches lui tourmentaient les flancs. Mon père me disait de « la mater ». Il s'appuyait contre son flanc, de tout son poids pour qu'elle ne puisse pas ruer, jusqu'à presque la soulever du sol, après quoi il passait un bras autoritaire sous son corps et attachait la trayeuse à ses pis. Quand elle vêlait, une fois par an, elle devenait encore plus dangereuse. Les deux premiers jours, elle beuglait contre quiconque osait seulement regarder son veau. On m'a dit de garder mes distances. Quelques années auparavant, dans un accès de rage maternelle, elle avait tué un chat qui avait eu l'outrecuidance de passer devant son petit endormi. On l'avait trouvé aplati sur le ciment, les yeux sortis de la tête. C'était difficile de comprendre pourquoi mon père gardait Snowy, mais il avait toujours des idées un peu bizarres.

Avec le recul, je vois bien, maintenant, que notre ferme était remplie de bêtes et de lieux qui défiaient les efforts de mon père et de mon grand-père pour les dompter : la cour pleine de vieilles machines agricoles enfoncées dans des orties qui nous arrivaient à la poitrine ; les forêts d'épineux entremêlés dignes du château de la Belle au bois dormant, qui proliféraient dans une carrière abandonnée au bord de la route, là où les bouvreuils chantaient dans les taillis en bombant leur poitrail rouge prune ; les troncs pourrissant au bout de la cour, qui n'avaient jamais été enlevés et s'effritaient maintenant, pleins de nids de fourmis rouges ; les bords de la pâture partagée où paissaient les vaches, envahis par une végétation sauvage. Même les champs d'orge et d'avoine étaient mêlés de coquelicots et de mauvaises herbes, les prés pleins de chardons, et les champs de blé, fin juin, emplis de fleurs sauvages.

*

Mon grand-père est entré d'un pas décidé dans le Long Champ. Il m'a fait signe de suivre son sillage d'ombre et de rosée. Nous étions dans la période intermédiaire avant que l'herbe ne soit fauchée pour faire du foin. Au petit déjeuner, papa avait déclaré qu'elle devait l'être maintenant et qu'il fallait « qu'on s'y mette » comme nos voisins. Mon grand-père avait rétorqué qu'il ne pensait pas que ce soit une bonne idée, mais qu'il irait voir « avec le petit ». Arrivé au champ, il a posé sa veste en tweed sur le mur. Il n'avait plus que son maillot de corps taché de sueur. Ses bras étaient bronzés, tannés jusqu'au coude, puis d'un blanc laiteux là où il portait d'habitude son immuable chemise de coton rayée (à l'école, les gamins du village appelaient ça « le bronzage agricole »). Il a retiré sa casquette, et ses cheveux se sont décollés de son crâne pâle. Il est entré dans la verdure, puis, tel un vieux héron plié à mi-corps, il s'est mis à arracher la végétation çà et là dans le pré. J'ai su qu'il allait me donner une leçon.

Au bout d'une minute ou deux, il est revenu avec des herbes déployées en éventail dans sa main. Il était temps que je les connaisse chacune par son nom, m'a-t-il dit. Il me les a donc indiquées et nommées une par une. C'était quelque chose d'important. Fétuque des prés. Fléole des prés. Agrostis. Dactyle. Houlque laineuse. Ivraie. Pâturin commun. Flouve odorante. Vulpin des prés. Il disait que chaque espèce apprenait quelque chose à un bon fermier. Les bonnes herbes et plantes montraient que le sol était plein de fertilité et d'« entretien ». Les pires, les « mauvaises herbes », indiquaient que le terrain perdait la santé : elles le dépouillaient de ses nutriments car elles en prenaient plus qu'elles n'en restituaient. La fétuque retombait sur ses vieilles mains noueuses, la tête lourde de petites graines semblables à des grains d'avoine. Regarde, disaient les traits de mon grand-père, sois attentif, apprends, un fermier a besoin de connaître tout ça. Mais moi j'avais la tête dans les nuages, je ne faisais pas attention, et j'ai oublié le nom des herbes pendant des années.

En rentrant, il a grommelé que le foin était loin d'être prêt ; il n'allait pas le faucher maintenant, juste parce que mon père manquait de patience. Il garderait ça pour plus tard, comme il l'avait toujours fait. Papa lui a reproché de vivre dans le passé, lui a rappelé que nous n'avions pas assez de bras pour faire le travail comme avant, et a ajouté que l'ensilage faisait un meilleur aliment pour les vaches. Il a conclu qu'on travaillait encore « comme dans les années 1950, bon Dieu ! ».

J'étais tassé à l'arrière de la Land Rover avec les chiens qui bavaient copieusement sur mes jambes. C'était un samedi et nous nous déplacions pour aller travailler à la ferme de mon grand-père, où nous devions vermifuger les agneaux. Papa et John, assis à l'avant, discutaient football, mais faisaient aussi de brefs commentaires sur toutes les exploitations devant lesquelles nous passions et sur les familles qui les occupaient.

« Ça, c'est une ferme bien tenue. »

« Ils sont très doués avec le bétail. »

« Lui, il a été surpris au lit avec un autre gars. »

« Il n'arrête pas [de faire monter les enchères] quand il veut un bélier. »

« Elle est adorable. »

« La moitié du village est à eux. »

« Les plus belles vaches du nord de l'Angleterre, qu'ils ont. »

« Celui-là, c'est un cossard. »

« Un taudis, chez eux. »

« Monsieur Je-sais-tout. Toujours son mot à dire. »

J'étais coincé entre les sacs en toile de jute d'aliment

pour ovins, les piquets de clôture, les rouleaux de fil de fer, les seaux de marteaux et de clous, les tubes métalliques et les bonbonnes de spray de marquage. Le trajet d'une ferme à l'autre prenait une demi-heure. Jusque-là, il n'avait toujours été pour moi qu'un défilement flou de verdure sans aucun sens particulier, mais maintenant que je faisais mon éducation pastorale, je commençais à voir ce qu'étaient ces champs. Je l'ignorais à l'époque, mais ma vie allait être un reflet de ce trajet : un mouvement en direction des collines, un voyage dans le mauvais sens, un recul qui s'éloignait de la modernité pour retourner vers l'un des derniers paysages agricoles traditionnels.

La première moitié du chemin nous faisait traverser les terres basses en passant par la commune la plus proche, où la terre s'améliorait et où les fermes grandissaient, où les méthodes d'agriculture étaient déjà passées aux troupeaux de bêtes laitières à croissance rapide et aux champs géants de céréales. Je comprenais, à la conversation des adultes, que ces exploitations étaient plus prospères et leurs fermiers plus riches que nous – d'où un mélange d'admiration et de ressentiment de notre part. Je savais déjà que c'étaient de bonnes terres, plates et profondes. Je voyais les gros tracteurs et les machines rutilantes dans les granges et dans les champs. Je voyais construire des hangars et des étables gigantesques. Je sentais, à les entendre parler à l'avant, que ces fermes de plaine étaient en train de se transformer. Je ne comprenais pas tout ce qu'ils disaient, mais ce qui arrivait à ces exploitations allait nous atteindre également. Cela semblait contrarier mon père, comme si nous étions en train de nous laisser distancer par ces agriculteurs qui faisaient la course en tête. Nous n'aurions jamais les moyens d'affronter tout cela.

Puis nous avons pris à gauche au rond-point à la sortie du bourg, là où se trouvent les bâtiments industriels gris, les silos à grain géants, l'usine de traitement des abats de poulet et la bretelle de la voie rapide, et nous sommes partis vers l'ouest et les collines du Lakeland. Entamant une série de virages en côte, nous sommes sortis des bonnes terres jusqu'à nous retrouver sur la petite route menant à la vallée où mon grand-père avait sa ferme, nichée entre les deux monts arrondis qui marquent le début du Lake District. Nous serpentions entre de petits prés bordés de haies hirsutes et de murs argentés et des pâturages d'herbe drue qui montaient des vallons bourbeux vers les bois et la lande plus sauvage. Ces prés étaient comme hors du temps, exploités à la manière traditionnelle.

Plus je passais de temps avec mon grand-père, plus je me rendais compte que sa ferme de moyenne altitude n'était quasiment pas « améliorée ». Elle était d'une beauté renversante : même les ouvriers agricoles les plus rustiques et les moins sentimentaux le disaient.

Cet ensemble de bâtisses d'un autre âge envoûtait tout le monde. Le problème, selon mon père, c'est qu'elle requérait quantité de travaux exécutés jadis par une petite armée d'hommes et de femmes qualifiés et que ceux-ci, en disparaissant, avaient laissé mon père essayer de tenir à bout de bras les deux fermes alors que mon grand-père vieillissait. Partagé entre les deux exploitations, il tondait des moutons jusqu'à la nuit tombée, faisait la traite à l'aube le lendemain, puis courait traiter des bouvillons sur un pré de location éloigné, après quoi il engloutissait son dîner, pulvérisait un champ d'orge, puis essayait de retourner traire les vaches, puis réparait une clôture par laquelle une brebis s'était échappée. C'était harassant, et je ne suis pas certain que mon père ait compris clairement ce qui avait changé ou à quel point son combat était perdu d'avance. John ne rajeunissait pas non plus, et avait besoin de travaux plus légers. Quelques mois plus tard, il s'en est allé faire des petits boulots pour un entrepreneur en bâtiment du coin – et ma mère et moi avons été enrôlés pour aider à boucher les trous.

Trente ans plus tôt, une demi-douzaine d'hommes auraient remonté leurs manches et pris leurs faux pour éradiquer les chardons tous les ans en juin ou juillet. À présent, il n'y avait plus que mon grand-père et sa faux, papa sur un tracteur, et moi avec une faucille. Comme les ovins et les bovins ne mangent pas les chardons, il leur est presque impossible de paître à leur pied lorsqu'ils deviennent trop coriaces ou trop denses. Les chardons étaient pour la nature un moyen de se réapproprier nos terres en rendant l'agriculture impraticable. Ils ruinaient les pâturages.

Les champs trop caillouteux et escarpés pour être cultivés, avec des bords trop en pente pour les tracteurs, étaient utilisés comme pâtures permanentes, et c'était là que la mer de chardons nous arrivait à la poitrine. Mon grand-père et moi avions donc pour mission de les faucher à la main pendant que le tracteur dégageait les zones civilisées du pré.

Papi s'arrêtait à intervalles de quelques minutes pour reprendre son souffle. Pendant que nous fauchions, hirondelles et martinets filaient dans un sens et dans l'autre à la poursuite des insectes que nous dérangions. Ils passaient à ma droite et à ma gauche tels des avions de chasse, et leurs ailes me frôlaient de si près que je les sentais presque sur ma joue.

Mon grand-père crachait sur la pierre à aiguiser bleu-gris, puis la passait contre l'arc de la lame de la faux. Sa surface rugueuse en raclait le fil et le rendait brillant, affûté. Il passait doucement le doigt contre la lame, ce qui me faisait grimacer. Ma trouille le rendait goguenard. Une fois certain que son outil était tranchant comme un rasoir, il rangeait la pierre dans sa poche et remettait sa faux au travail. Bientôt, le manche tournait et s'incurvait autour de son corps, dans le style classique. Il balançait la faux sans effort, en rond autour de lui, inlassablement, et chaque coup emportait une bande de quinze centimètres de chardons. De temps en temps, il jurait quand la lame arquée heurtait une branche cachée qui lui faisait perdre le rythme. Sa chemise était couverte d'épines de chardon, et la lame elle-même verdie par le suc de la plante. À vingt pas de là, un chardonneret oscillait doucement sur une de leurs grosses fleurs violettes. Il se laissait bercer d'avant en arrière, et les petites bandes jaunes de ses ailes brillaient dans le soleil quand il se baissait pour picorer le duvet du chardon. De mon côté, je maniais ma faucille. *Slash. Slash. Slash.* Les chardons étaient rejetés par-dessus mes épaules, des deux côtés. J'avais le cou trempé de sueur et le duvet me démangeait. Mes bras et ma nuque étaient brûlés par le soleil, mes cheveux blondis comme ceux des jeunes gens qu'on voyait sur la plage dans *Les Dents de la mer.* Le manche en bois de la faucille m'avait donné une ampoule au pouce. Si j'attrapais trop de chardons d'un coup, l'outil se coinçait et son arrêt brutal me tordait douloureusement le poignet. À l'autre bout du champ, mon père conduisait le tracteur avec la débroussailleuse en remorque. Les deux lames rotatives vibraient et bourdonnaient, hachant menu tout ce qui dépassait dix centimètres de haut.

Mon grand-père se plaisait à raconter à quel point sa terre était pauvre quand il avait commencé à la cultiver dans les années 1940 : rien que des chardons, des clôtures cassées et de la caillasse. Des décennies de travail de sa part en avaient fait une terre « au bon cœur », comme il disait. Mais en vérité, la bataille n'était jamais gagnée. Au bout d'un mois, une grande partie des chardons fauchés auraient repoussé et se seraient ressemés.

Au mois d'août, l'orge a commencé à changer de couleur, virant lentement à l'or. En séchant, les têtes argentées et prolongées par des barbes repiquaient vers la terre. Mon grand-père a frotté les épis entre ses paumes jusqu'à ce qu'il ne reste que les grains. Puis il en a pincé un entre ses dents et a mordu dedans. Il m'a dit de faire comme lui. Avant maturité, ils étaient emplis d'un fluide laiteux, visqueux, mais à mesure que les jours passaient et que le soleil faisait son œuvre, ils durcissaient, jusqu'au moment où ses dents les fendaient en deux comme un ciseau. Il a recraché doucement les deux moitiés dans sa main pour me montrer la farine densément tassée à l'intérieur. C'était le signe que la récolte était prête pour la moisson. Et pour la première fois de ma vie, j'ai ressenti une sorte de fierté à propos d'une récolte, car j'avais participé à la faire pousser et je savais combien de travail et de foi il avait fallu pour en arriver là. Quelques jours plus tard, alors que le car scolaire passait sur la petite route, j'ai compris aussi ce qu'étaient les taches noires au-dessus du champ d'orge – et mon cœur s'est serré.

*

Mon père avançait d'un pas décidé le long des haies, en passant devant des arbres aux feuilles couvertes d'une mince couche de poussière grise. Le champ devant lui s'est bientôt mis à résonner de coassements, et le ciel à fourmiller de corbeaux. Ils ignoraient royalement l'épouvantail, vêtu du costume de mariage de mon père, rembourré de paille et noué aux poignets et aux chevilles avec de la ficelle. Ils ignoraient tout autant l'épouvantail mécanique installé depuis plusieurs jours dans le champ. Ils étaient trop malins pour se faire avoir. Voraces, ils frappaient les épis de leurs ailes pour en décoller le grain qui mûrissait. Papa avait l'intention d'en abattre deux ou trois et de les pendre à des gibets bricolés dans le champ, afin d'effaroucher les autres et de sauver la récolte de la destruction.

Il avait son fusil de calibre 12 passé sur l'épaule, cassé en deux, et des cartouches dans les poches. Il m'a fait signe de me taire et de le suivre en silence dans l'orge qui m'arrivait à la taille. Il a juré contre une poignée de corbeaux qui nous avaient vus et qui se sont éloignés en lançant un avertissement. Il a continué d'avancer sans bruit, dissimulé par la haie et par l'épaulement de la colline. Un tapage de cris gutturaux, bavards, agités ; ils étaient en plein festin droit devant. Puis, quand nous sommes arrivés à découvert, ils se sont envolés, noircissant le ciel. Corbeaux, corneilles et choucas ont envahi les cieux dans une orgie de ténèbres. Ils volaient en tous sens, paniqués. En tous sens, certes, mais sans s'éloigner de plus de cent mètres. J'étais accroupi derrière mon père, dans l'orge qui nous dissimulait. Le canon de son arme se découpait sur fond de ciel. Il disait que c'était une véritable perte de temps, que les corbeaux allaient juste faire le tour pour se poser dans les frênes à l'autre bout du champ et se moquer de nous en attendant que nous soyons partis, après quoi ils reprendraient leurs sinistres agapes. Mais certains d'entre eux avaient même l'audace de revenir dès à présent, défiant la menace depuis les airs. Ils n'étaient pas vraiment conscients de notre présence. Papa est resté parfaitement immobile. La tension était palpable. On n'entendait que le battement de leurs ailes. Deux ou trois points noirs approchaient haut dans le ciel. Le premier oiseau était bien trop haut, impossible à tuer. Mais papa s'est incliné en arrière jusqu'à presque m'écraser les jambes. Une petite tache noire, ailes déployées, avançait lentement, mais si haut qu'elle paraissait minuscule. Il a doucement pressé la détente. Le recul de l'arme l'a traversé avant de m'atteindre. Le coup était parti, mais papa regardait toujours par la visée au-dessus du canon. L'air sentait la poudre. Puis, au-dessus de lui, l'oiseau s'est comme replié sur lui-même et a dégringolé du ciel. Il a touché le sol à environ cinq pas de nous, sur la terre dure, avec un bruit sourd amorti par les plumes. Un vent de panique s'est levé. Les corbeaux savaient désormais que nous étions là et que nous avions un fusil. Ils se sont élevés comme un souffle de tempête qui a aspiré l'air du champ.

Papa s'est remis debout pour observer les terribles dégâts qu'ils avaient infligés à l'orge. Il a inspiré tristement. Un bon hectare était complètement aplati. Ce n'était plus que des tiges brisées, comme si un troupeau d'éléphants était passé par là. Tout était constellé de fientes blanches. Des plumes noires parsemaient les épis d'orge. Je me suis senti fier que mon père soit si bon tireur. Nous avons laissé le corbeau mort suspendu à la plus branche basse d'un frêne, accroché par une patte à un bout de ficelle rouge.

Le « gars de la moissonneuse-batteuse » qui est arrivé plus tard durant le mois d'août a profondément agacé mon père en déblatérant à n'en plus finir sur les dégâts provoqués par les corbeaux. Couverts de vermine, ceux-ci nous narguaient à distance depuis les frênes. Comme la plupart des petits fermiers, nous n'avions pas les moyens de posséder notre propre moissonneuse, alors une entreprise locale nous envoyait un de ses hommes pour faire la récolte. L'énorme machine rouge avançait en grondant dans les chemins, crachant des nuages de gaz d'échappement noirs tandis qu'elle repoussait les branches. Elle traînait en remorque son propre rabatteur, sorte de râteau cylindrique monté sur de fines roulettes et qui brinquebalait tel un chariot de supermarché à chaque cahot de la route. Le conducteur agacé, légèrement ronchon et moustachu était le fils cadet d'une vieille famille d'agriculteurs du coin. Mon père m'a appelé depuis les chaumes pour me dire de monter à bord et d'observer le fonctionnement. Je me suis serré contre le conducteur, gêné par le frein à main qui me rentrait dans le derrière. À mesure que nous avancions dans le champ, l'énorme rouleau rotatif rabattait les tiges sur des dizaines de petites lames triangulaires dentées qui les séparaient de leurs racines, à environ dix ou douze centimètres du sol, après quoi le cylindre en moulin à vent les expédiait au cœur de la machine. Les chaumes que la moissonneuse laissait dans son sillage étaient comme rasés de frais. La paille qui tombait à l'arrière en hauts monticules formait des rayures bien nettes. Derrière le siège conducteur se trouvait une énorme benne. À travers la vitre, je voyais les grains s'y écouler, séparés de leur tige puis secoués pour qu'ils se détachent de leur épi.

La moissonneuse-batteuse dessinait sur le champ des cercles concentriques de plus en plus réduits en soulevant sur son passage un nuage de poussière. Tous les trois quarts d'heure, mon père revenait avec le tracteur et traînait la remorque à grain à côté de la moissonneuse. Celle-ci tendait alors ses immenses bras rouges pour vider sa panse dans la remorque. La terre était dure, et nous étions secoués quand nous passions sur les tournières, moins lisses. Le conducteur se grattait de temps en temps la barbe et desserrait son écharpe pour en secouer la poussière. Il avait des poches sous les yeux et un paquet de cigarettes dans sa poche de poitrine. Des coccinelles se promenaient sur ses bras. Toutes les surfaces de la machine étaient couvertes d'une couche de poussière et de balle épaisse de dix centimètres. À mesure que nous moissonnions le champ, avalant les épis bande après bande, des lapins bondissaient vers les haies, et le chien du gars les poursuivait à travers les chaumes.

Le conducteur maudissait les coquelicots et les chardons. Il m'a dit que mon père aurait dû les arroser de pesticides, car la récolte n'était pas « propre » comme dans les fermes modernes où il travaillait. Il trouvait mon grand-père un peu dépassé. De nos jours, les mauvaises herbes, ça s'éradiquait ! Il n'y avait plus d'excuse. Il m'a raconté qu'un de ses copains conduisait une moissonneuse-batteuse bien plus grosse, mais qui n'aurait pas pu passer dans nos petits champs. Il aurait fallu élargir les accès et arracher une partie des vieilles haies d'épineux pour faire de plus grandes parcelles. Les petits champs comme celui-ci, biscornus et en pente, ça ne valait pas tripette. Les arbres l'exaspéraient avec leurs branches qui rayaient la peinture de sa machine. C'était bien simple : rien n'allait, dans notre ferme. J'enrageais en silence, mais j'ai tenu ma langue. Quand, plus tard, j'ai rapporté ses propos à mon grand-père, celui-ci m'a répliqué que toutes ces histoires de « modernité », c'était de la foutaise. Si le gars était si malin, qu'est-ce qu'il faisait à conduire une moissonneuse-batteuse ? Selon lui, nous devions cultiver le plus possible ce dont nous avions besoin, c'est-à-dire l'orge et la paille pour nos bêtes. Sur les chaumes qui restaient après la moisson, on répandrait le fumier au cœur de l'hiver, restituant ainsi à la terre les bienfaits des bêtes.

Je suis rentré avec mon père sur le chemin, avec trois ou quatre tonnes d'orge en remorque. Les freins du vieux tracteur étant bien usés, il les actionnait nerveusement dans la pente la plus raide pour l'empêcher de « s'enfuir avec nous ». Une fois dans la grange, une vanne ouverte à l'arrière de la remorque a permis à l'orge de s'écouler sur le sol en ciment.

Mon père a renversé la remorque au pied d'un transporteur électronique (une vis d'Archimède motorisée à l'intérieur d'un tube en aluminium permettant de monter la récolte au grenier). Enfoncé jusqu'aux genoux dans le grain, il a entrepris de le pelleter dans le transporteur. Il s'y enlisait comme dans des sables mouvants, si bien qu'il devait lever les pieds toutes les quelques secondes et tâcher de faire du surplace à la surface. Ce n'était pas un mouvement naturel, et il transpirait. Devant lui, les grains étaient aspirés par une force invisible, un tourbillon qui l'entraînait lui aussi vers le fond avec le reste, comme pour le noyer. Des tonnes de grains, avec un supplément de paille et de coccinelles, étaient englouties, expédiées dans le tube et recrachées en haut dans le grenier. On aurait dit que mon père était debout dans un sablier géant. C'était une tâche ingrate qui sapait toutes vos forces. La machine tournait encore et toujours, et les grandes pelletées ne faisaient gagner que quelques secondes : elle était affamée et en réclamait toujours davantage. Papa m'a intimé de rester à distance, là où j'étais, à l'arrière du tracteur. « Ne t'approche jamais du transporteur », me disait-il : c'était dangereux. La machine avait un pouvoir cruel qui ne respectait ni la chair ni le sang. Un fermier de notre connaissance avait été happé par une machine comme celle-là et avait perdu ses deux pieds, la chair arrachée, il n'en était resté que des moignons. Mais il était sorti rapidement de l'hôpital et, avec ses prothèses, s'était remis au travail comme un homme valide.

Une fois le dernier chargement transporté chez nous, le chaume brillait sous le soleil de l'après-midi. Quelques jours plus tard, la paille était mise en bottes et rangée en hauteur dans la grange, juste au-dessus de l'étable où vivaient les vaches en hiver.

En jeune garçon que j'étais, je pensais naïvement que le travail sur notre champ d'orge était fait, le cycle achevé. Pour mon grand-père, il n'en était rien. La culture et la récolte n'étaient qu'un prélude aux mois sombres, consacrés à l'orge et à la paille, c'est-à-dire la nourriture et la litière du bétail. Un trou dans le sol du grenier permettait de jeter la paille directement dans l'étable.

Un jour de cet automne-là, j'ai pris conscience que personne n'avait plus à me dire d'aller travailler : je le faisais de moi-même.

*

La fête des moissons. Nous allions en troupeau de l'école à l'église pour chanter des cantiques tels que « Nous labourons la terre ». Pour nous, c'était un des grands moments de l'année. À l'église, il y avait une bannière brodée à l'effigie du petit Jésus, très blond et très anglo-saxon, avec à ses pieds des petits oiseaux picorant les grains qu'il leur jetait. Ce soir-là, il y avait une vente aux enchères à la salle commune du village. Les familles s'y rendaient à pied, depuis leur ferme ou leur maison, dans le noir, avec des torches. Tout le monde s'entassait dans la petite arrière-salle. Les femmes servaient du thé et distribuaient des entremets à la vanille avec des gaufrettes roses. Les éleveurs parlaient météo, se demandaient s'ils auraient assez de réserves pour l'hiver ou commentaient le cours du mouton. Ils médisaient au sujet d'un fermier voisin (celui-ci n'était pas là pour les entendre) qui avait perdu sa récolte car il n'avait pas anticipé le temps sec. C'était un nouveau venu qui avait fait des études d'agriculture, et son incompétence les enchantait.

Les enfants, eux, jouaient à chat dans la grande salle. Il y avait au mur une tapisserie réalisée par les élèves de l'école dix ans auparavant, qui représentait toutes les fermes environnantes avec le nom des champs. Au fond, la femme du pasteur disposait les articles à vendre. La planche posée sur des tréteaux croulait sous les victuailles confectionnées ou données par les femmes : superbes miches de pain dorées en forme d'épi d'orge, sachets de caramels mous maison pour lesquels nous enchérissions avec ardeur, pots de confiture et de marmelade fraîchement cuites, et jusqu'à des boîtes d'ananas ou de soupe retrouvées au fond des placards et dont personne ne voulait vraiment. Nous levions la main pour acheter tout ce que nous pouvions. Mon père menait les enchères pour la soirée. Une fois la vente terminée, le pasteur a déclaré qu'il voulait tous nous voir à sa nouvelle école du dimanche… mais nous n'avons rien écouté, occupés comme nous l'étions à nous gaver du pain d'épices de ma grand-mère.

Tous les ans à l'automne, la cuisine de ma grand-mère, à la ferme, se transformait en fabrique de confitures. Elle ne voulait pas d'hommes dans sa cuisine, mais moi j'étais encore un « gamin ». Et ce jour-là en particulier, n'ayant pas de travaux de ferme au programme, j'ai été embauché pour aider et apprendre. Papi nous a conduits jusqu'à un chemin à deux ou trois kilomètres de chez nous. Il était bordé de hauts ronciers, et c'était le coin préféré de mamie pour la cueillette. Elle portait des bottes en caoutchouc qui rejoignaient sa jupe mi-longue marron, avec une grosse veste molletonnée et un fichu noué sous le menton. Très myope, elle avait des lunettes en cul de bouteille. Pendant que je l'aidais à remplir ses tupperwares de fruits, mon grand-père nous a laissés en disant qu'il reviendrait plus tard ; il devait aller voir son cousin « à propos de l'hivernage des brebis ». Nous avons suivi un *lonnin* – un sentier – sur environ huit cents mètres. C'était l'ancien chemin emprunté par les vaches et les brebis pour aller et venir entre les collines et les fermes de la vallée. À mesure que nous montions, les frênes qui commençaient à perdre leurs feuilles ont peu à peu disparu. Les collines, au-dessus de nous, étaient froides, couvertes de fougères brunes, automnales et nues, mais devant nous les prés étaient d'un vert foncé intense et la vallée s'étirait sur des kilomètres. L'air sentait le Purl Dip, un produit qui servait à baigner les agneaux pour les déparasiter avant la vente.

Les bords du sentier regorgeaient de ronces et d'épineux. Nous n'avons pas tardé à trouver le coin qu'elle cherchait, et elle a posé ses boîtes. Les branches étaient noires et lourdes de mûres sucrées à point, que nous avons cueillies en nous égratignant les bras. J'en mettais une sur trois ou quatre dans ma bouche pendant que ma grand-mère racontait des histoires de cueillette avec sa « môman ». Nous avons repris le sentier dans l'autre sens, chargés de fruits. Mon grand-père nous attendait, endormi dans sa voiture dont les vitres étaient complètement embuées par le chauffage.

De retour à la maison, ma grand-mère s'est affairée à ajouter ceci et cela et à touiller tout en gardant un œil attentif sur le thermomètre, jusqu'à obtenir une lave épaisse et bouillonnante dans ses bassines à confiture en cuivre. La maison entière embaumait. Mamie s'était déjà livrée à d'autres expéditions les jours précédents avec sa sœur et sa cousine dans une ferme de cueillette quelques kilomètres plus loin, dont elle était rentrée avec des paniers de fraises, de framboises, de groseilles et de prunes. Elle a sorti du congélateur d'autres fruits cueillis par ses soins ou cultivés dans son potager : groseilles à maquereau dans une haie, rhubarbe dans le jardin. Elle tapait sur ses casseroles pour faire la guerre aux merles et aux grives afin de protéger ses arbustes fruitiers. Et tout ce qui ne finissait pas en confiture était cuisiné en petits chaussons aux fruits sur une plaque métallique.

Les pommes, les poires et les prunes du verger étaient gardées pour l'hiver sous le lit des invités. Elles étaient disposées, sans jamais se toucher, sur de vieux journaux ouverts. Mamie s'agenouillait avec raideur à côté du lit, tirait sur les feuilles de papier, tournait soigneusement les fruits dans ses mains à la recherche de pourriture ou de moisissure, et faisait cuire ceux qui étaient gâtés. Quand on rentrait du froid glacial en hiver, on était accueillis par de grands plats chauds suivis par un pudding « à la reine » ou une tarte aux pommes avec de la crème anglaise.

Ma grand-mère était experte dans la transformation des produits de la ferme. Presque tout ce qu'elle cuisinait était cultivé chez nous, de saison et local. La viande, les pommes de terre, les légumes, les fruits et les baies étaient mis en conserve et préparés en chutneys. Il y avait bien de temps en temps une orange ou une banane du magasin, et quelques sachets de chips dans le « buffet à boissons », mais en dehors de cela, c'était une nourriture simple et traditionnelle qui était mise sur la table pour être consommée et appréciée. Elle ne nous demandait jamais ce que nous voulions manger. Il n'y avait pas le choix.

Jamais elle n'achetait ni ne cuisinait de plats préparés en usine par des inconnus (elle n'avait pas confiance). Elle cuisinait selon un programme qui avait dû être transmis par Dieu à Moïse (ou à Mme Moïse) en personne, tant il était immuable. Le principal repas de la semaine était le déjeuner du dimanche – en général un rosbif bien cuit, mais souvent aussi un gigot d'agneau ou une épaule de porc. Toute trace de sang ou toute nuance rosée dans la viande étaient considérées comme dangereusement continentales. La viande devait être cuite jusqu'au dessèchement, et les pommes de terre étaient rôties. Il y en avait à tous les repas : elles étaient pelées le lundi et mises à tremper toute la semaine dans un saladier d'eau froide, d'où elle les sortait pour les préparer en purée, bouillies, en chips, sautées, frites ou rôties. Les « restes » étaient accommodés. Le rosbif froid garnissait des sandwichs toute la semaine suivante. Nous abattions nos moutons et nos bœufs à l'étable, où ils étaient saignés dans des seaux suspendus aux poutres, écorchés, puis dépecés sur la table de la cuisine avec une scie et un jeu de couteaux. Tous les morceaux étaient consommés : pas seulement la bonne chair, mais aussi la queue et la langue de bœuf, et les abats. Même le sang était récupéré pour faire du boudin.

Ma grand-mère se faisait livrer par le boulanger le jeudi soir ; le livreur entrait pour prendre une tasse de thé avec une tranche de pain d'épices en échangeant des tuyaux de course hippique avec mon grand-père. Le mardi, Bert le boucher venait lui vendre quelques tranches de jambon cuit, voire parfois des saucisses. Dans l'ensemble, elle n'appréciait pas la nourriture du commerce : c'était de l'argent jeté par les fenêtres. Je ne me souviens que d'une sortie au restaurant avec mes grands-parents, pour un anniversaire de mariage ou quelque chose de ce genre. Mon père avait eu une prise de bec avec un serveur guindé parce que celui-ci prétendait nous servir du rutabaga alors que c'était du navet. Papi l'avait traité d'abruti.

Par moments, ma grand-mère faisait son ménage avec une ferveur qui laissait croire qu'elle avait quelque chose en tête. J'apprendrais plus tard qu'elle avait voulu à une époque quitter mon grand-père car il avait fait un enfant à une autre. Elle avait tenté de rentrer chez ses parents, mais son père lui avait fermé sa porte et intimé de retourner auprès de son mari. Comme on fait son lit on se couche, disaient-ils.

La vie de ma mère n'était pas celle de ma grand-mère. Elle travaillait dur dans l'étable, à nourrir les vaches et à pelleter le fumier, endossant le travail assumé jusqu'à récemment par les ouvriers agricoles. Puis il fallait encore qu'elle prépare un repas et qu'elle le pose sur la table, une dizaine de minutes après avoir retiré ses bottes. Elle semblait apprécier le travail agricole, mais les corvées domestiques, répétitives et fastidieuses, la rebutaient. Ma grand-mère voyait d'un mauvais œil le fait qu'elle ne puisse pas jouer les parfaites ménagères parce qu'elle était dehors en train de travailler à la ferme.

Si une femme ne pouvait pas tranquillement faire ce qu'elle avait à faire chez elle, c'était que les hommes avaient échoué quelque part.

Mes parents étaient plus ou moins fauchés. Je le voyais à nos tracteurs d'occasion, aux toitures rouillées des granges et aux vieilles machines agricoles qui tombaient sans cesse en panne et n'étaient jamais remplacées. Mais je le sentais aussi sur ma langue, aux sempiternels ragoûts bouillis et hachis parmentier. J'aurais dû m'estimer heureux de ce régime sain à base de bœuf ou d'agneau élevé chez nous, servis avec purée de patates, petits pois et carottes, mais non. Je détestais ça. J'ai passé bien des repas sous l'auvent devant la maison, à mastiquer une boulette de viande de plus en plus fade et cartonneuse, envoyé dehors par mon père pour « ingratitude » et refus de « manger ce qu'on mettait devant moi ». Parfois, je mentais : je donnais mon repas aux chiens et je prétendais avoir tout avalé. D'autres fois, je restais simplement à rêvasser avec ma boulette de viande remâchée dans la joue.

Il y avait dans le coin de l'auvent une vieille sirène d'alerte aérienne toute grise. Mon père était censé l'emporter en haut de la colline et s'en servir pour avertir la commune en cas d'attaque nucléaire. Ma mère devait remplir la baignoire d'eau fraîche et sceller les fenêtres avec du papier journal et de l'adhésif. Après les repas, mon père me regardait, planté là à mâchonner « de la viande parfaitement bonne », d'un air perplexe et dégoûté. Puis il s'en allait à grands pas dans la cour et ma mère venait me dire : « Vite, prends un sandwich au fromage et mange-le avant qu'il revienne te mettre un coup de pied aux fesses ! »

Un jour d'automne glacial, après le repas, mon père est rentré effondré, car la Vieille Blackie « ne tenait plus sur ses pattes ». Nous avons suivi son doigt pointé vers le haut du pré aux Vaches, et l'avons vue couchée sur le flanc. Usée, épuisée, elle arrivait à la fin de ses jours. Snowy, compatissante, broutait à côté d'elle. Papa était conscient qu'il allait falloir l'achever, la traîner jusque dans la cour et la confier à l'équarrisseur. Il a empoigné son fusil et gravi la côte d'un pas lourd. Depuis la cuisine, nous l'avons vu, la tête lourde de chagrin, dire un mot ou deux à la vieille vache. Il a approché son arme de sa tête. Alors, soudain, la Vieille Blackie s'est hissée sur ses pieds, l'a bousculé, lui et son fusil, et s'en est allée paître à côté de Snowy. Quand il est passé devant nous dans la cuisine pour aller remettre son fusil dans l'armoire, nous étions tous hilares. Il nous a dit de la fermer, mais il souriait. Elle a vécu en bonne santé pendant encore dix-huit mois.

Quand le sol est devenu trop humide, nous avons descendu le bétail des pâturages pour le faire hiverner à l'étable, et j'ai dû aider à le nourrir en rentrant de l'école. Le ciel du crépuscule résonnait des cris des corbeaux et des étourneaux tournoyant au-dessus du village quand je piétinais jusqu'au « magasin » où l'aliment était stocké. Il y régnait un vacarme assourdissant parce que le broyeur d'orge était allumé : ses deux volants d'inertie géants aplatissaient le mince flux de grains. Nous en remplissions des sacs en toile de jute pour les bêtes et le saupoudrions comme des corn-flakes sur leur foin et leur ensilage. Je devais ensuite balayer les grains tombés au sol pour les donner aux poules.

Je rechignais moins à accomplir ces corvées que l'hiver précédent, mais je continuais de détester le poulailler. C'était un petit abri en bois, avec un enclos grillagé plein d'orties. Les poules grattaient et picoraient la terre toute la journée au soleil et attrapaient de temps en temps un ver juteux ou une araignée, puis se retiraient dans l'abri à la tombée de la nuit. Il n'y avait pas d'éclairage électrique à l'intérieur, et quand j'entrais, la porte en se refermant chassait les dernières lueurs du jour. Il faisait tout noir, à l'exception du rectangle de la trappe par laquelle les poules entraient et sortaient. Le sol de l'abri était surélevé d'environ trente ou quarante centimètres par des années de fientes séchées. Tout au fond, les poules qui couvaient restaient muettes sur leurs nids : on n'entendait qu'un *cot cot* ou un claquement d'ailes de temps à autre dans le noir. Elles restaient sans bouger jusqu'à ce que ma main les trouve. Puis il y avait une petite explosion de caquètements, de plumes envolées, d'ailes battantes et de poussière. Une ou deux s'enfuyaient par la trappe en protestant comme si un renard avait pénétré dans leur logis. Mais les couveuses s'accrochaient à leurs nids. Je passais la main sous leurs plumes, dans la chaleur duveteuse de leur ventre, pour prendre les œufs sous elles. Les plus âgées me piquaient avec leur bec pointu, parfois jusqu'au sang.

Mais un jour, quelque chose d'autre a bougé dans le noir. Des rats. De gros rats, engraissés au grain. Je sentais des mouvements au sol, l'obscurité chargée d'une peur électrique. Soudain, j'ai entendu des caquètements et vu un rat énorme essayer de traîner une poule à demi déplumée dans un trou du plancher. J'ai crié ; le rat a lâché sa proie et disparu. Je suis ressorti de l'abri tout tremblant et j'ai raconté l'incident à mon père, qui m'a dit : « La mort-aux-rats, voilà ce qui leur pend au nez. Fini de rigoler. » Et il a dû mettre sa menace à exécution, car les semaines suivantes, chaque fois que je suis allé chercher les œufs, j'ai trouvé des rats morts ou mourants dans l'abri, qui se faisaient picorer par les poules.

La récompense de cette épreuve était une poignée d'œufs frais tous les jours. Dans la lumière chaude de la maison, ils étaient de toutes les nuances de brun – certains mouchetés, et parfois maculés de fiente. Ils me réchauffaient les mains, et j'aimais ça. Leur jaune était d'une teinte orange foncé quand on les faisait cuire à la coque pour le petit déjeuner. Et pour qu'ils restent propres, je garnissais soigneusement les alvéoles de paille d'orge dorée prise dans la grange.

C'est cet hiver-là que j'ai commencé à percevoir, pour la première fois, le fardeau qui pesait sur les épaules de mon père. Alors que j'étais depuis longtemps pelotonné dans mon lit, il travaillait encore dans la nuit, à donner des coups de marteau dans l'atelier ou à ressouder un râtelier cassé. Ou alors sa voix me parvenait, forte et rageuse, à travers le plancher. J'entendais mes camarades d'école évoquer leurs prochaines vacances d'hiver, mais ma famille, elle, n'en prenait jamais. Et ma mère était coincée quelque part entre l'évier de la cuisine et les travaux de ferme exécutés jadis par des hommes.

Maman roulait la pâte à scones dans notre petite cuisine. Elle avait beau les saupoudrer de farine, les pâtons collaient à la table. Elle portait un polo. Les manches étaient remontées jusqu'aux coudes, exposant ses longs bras pâles qui poussaient et tiraient. Elle a coincé ses cheveux derrière son oreille. Elle était mince et jolie. Elle avait essayé de suivre les recettes du livre de Be-Ro – le grand classique de la ménagère anglaise à l'époque. Ma grand-mère lui avait dit que les scones étaient faciles à faire, mais pour elle, c'était presque mission impossible.

Peut-être qu'elle n'était pas taillée pour cette vie de femme d'éleveur. Le four fumait et ma mère a émis un bruit étrange, une sorte de hurlement étouffé. Elle a ouvert le four, sorti le plateau et contemplé fixement les monticules carbonisés. Elle semblait au bord des larmes. Elle a marmonné quelque chose pour elle-même et a ajouté qu'elle n'avait pas le temps pour ces âneries. Elle avait du travail dehors, et l'heure tournait.

*

Papa a versé le gasoil, puis y a lancé une allumette. *Whoosh !* L'énorme tas de branches épineuses s'est enflammé comme une explosion dans une usine chimique. Bientôt, de gros nuages de fumée noire se sont élevés, quittant la lueur orangée du feu pour le ciel sombre. Papa et John avaient construit ce bûcher sur la pâture commune pour se débarrasser d'ordures de la ferme, de sacs en plastique, de souches d'arbres, de ronces retirées des fossés, de vieux meubles, de pneus lisses nauséabonds, de sacs de ficelle à bottes et de jerricanes d'huile de vidange. Quiconque avait des déchets à faire disparaître les avait aussi déposés là au cours des quelques jours précédents. De temps en temps, un aérosol explosait dans le brasier. Tout le monde reculait comme si une petite bombe avait sauté. Les hommes allumaient tranquillement des feux d'artifice avec le bout de leur cigarette et les calaient dans des bouteilles de limonade vides qui faisaient office de tour de lancement, quelques secondes avant qu'ils ne fusent vers le ciel. Les mères criaient à leurs enfants de s'éloigner – du bûcher et des explosifs. Les grands-mères nous gavaient, nous les enfants, avec des pommes de terre rôties, des friands à la saucisse et des caramels de mélasse semblables à des éclats de verre noirs qui menaçaient de nous briser la mâchoire et de nous arracher les dents. Puis, au bout d'une heure, nous rentrions tous à pied dans le noir en trébuchant sur les branches et les touffes d'herbe. Un petit braillait, traîné de force par un parent énervé parce qu'il s'était brûlé la main sur un feu de Bengale. Les lampes torches éclairaient entre les arbres et lançaient leurs faisceaux vers l'empire des étoiles au-dessus. Le gel nous mordait les pommettes. Nous avons vu un renard sur le chemin, et mon père l'a traité de « sale voleur » parce que, disait-il, un de ses semblables avait tué plusieurs de nos poules un an plus tôt.

Je me suis réfugié à la ferme de mon grand-père pour les vacances de Noël. Le vieux faiblissait de plus en plus et avait besoin de mon aide pour nourrir ses vaches allaitantes maintenant qu'elles étaient « rentrées ». Des volutes de vapeur sortaient par la porte de l'étable. Un brouillard d'odeurs chaudes et familières traversait sa cour pavée : vaches, foin, bouse et pisse. L'étable avait des murs en pierre et mortier de chaux, un toit pentu en ardoise verte et une porte en bois à deux volets superposés comme une porte d'écurie, avec un vieux loquet en fer. Les toiles d'araignée qui pendaient des poutres évoquaient des bas de soie. Dix-neuf vaches vivaient d'un côté de l'étable en hiver, attachées par l'encolure dans leurs stalles. Devant chacune se trouvaient une mangeoire en pierre pour le foin et un abreuvoir en fonte qu'elles activaient d'une pression du mufle ou de la langue. Le soleil passait par les trous entre les ardoises. Et dans ces rayons de soleil dansait la poussière de foin.

J'aidais mon grand-père à rapporter les bottes de foin du fond obscur de l'étable. Une chouette s'est enfuie dans la lumière du jour par une vitre cassée, mouvement flou dans lequel, curieusement, on peinait toujours à distinguer un volatile entier. Mon grand-père n'aimait pas la déranger, si bien qu'il allait chercher son foin discrètement, en parlant bas, presque avec vénération, comme si la chouette eût été la propriétaire de la grange, et nous les intrus. De gros papillons de nuit bruns voletaient quand nous déplacions les bottes, et parfois aussi des papillons de jour aux ailes dentelées, évoquant des joyaux ternis. Dans l'étable, un rouge-gorge suivait la tournée de mon grand-père, attendant les grains qui tombaient de la poche de sa veste chaque fois qu'il cherchait son canif.

Les vaches meuglaient pour être nourries. Il leur parlait, leur disait de prendre patience. Puis il jetait à chacune une portion de foin. Elles les secouaient devant elles avec leurs dents, arrachaient d'énormes bouchées avec leur langue recourbée. L'étable s'emplissait de leurs bruits de mastication. À leur cou, leur chaîne tintait chaque fois qu'elles remuaient la tête. Je n'étais pas aussi courageux que mon grand-père quand il s'agissait de passer entre les bêtes avec les portions de foin. Certaines levaient un sabot menaçant, prêtes à frapper. Je reculais, effrayé, mais papi les connaissait mieux que moi. Il longeait leurs flancs deux fois par jour. Il traversait le nuage de leur haleine, se faisait lécher ou pousser doucement du mufle, et esquivait une ruade de temps en temps.

Il guettait sous leur queue les écoulements menstruels, qui révélaient si elles étaient gestantes, comme prévu, ou si elles étaient en chaleur. La vache pouvait alors être amenée au taureau dans une autre étable afin d'être saillie. Quand une vache devait mettre bas, il y passait la nuit à la lampe torche, avec moi, pour veiller sur elle. Un bref instant, son haleine était prise dans le faisceau de la torche avant de monter vers la charpente. Il regardait dans les boxes vides garnis d'une couche épaisse de paille dorée, où il mettait les vaches pour la mise bas. Si le veau à naître avait de longues pattes, il tirait dessus à la main ou actionnait le levier de sa vêleuse. Une heure ou deux plus tard, il aidait le nouveau-né à trouver les pis de sa mère, si le petit n'y était pas arrivé tout seul, ou trayait le colostrum doré et l'injectait à la pipette dans son estomac. Je n'aurais su dire si c'étaient les vaches qui travaillaient pour mon grand-père ou l'inverse.

Un matin, il a soulevé le loquet en bois de la porte de l'écurie, sculpté à la main. La poignée, lissée au fil des décennies par des mains rudes de paysans, est montée doucement. Les gonds rouillés ont poussé un petit gémissement lorsqu'il a ouvert le vantail sur une dizaine de centimètres. Il a jeté un coup d'œil par l'entrebâillement. En me faufilant sous son torse pour voir moi aussi, je l'ai senti trembler d'excitation sous sa veste.

« Qu'est-ce qui se passe ?

– Chut…, tais-toi, m'a-t-il dit. Elle est en train de pouliner. »

L'écurie était sombre, mollement éclairée par une ampoule nue au bout d'un fil électrique grisâtre décoré de toiles d'araignée. Les murs autrefois chaulés étaient brunis par des années de crottin, tant les chevaux y avait frotté leurs jambes et leur ventre. Le sol pavé disparaissait sous quinze centimètres de paille blanchie par le soleil. Sous l'ampoule, la jument baie se tortillait, comme en proie à la douleur. Elle regardait fixement son flanc, qui était enflé : un membre de poulain poussait sous la peau tendue, ce qui lui donnait l'air d'avoir avalé un escabeau. Elle s'est étendue sur la paille. Au bout d'une minute ou deux, une contraction a secoué son corps telle une secousse sismique. Elle a tendu la tête comme une mourante et gémi. Papi s'est approché avec précaution de sa croupe, en me faisant signe de rester où j'étais. J'ai attendu les contractions, les unes après les autres, sans savoir ce qui se passait. Puis la jument a bougé et mon grand-père a vu les jambes du poulain qui sortaient, étrangement longues, anguleuses, pointues. Il est passé derrière et a souri. La jument a encore tremblé, poussé, et les jambes ont avancé de dix ou douze centimètres. Il a attendu le tremblement suivant, puis a tiré sur les jambes. Cette fois, elles sont sorties encore davantage et un nez est apparu, tache blanche qui s'esquissait à travers le sang et le sac amniotique translucide et jaunâtre. Alors la jument s'est levée, basculant en arrière puis en avant, et le poulain a dégringolé dans la paille avec un choc sourd qui m'a fait grimacer. Mon grand-père lui a nettoyé la bouche pour en retirer les fluides et a bondi vers la porte avant que la jument ne lui lance un coup de sabot.

Une heure plus tard, après avoir été laissée tranquille, la jument tremblait encore, doucement mais nerveusement, tandis que le poulain, à la recherche d'un téton, lui donnait de petits coups de tête dans le flanc. Au bout d'une semaine, il galopait dans le pré, apprenant à manœuvrer ses jambes trop longues et renâclant effrontément sous le regard de mon grand-père accoudé à la barrière. Papi était encore un amoureux des chevaux, quarante ans après l'achat de son premier tracteur.

L'année précédente, j'avais passé les vacances de Noël à bouder et à me rebeller quand on me disait de sortir travailler. Mais j'avais changé du tout au tout. Mon grand-père n'avait pas à me demander de me lever à six heures : je l'entendais s'habiller et j'étais prêt en même temps que lui. Son sourire était de pure fierté quand il me voyait ainsi debout de bon matin. Dix minutes plus tard, nous étions en train de curer l'étable à la pelle. Le fumier s'était accumulé pendant la nuit dans une rigole courant derrière les vaches, où la bouse tombait avec un bruit sourd et ferme, en spirales sèches qui sentaient presque la paille. Mon grand-père, penché en avant, poussait sa pelle dans les tas fumants, puis, d'un geste vif, en envoyait le contenu dans la brouette. Si une vache se mettait à pisser, il se reculait de quelques pas pour la laisser faire. Le ruisseau jaune et fumant coulait jusqu'à la grille d'évacuation près de la porte, simplement entraîné par la gravité. L'urine générait des nuages d'ammoniac fumant qui me faisaient plisser le nez.

Il faisait un froid mordant dehors, et mon grand-père disait que c'était là qu'on avait le plus chaud. Il travaillait dans l'étable en pull et gilet sans manches. L'atmosphère y était douillettement chauffée par les vaches et par les tas de bouse derrière elles. Dans les vieilles longères du Nord, les gens vivaient dans le même bâtiment que les bêtes, me racontait-il ; cette chaleur bovine était un bien précieux. Plus tard, emmitouflé dans des vestes superposées tel un explorateur de l'Arctique en piteux état, il traversait les champs gelés pour aller nourrir les moutons, et je braillais en agitant les bras pour empêcher les bêtes affamées de le faire tomber en se pressant autour de ses jambes.

Les travaux d'hiver étaient durs, mais mon grand-père tirait orgueil de tout cela. Il avait formé un immense tas de fumier dans la cour, et balayait autour chaque jour pour qu'il reste propre et net. On voyait, à sa forme bien verticale et à ses abords balayés, que ce tas était entretenu par quelqu'un de soigneux. Il fumottait doucement, et c'était le seul endroit qui n'était pas couvert de neige, à cause de la chaleur qu'il générait. Mon grand-père pensait que l'orgueil du travail bien fait, si modeste que fût la tâche, était la marque d'un homme de valeur, et par conséquent il curait l'étable chaque jour comme s'il devait être jugé là-dessus. Une fois l'étable propre, les bêtes couchées et rassasiées de foin, les moutons nourris dans les prés, il me disait que nous devions profiter de ce que le sol était gelé pour répandre du fumier sur les champs sans y creuser des ornières avec les roues. Et donc, nous prenions du fumier et l'emportions au champ, avec son petit tracteur et son épandeur : il était projeté tout fumant par les chaînes rotatives, et des dizaines de corbeaux venaient y gratter pour chercher des vers.

Papi a décrété qu'il nous fallait des navets pour les brebis gestantes. Nous avons donc pris le vieux Massey Ferguson qui avait une benne à l'arrière. Au champ, nous avons lentement arraché plusieurs centaines de navets à la main et les avons jetés dans la benne. Avec ce sol gelé, c'était une tâche difficile pour lui et presque impossible pour moi. Il soufflait et se fatiguait. Mais quand j'ai affirmé que c'était « le pire des boulots », il m'a lancé un regard acerbe et a répliqué qu'arracher les navets d'un sol boueux et détrempé par une froide journée de pluie était bien pire. J'avais déjà vu mon père travailler en cuissardes et veste imperméables par des journées pareilles, les mains rouges et enflées, dégoulinantes de gadoue glaciale. Au bout de quelques heures comme ça, il valait mieux ne pas se trouver sur son chemin. Une tâche cruelle. Et pourtant, malgré tout, mon père et mon grand-père aimaient tous les deux faire pousser des navets. C'était un bon aliment pour les moutons, et le champ bourdonnait de vie. Les rangs de navets formaient un refuge et un garde-manger pour les créatures sauvages au moment où les autres parcelles étaient froides et nues, au cœur de l'hiver. Les feuilles givrées lançaient des étincelles argentées dans la pâle lumière hivernale. Les lièvres, les perdrix et une multitude de petits oiseaux trouvaient là le manger et le logis.

Un épervier gris nuage s'est élevé au-dessus du fossé et les petits oiseaux ont couru se mettre à l'abri sous les feuilles. Un grand renard roux s'est discrètement enfui au bout du champ pour disparaître dans les bois. En arrachant les navets, nous faisions remonter vers et larves. Les rouges-gorges et les pinsons les attrapaient et les gobaient à quelques pas de nos bottes. Une fois rentrés à l'étable, nous avons jeté les navets aux brebis. Le festin qui a suivi a fait le même bruit qu'une foule croquant dans des pommes.

Au printemps, ces brebis et ces agneaux allaient directement se servir dans le champ. Ils raclaient la chair rose orangé avec leurs dents jusqu'à la dernière miette et laissaient derrière eux un tapis de boue et de crottin aussi noir que de la mélasse.

Cette nuit-là, les canalisations ont gelé. Mon grand-père s'est mis à faire des allers-retours depuis la maison, portant avec précaution des seaux d'eau bouillante à travers la cour verglacée. Nous la versions dans le tuyau qui sortait du sol en béton de l'étable. Après trois seaux et beaucoup de jurons, l'eau a commencé à traverser et les glaçons à remuer. Les vaches ont pu actionner leurs abreuvoirs et aspirer de l'eau.

Ma grand-mère portait un fichu autour de la tête, telles les femmes qu'on voit sur les photos en noir et blanc du siège de Leningrad. Elle a noué de vieux vêtements et de la paille autour des tuyaux et a crié à mon grand-père de faire du petit bois pour le feu. Puis elle s'en est allée nous préparer un petit déjeuner. En retirant mes bottes de mes pieds glacés à la porte de derrière, j'ai entendu le craquement net que seules font les bûches bien séchées quand on les fend à la hache. J'ai fait couler un bain pour me dégeler, mais ma grand-mère n'était pas emballée ; elle disait qu'on se lavait trop de nos jours.

Un ami de mon grand-père appelé George se rendait toujours dans la vallée d'à-côté pour acheter les journaux du dimanche, et mon grand-père, après avoir nourri ses bêtes, allait les chercher chez lui, à un petit kilomètre de la maison. Il s'asseyait dans un des vieux fauteuils, et George dans l'autre. Je me juchais sur une petite chaise en bois derrière eux. Le feu brillait, orangé, les bûches craquaient et crachaient. Ils s'installaient avec une tasse de thé et refaisaient le monde. George était du même moule que mon grand-père. Ils bavardaient à propos des derniers événements, du cours du mouton, de qui couchait avec qui dans la vallée et de qui avait des problèmes d'argent. En les écoutant, je comprenais que les choses étaient en train de changer.

Ces deux vieux messieurs parlaient de gens du cru qui vivaient de la terre sur des exploitations en voie de disparition. Chacune des fermes de la vallée était pour eux un lieu où des tribus d'enfants avaient été élevés et envoyés dans le vaste monde. Presque tous les gens que nous connaissions étaient originaires de l'une ou de l'autre : « Lui, c'est un Weir de Borrowdale » résumait tout ce qu'il y avait à savoir sur la personne en question. Et même enfant, à les écouter, je savais que leur monde de petites fermes s'amenuisait d'année en année. Tous les protagonistes de leurs histoires exécutaient des travaux traditionnels comme vendre des ovins et des bovins, ériger des murs, plesser des haies, tondre les moutons, entretenir les routes ou travailler à la carrière ou au pub. Ils se désintéressaient des nouveaux venus dans la vallée, comme s'il n'était pas possible d'intégrer à leurs récits cette population différente. Et je rencontrais un grand nombre de ces fermiers (pour la plupart) honnêtes, dignes, malins et bons envers mon grand-père quand nous allions les voir pour acheter des moutons, des vaches ou des poules. Entièrement concentrés sur leur travail, ils menaient une existence insulaire, préservant jalousement leur intimité. On les entendait rarement, car ils ne se cherchaient pas de public. Leur identité était constituée de choses qui ne s'achetaient pas en magasin. Ils s'habillaient de vieilles frusques et n'allaient que de temps en temps faire les boutiques, pour se procurer uniquement l'essentiel. Ils n'avaient que mépris pour les biens « du commerce ». Ils préféraient payer comptant plutôt qu'à crédit et réparaient tout ce qui se cassait, conservant tout un bric-à-brac de vieilleries plutôt que les jeter, au cas où elles pourraient resservir un jour. Ils avaient des passe-temps et des centres d'intérêt qui ne coûtaient rien, prenant comme un sport les tâches nécessaires comme la capture des rats ou des renards. Leurs amitiés naissaient de leur travail et des races de bétail qu'ils élevaient. C'était rare qu'ils prennent des vacances ou changent de voiture. Et ils ne faisaient pas que travailler : beaucoup de temps était consacré à des activités communautaires et plus détendues, ou à simplement à savourer la nature sauvage. Mon grand-père appelait ce mode de vie « la vie tranquille ».

Il n'y avait pas de honte à vivre de très peu, disait-il, bien au contraire. Mieux valait s'accrocher à ses libertés, même si, au regard des critères modernes, cela supposait d'être pauvre. Il dédaignait ceux qui désiraient constamment s'acheter des choses. Il pensait que ses semblables avaient compris sur la liberté une chose qui avait échappé à tous les autres : que si on n'avait pas besoin de choses – de biens achetés en magasin –, alors on était libéré du besoin de gagner de quoi se les procurer. On ne pouvait pas se contenter d'une petite ferme dans les hauteurs si on avait envie de vacances à l'étranger et de repas chichiteux au restaurant. Il fallait vivre selon ses moyens.

Au bout d'un moment, mon père se soulevait de son fauteuil, prenait le journal, et nous sortions tous les deux

– en nous arrêtant à la porte pour contempler la vallée, depuis le fond jusqu'aux prés où paissaient nos brebis, et suivre du regard les ruisseaux jusqu'à la rivière en contrebas.

L'herbe était argentée et crissait sous nos pas. Le ru, festonné de glace, chantait comme s'il avait coulé sous de fins éclats de verre. Le givre sur les branches des chênes évoquait le velours sur les bois d'un cerf. Le soleil peinait à s'élever au-dessus des collines. Nous allions retrouver mon père et John, venu aider à plesser une haie. Tout à coup, une éclaboussure dans l'eau, droit devant nous. Papi a pressé le pas, jusqu'à trottiner sur ses jambes raides. Un éclair a scintillé en surface avant de s'enfoncer dans les bassins sombres. Mon grand-père m'a expliqué que les saumons qui s'en vont rejoindre l'Atlantique savent reconnaître le goût de leur rivière natale depuis le grand large. Ils suivent cette saveur tel un ruban invisible pour remonter les estuaires après des années passées en mer, nageant à contre-courant dans les rivières lentes et lourdes des terres basses, infatigables, montant encore et toujours, franchissant barrages et obstacles, racines et pêcheurs, jusqu'à ce que le goût soit si fort qu'ils se mettent à filer comme des torpilles, boostés à l'adrénaline. Ils finissent par regagner ces vallons entourés de collines, retrouver l'eau tourbeuse qu'ils connaissent bien, et alors ils attendent au fond des bassins la crue qui leur permettra de remonter les rus caillouteux et peu profonds jusqu'au lieu où ils sont nés, des années plus tôt. Là, ils déposeront leurs œufs dans le gravier, et beaucoup mourront. Il me racontait ça comme s'il s'était agi d'un miracle. Il m'a montré les poissons dans les bassins, avec des poux de mer sur les ouïes et les nageoires, des griffures et déchirures blanches sur le corps, et son visage s'est empourpré. Pendant que je regardais, il s'est mis à grommeler à propos de l'Office des eaux. Il a dit qu'ils venaient redresser le cours du ru, pour drainer plus efficacement le fond de la vallée, au moyen d'une série de tranchées. Ils voulaient aussi en doubler les côtés avec des planches pour qu'il reste clair. Ils devraient dépenser l'argent de quelqu'un d'autre, car lui ne mettrait pas le sien là-dedans. Le ru déferait tout leur travail en l'espace de quelques années, affirmait-il.

Nous avons longé le cours d'eau d'un pas régulier et sommes entrés sur le pré pour rejoindre mon père et John. La Land Rover de papa était déjà près de la haie, et on entendait ses coups de hache. John retirait des branches de la haie et les jetait en tas pour les brûler plus tard. Les aubépines sont en sommeil l'hiver et peuvent être coupées et pliées avant de revenir à la vie au printemps. Une bonne haie d'aubépines tressées, m'a expliqué mon grand-père, est quelque chose de solide et d'utile, un ouvrage simple, ne nécessitant aucun achat en magasin, ni pour sa création ni pour son entretien, fait entièrement de ses propres matériaux. Il disait qu'on pouvait juger de la santé d'une ferme rien qu'en regardant si des savoir-faire traditionnels comme le plessage des haies étaient encore mis en pratique.

Chaque tronc d'aubépine était d'abord incisé à la serpette, au-dessus du pied. Juste avant qu'il ne soit entièrement tranché, John tirait dessus pour le coucher sur son voisin. Mon père protégeait la délicate charnière poisseuse de sève, fine comme une couverture de livre. Il avait les mains pleines d'égratignures et maculées de sang séché, de la couleur des baies d'aubépine. Il disait que ce petit reste de tronc s'épaissirait comme une blessure qui fait des croûtes, et transporterait suffisamment de sève vers les branches pour que les arbustes continuent de grandir. Et à mesure que de nouvelles pousses monteraient verticalement des branches couchées, les années suivantes, il faudrait tresser ces dernières jusqu'à ce que l'architecture de la haie soit complètement entremêlée, hirsute, épaisse. Les hommes parlaient, mais je m'en suis désintéressé et je suis allé m'asseoir dans la voiture, à vingt pas de là, pour me réchauffer les pieds sur les radiateurs en écoutant Blondie à la radio.

Deux ou trois ans plus tard, la structure de branchages tressés au cœur de la haie n'était plus visible et on voyait de nouveau une haie verte et ébouriffée. Tous les quinze ans environ, les haies de ce type devaient être de nouveau plessées, et à chaque intervention elles devenaient encore plus impénétrables : un enchevêtrement infranchissable de branches noueuses, presque à l'horizontale. Avec le temps, elles s'enrichissaient de plantes, d'oiseaux et d'insectes, non seulement dans la haie elle-même, mais aussi sur le talus où elle poussait : un refuge pour les fleurs sauvages.

Ces haies étaient aussi des cachettes parfaites pour jouer quand nous étions enfants. L'été, nous les traversions ; une fois passés de l'autre côté, nous nous trouvions dans d'autres royaumes et pouvions ignorer les appels lointains de nos mères. Nous partions à l'aventure du côté de la voie ferrée, ou du vieux moulin en ruine où jouaient les grands – et où plus tard nous allions feuilleter des magazines cochons et fumer des cigarettes. Par moments, on pouvait croire que la vie avait toujours été ainsi et le resterait à jamais.

Enfant, je possédais un livre illustré sur la mythologie grecque. J'adorais Ulysse, Thésée et leurs voyages héroïques. Mais quelque chose me disait que nous, les fermiers, étions plus proches de Sisyphe, à pousser un rocher géant jusqu'en haut de la colline pour le voir aussitôt rouler jusqu'en bas, encore et toujours. Au début de cette année d'apprentissage, je pensais qu'il fallait que je m'évade du travail à la ferme. Mais j'ai commencé à comprendre que mon père et mon grand-père, même s'il leur arrivait de râler et de désespérer, voyaient dans ce travail perpétuel le prix inévitable à payer pour une bonne vie sur la terre. Les choses devaient être faites parce qu'elles l'avaient toujours été. Le secret, c'était d'accepter le joug et de ne pas résister. Se contenter de suivre le mouvement. Mon grand-père semblait avoir trouvé un moyen de le supporter, en prenant plaisir dans la nature qui l'entourait et en tirant orgueil de bien faire les choses. Il semblait me dire : « Apprends à voir la beauté dans la coupe des chardons, apprends à apprécier le geste du faucheur, apprends à raconter des histoires ou à faire rire les autres, et ainsi la plus dure des journées de travail ne te brisera pas. » S'il était Sisyphe, alors il était un Sisyphe heureux, le sourire aux lèvres. Il jugeait, non sans dureté, que les gens modernes étaient comme des enfants, libres de jouer, mais privés de sens dans leur vie et déconnectés de ce qui comptait. Il était devenu têtu sur ses vieux jours, réfractaire au changement, et de plus en plus sentimental à propos de sa ferme désuète et décrépite.

Mon père, lui, n'avait pas ce luxe ; confronté à des dettes de plus en plus lourdes, il semblait coincé entre les anciennes valeurs agricoles et les nouvelles réalités économiques. Je percevais la tension sans encore pleinement la comprendre. Cela viendrait plus tard. À la fin de cette année-là, cependant, j'étais amoureux de cet ancien monde agricole. Mon grand-père avait atteint son but : je n'étais plus un gamin qui se cachait de la ferme. J'étais mordu.

Un beau jour, au début du printemps suivant, alors que l'herbe était haute d'une dizaine de centimètres et la terre sèche, les vaches et leurs jeunes veaux ont été libérés de l'étable. Mon grand-père les a détachés et ils ont secoué l'encolure, retrouvant le plein usage de leurs pattes en sortant des stalles dans le soleil aveuglant. Bientôt, les voilà qui galopaient dans la cour et dans les champs, bondissant et se lançant des appels. Mon grand-père appelait ça « le jour de l'expulsion ». C'était l'une des journées les plus joyeuses de l'année à la ferme. Il était heureux d'être à peu près débarrassé des vaches – comme elles étaient heureuses d'être à peu près débarrassées de lui – pour les mois d'été. Plus besoin de charrier du fumier ou de distribuer le fourrage deux fois par jour, il n'y avait plus qu'à aller leur jeter un coup d'œil au pré. Sa routine quotidienne changeait complètement lorsque ses vaches s'en allaient gambader au grand air. La ferme entière semblait alors soupirer de soulagement. Debout contre la barrière, nous nous réjouissions de les voir jouer comme des enfants.

« Je crois bien qu'elles sont heureuses de sentir le soleil sur leur dos et d'être sorties de cette vieille étable toute noire… L'hiver est bien assez long comme ça. »

Une fois le bétail dehors pour l'été, le silence tombait sur l'étable : on n'entendait plus que le babillage incessant des hirondelles au-dessus de la porte. Les granges étaient transformées : de lieux pleins de bruit, de chaleur et d'odeurs, elles redevenaient l'endroit le plus frais, sombre et silencieux de la ferme. Mes pas résonnaient entre le sol et les murs de pierre nue quand je les traversais en courant. Assis sous les poutres, le chat, Tabby, regardait fixement vers le haut en se demandant comment faire pour attraper les hirondelles. Un jour, mon père m'a surpris à les observer. Il m'a parlé de leur migration et de leur poitrail crème encore teinté de rouge par la poussière de l'Afrique. Alors que nous sortions de l'étable, elles ont franchi d'un coup d'ailes les fenêtres entrouvertes pour filer vers les prés lointains où broutaient les vaches, entourées de mouches.

En rentrant à la maison pour dîner, nous en avons vu entrer et sortir de la réserve à bois. J'y suis allé pour chercher le nid. Il était là, sur une poutre. Mon grand-père m'a soulevé. Ses bras ont tremblé quand il m'a poussé assez haut pour que je puisse voir à l'intérieur du nid. La mère babillait avec ardeur sur les lignes électriques au-dehors. Les petits, avec leur bec orange grand ouvert, se serraient dans le nid, plein à craquer. Ils ont refermé le bec et m'ont observé avec perplexité. Papi m'a dit, sur un ton un peu pressé : « Alors, tu les vois ? » J'ai répondu oui à mi-voix, et il m'a reposé au sol.

Progrès

Si la vie avait continué ainsi, tout aurait été bien. Mais cela ne devait pas être. Au bout du compte, nos vies sont comme des maisons construites sur du sable. Un grand coup de vent, et il ne reste plus rien.

Harakiri (réalisé par Masaki Kobayashi, 1962)

C'est seulement dans la séquence temporelle du siècle précédent qu'une espèce – l'homme – a acquis la puissance considérable d'altérer la nature de ce monde.

Rachel Carson, *Printemps silencieux* (1962),
trad. Jean-François Gravrand

Des nuages de poussière rouille me suivent dans la nuit, soulevés par les roues du tracteur que je conduis à toute allure sur la piste de terre. Le volant tressaute entre mes mains quand je passe sur un nid-de-poule. La nuit et les clôtures grillagées s'étirent devant moi à perte de vue. Un million d'étoiles scintillent dans le ciel, semblables à des diamants de pacotille. Je suis en Australie. J'ai vingt ans. J'ai fui la maison, sous le mince prétexte d'une « virée sac à dos ». Mais en réalité je suis parti le plus loin possible de mon père, et de notre ferme. Cela fait trois ans que mon grand-père est mort. Tant qu'il était là, nous étions comme ensorcelés, persuadés que notre mode de vie était plein d'avenir, digne et solide, et qu'il durerait à jamais. Poussé par sa foi inébranlable dans notre existence, je nous croyais capables de défier le monde extérieur. Je portais cette foi comme un manteau protecteur, en fier petit spartiate. Mais sa mort avait rompu le charme, et notre univers entier se retrouvait soudain fragile, à découvert. Je voyais tout se désintégrer autour de moi, sans rien pouvoir y faire. Je commençais à craindre que nous soyons la dernière génération à travailler comme nous le faisions sur nos rudes terres du Nord.

Dès mon arrivée dans cette ferme australienne appartenant à un ami d'ami, j'ai été mis au travail. On m'a confié la mission de conduire le tracteur jusqu'à un terrain éloigné pour mettre en bottes de la « luzerne ». J'ai acquiescé sans savoir ce qu'était la luzerne. Je n'étais pas habitué à travailler toute la nuit dans un pays lointain sur un tracteur inconnu. Le fermier m'a expliqué qu'ils travaillaient de nuit parce qu'ainsi la récolte conservait encore son humidité, tandis que dans la chaleur écrasante du jour elle aurait séché et les machines l'auraient pulvérisée.

Les phares du tracteur éclairent un paysage martien, rouge sombre. Tout est rectiligne. Des lignes droites, des carrés. Le fermier m'a dit de suivre la piste sur cinquante kilomètres. Puis de prendre à droite sur six blocs, puis à gauche sur encore deux blocs, et je serais arrivé au champ. C'est comme naviguer sur un échiquier. Je dépasse des enclos de bovins, dont les yeux brillent dans la lueur des phares. Autour d'eux, d'autres yeux sauvages et inconnus luisent dans les fourrés. Je passe devant un arbre sur le côté de la route. Des créatures à demi reconnaissables sont couchées tout autour, volumineuses et rousses. Des kangourous. Surpris, ils s'enfuient le long des bas-côtés. Je suis tellement étonné que je ne songe pas à ralentir. Ils semblent voler des deux côtés du tracteur. En tendant la main, je pourrais les toucher. C'est comme un rêve de kangourous bondissant autour de moi. Puis, avant même que je n'aie compris ce que je voyais, les voilà partis. Je me retrouve seul dans la nuit avec la vibration du moteur, les étoiles et la poussière rouge, et je me demande si quelqu'un chez moi va croire à mon histoire de kangourous. Après m'être senti à demi perdu pendant une heure, j'arrive au champ fauché et je travaille toute la nuit à faire des bottes dans la lumière halogène du tracteur.

Le paysage australien était plat, je n'avais jamais rien vu de tel. Il s'étendait à perte de vue. Une succession de champs immenses et parfaits. D'une perfection qui me laissait pantois : des carrés nets dans le bush, tracés à la règle sur une carte par des géomètres un siècle plus tôt.

La terre de là-bas était bon marché, et les espaces immenses. Il n'y avait pas de passé pour ralentir quoi que ce soit. Du moins, aucun dont on parlait. Ces fermiers modernes écrivaient l'avenir sur une page blanche. Pas de vieux murs. Pas d'anciens corps de ferme. Pas de gens. Pas d'ossements antérieurs pour percer la couche nouvelle. Rien que des parcelles plates, idéales pour des machines gigantesques. Des dizaines de milliers de moutons élevés dans une prairie plus vaste que toutes nos terres réunies. Des troupeaux de six ou sept cents vaches. Les gens que je rencontrais étaient tous débordants d'enthousiasme et de foi dans l'avenir. « Nous, on ne craint personne au monde », m'a dit un jour un agriculteur avec qui je buvais une bière. Il avait raison. Nous étions battus à plate couture.

Quelques mois plus tard, je suis rentré chez moi, terrassé par la nostalgie. Je rêvais toutes les nuits des collines et de la verdure, de nos champs biscornus et imparfaits. Et je me languissais de la belle rousse que j'avais rencontrée au pub la veille de mon départ.

Je suis rentré plus amoureux que jamais de mon chez-moi. Jamais notre ferme n'avait été plus radieuse. Pendant que je m'extasiais sur les haies verdoyantes, sur les prés et les pâturages échevelés et ravissants, mon père, lui, trouvait que je délirais complètement. Mais je percevais peut-être pour la première fois toute la splendeur de notre campagne – ses murs, ses haies, ses corps de ferme en pierre, ses vieilles granges – et j'ai su que ce lieu faisait autant partie de moi que je faisais partie de lui.

Et pourtant, malgré tout cet amour, je revenais plus ou moins vaincu. Je sentais grandir dans mon cœur la crainte pour notre survie. Nous ne pouvions pas rivaliser avec les exploitations agricoles que je venais de voir. Je pressentais que nous appartenions peut-être au passé, que notre temps touchait à sa fin.

Au cours des mois qui ont suivi, j'ai commencé à voir bien plus clairement ce qui nous arrivait. J'ai compris pourquoi mon père avait du mal à gagner sa vie. Que valait une ferme comme la nôtre, battue par les vents et la pluie six mois de l'année ? Que valaient des champs biscornus et de vieux bâtiments rafistolés de toutes parts ? Quel espoir y avait-il pour une agriculture à si petite échelle ? J'avais vu une nouvelle race de fermiers, plus rapides, plus intensifs. À présent, des hommes de la même trempe émergeaient à leur tour du saccage de notre paysage. J'étais gêné que ma famille n'ait pas su rester dans la course. Nous étions trop petits, trop désuets, trop conservateurs, trop pauvres et maintenant, sans doute, trop en retard pour trouver une place dans ce nouveau monde rutilant.

Chez nous, partout où je regardais, tout paraissait dépassé. Le tracteur avait remplacé le cheval comme principal moyen de traction depuis une génération, mais les modèles utilisés par mon père et mon grand-père n'étaient que des versions un peu plus grosses de ce qu'ils avaient eu avant. Dans la cour qui nous servait de débarras, l'appentis rouillé en tôle ondulée était encore plein de vieilles pièces de machines hippomobiles, les poutres de la cuisine encore encombrées de médaillons de harnais. Le passé s'était enfui en laissant derrière lui nombre de ses outils, qui prenaient la poussière dans nos granges. Les équipements hors d'usage laissaient pendre aux poutres du grenier leur cuir desséché, effrité, couvert de toiles d'araignée : harnais, jougs, brides, sangles, fers à cheval. Il y avait même, accrochée à la poutre du grenier à orge, une semeuse avec un mécanisme d'épandage manuel, qui s'utilisait un peu comme un violon. Et une paire d'éperons datant de la guerre des Boers trônait toujours dans l'âtre, là où papi s'asseyait pour lire le journal, comme si quelqu'un les avait retirés cinq minutes plus tôt. Je les ai pris un jour dans ma main et j'ai compris que j'appartenais à un monde de travail traditionnel qui était en train de perdre sa substance. Plus personne, dans les fermes modernes, n'arrachait les navets à la main ni ne trayait les vieilles vaches pour la maison deux fois par jour.

Mon père était accablé par la responsabilité de faire tourner notre ferme tandis que les dettes s'accumulaient. Il est devenu de plus en plus dur et ombrageux. Il semblait n'avoir qu'une solution à nos problèmes : travailler toujours davantage. Trimer. Se lever plus tôt. Continuer plus tard. Tout signe de mollesse chez moi l'exaspérait, comme si nous n'avions pas les moyens de nous laisser aller une minute. Il n'était pas du genre à expliquer quoi que ce soit par les mots, mais ses actes disaient que nous n'avions pas le choix : il fallait copier les autres. Il nous fallait de nouvelles machines et de nouvelles races d'ovins et de bovins ; et réduire les coûts, y aller à l'économie. Nous avions pris un grand retard et essayions désormais, en vain, de le rattraper. J'ai eu l'arrogance de plaindre mon père de ne pas avoir réponse à tout, de ne pas changer les choses assez vite, de ne pas savoir s'y prendre pour remporter la bataille. Il continuait de porter notre découvert sur ses épaules comme un sac de cailloux. Un pessimisme rugueux, cynique et rageur m'a envahi. Nous n'avions pas le choix : il fallait s'adonner au changement et se moderniser. J'en étais venu à avoir honte que notre ferme soit si « rétrograde ». Je sentais que l'histoire n'en avait cure. C'était comme un train : une fois qu'il a quitté la gare, vous pouvez toujours lui crier « Reviens ! » ou « Tu es parti dans le mauvais sens ! », il continuera de suivre ses rails et vous laissera sur place.

La partie qui se jouait dans notre ferme était la même que dans toute la campagne britannique. À de nombreux égards, ce qui arrivait était « le progrès ». On oublie facilement que l'agriculture est littéralement une question de vie ou de mort ; que c'est extraordinaire de vivre sans jamais avoir à se demander d'où viendra le prochain repas, de savoir que le dîner sera toujours là, et, encore mieux, d'avoir le choix du menu. Et pourtant, la faim ne remontait encore qu'à une génération pour de nombreuses familles en Grande-Bretagne et dans le monde.

Mes grands-parents avaient connu les pénuries alimentaires et les périodes de hausse des prix courantes en Grande-Bretagne pendant les premières décennies du XXe siècle. Ces privations se voyaient à la petite taille des personnes les plus âgées que je connaissais, lesquelles mesuraient souvent trente bons centimètres de moins que leurs fils et petits-fils. Le rationnement en temps de guerre était un sévère rappel du fait que l'alimentation n'était pas une évidence, quand nourrir le pays exigeait d'importer vingt millions de tonnes de denrées alimentaires par an et que l'approvisionnement en provenance de l'étranger était menacé. Pendant ces longues années, on avait fait la queue devant les magasins pour des produits à peine disponibles, triché et fait du marché noir pour se procurer des aliments de base comme les œufs et le beurre. C'est pourquoi, dès 1950, les paysans britanniques avaient été chargés d'améliorer la sécurité alimentaire et de nourrir une nation de cinquante millions de personnes, encouragés par des subventions d'État et des prix garantis. Au cours des décennies suivantes, ils avaient relevé le défi : produire bien plus à manger pour beaucoup moins cher. Le supermarché moderne était le summum de ce que pouvait désirer la population : un miracle ahurissant d'un point de vue historique, des produits alimentaires dont la qualité et la variété dépassaient les rêves les plus fous d'avant le XXe siècle.

Quand j'étais enfant, Anne, une amie de ma mère qui vivait au bourg, passait tout le temps nous raconter qu'elle avait acheté pour trois fois rien un jambon fumé, un sac de frites surgelées ou de la lessive. Le premier supermarché qui avait ouvert, à vingt-cinq kilomètres, en bordure de Kendal, était un bâtiment industriel grand comme un hangar à avions, avec un immense parking goudronné, rempli d'articles tellement peu chers que les gens ne parlaient que de ça. Anne tirait sur sa cigarette et nous parlait à n'en plus finir des choses qu'elle s'était payées, ou de ce qu'ils avaient consommé à la cafétéria pour un prix ridicule. Elle avait cessé de faire des gâteaux maison et taquinait ma mère d'être si vieux jeu. Elle disait que c'était une perte de temps d'avoir un potager : elle pouvait tout acheter pour bien moins cher que ce que cela coûtait à cultiver.

Notre potager se trouvait dans le jardin de la ferme, et c'était papa qui était chargé de le retourner et de planter les pommes de terre. Il détestait le jardinage. Après l'une des visites d'Anne, sa fourche, plantée dans la terre mince et caillouteuse, a chanté en heurtant les pierres sous ses pieds. La terre de notre jardin était sans doute la plus pauvre de la ferme : on aurait dit des poignées d'argile cuite et durcie. Tous les printemps, papa la nourrissait avec des brouettées sans fin de fumier bien pourri, pris dans les enclos des veaux. Sa bêche avait le manche cassé et gisait au pied du mur, là où il l'avait jetée, dégoûté, lorsqu'il avait déterré les dernières pommes de terre pendant l'hiver. Il a disparu vingt minutes pour le changer. Puis, à son retour, il a creusé une longue tranchée droite, profonde d'une trentaine de centimètres, où il a jeté une grande partie du fumier. J'ai enfoncé les patates dedans et je les ai légèrement couvertes de terre. Les patates avaient germé parce que nous les plantions un peu en retard : elles étaient hérissées de pousses blanches aveugles. Papa bouillait intérieurement. Il a demandé à maman combien coûtait un sac de pommes de terre au supermarché. Puis il a commencé à grommeler en calculant combien d'heures il passait à faire pousser les nôtres. Il a conclu qu'il perdait son temps. Qu'Anne avait raison, bon Dieu. Maman a contre-attaqué avec un vibrant hommage à la patate fraîche du jardin, mais il n'a rien voulu entendre. La moitié de ces saletés avaient pourri à cause du mildiou l'année précédente. Cet automne-là, de l'herbe a été semée à la place du potager, et nous nous sommes mis à acheter nos pommes de terre en ville.

Au fil des années, les supermarchés ont commencé à faire pression sur les tarifs de leurs fournisseurs. Au moment de mon retour d'Australie, la situation devenait désespérée. Un jour où nous étions allés à la foire aux bestiaux vendre un lot de moutons engraissés, papa n'a pas arrêté de rouspéter à propos des prix trop bas et du fait que nous nous faisions estamper par les négociants qui achetaient pour la grande distribution.

En rentrant, nous sommes passés devant de grosses fermes de plaine. Papa, profondément malheureux, a contemplé les terres qui longeaient la route. « Eh ben, ils n'y sont pas allés de main morte dans ce champ. » Il était stupéfié par l'abondance et la couleur des récoltes. L'herbe poussait à une allure folle et arborait une impossible teinte vert sombre – elle avait été généreusement aspergée d'engrais synthétique. Le commentaire de papa était mi-admiratif, mi-horrifié : il semblait se demander si le cultivateur n'était pas allé trop loin.

Personne dans ma famille n'était très doué pour expliquer ce que nous faisions, ni pour proposer une analyse claire de ce qui arrivait à notre monde agricole. Je me suis donc mis à lire pour chercher des réponses. J'adorais les classiques comme *Farmer's Glory*, d'A. G. Street, ou *The Story of a Norfolk Farm*, d'Henry Williamson, et j'ai péniblement avalé une multitude de manuels remplis d'informations utiles, mais ennuyeux comme la pluie. J'ai appris que nous étions une exploitation « mixte » à « pâturage tournant ». « Mixte » parce que nous cultivions des végétaux divers et élevions plusieurs types de bestiaux, et « tournant » parce que nos champs étaient travaillés en alternance, selon une séquence vieille de plusieurs siècles.

L'histoire entière de l'agriculture était en fait l'histoire de gens s'efforçant, souvent en vain, de surmonter les contraintes naturelles de la production. En premier lieu, la fertilité du sol. Les paysans avaient appris à leurs dépens, empiriquement, à force d'expériences réussies ou non, que si une terre était surexploitée les écosystèmes s'effondraient, et avec eux leur capacité à en vivre et à prospérer. Un même champ ne pouvait pas produire encore et toujours la même récolte sans s'épuiser. C'était dû au fait que chaque espèce végétale retire certains nutriments du sol, vidant à long terme ses réserves de fertilité, après quoi les maladies et les insectes nuisibles s'accumulent dans la terre jusqu'à tout dévaster. La nature punissait le fermier pour son arrogance. Des civilisations entières s'étaient effondrées parce que leurs méthodes agricoles avaient dégradé les sols.

Au terme de ces vicissitudes, une solution a été trouvée : alterner sur une même parcelle différentes cultures et différents usages – certaines ensemencées en céréales, d'autres broutées par le bétail, et d'autres encore laissées en jachère le temps de se reposer et de se reconstituer. Les différentes cultures restituaient à la terre différents nutriments et matières organiques par l'intermédiaire de leurs racines ou des déchets laissés après la récolte. Après le blé, un fermier semait par exemple de l'avoine, ou, si la terre se fatiguait des cultures, mettait le champ au repos. Cette alternance contribuait à restaurer les sols et à faire en sorte que les champs nourrissent les futures récoltes. Ni mon père ni mon grand-père, pas plus que les fermiers d'antan, ne savaient par quels mécanismes cela fonctionnait, mais deux mille ans plus tard ils perpétuaient les mêmes règles. Je trouvais assez extraordinaire d'avoir pu grandir dans une ferme et recevoir onze ans d'éducation scolaire sans qu'on m'explique une seule fois pourquoi les choses étaient ainsi faites.

En absorbant tout ce savoir sur nos diverses tentatives pour aboutir à des systèmes agricoles capables de nous nourrir, l'une de mes plus grandes surprises a été de découvrir que le schéma de rotation que je connaissais n'était pas intemporel : il avait été tout à fait différent autrefois. Les paysans de l'Angleterre médiévale divisaient leurs cultures en une multitude de petites bandes (les pâtures, elles, étaient partagées, chaque foyer étant autorisé à faire paître un certain nombre de bêtes). À l'intérieur d'un même champ, chaque bande était attribuée à un paysan différent, qui en avait plusieurs disséminées dans la commune, la quantité de terres de chacun étant proportionnelle au nombre de ses bouches à nourrir. Chacun faisait pousser un éventail de cultures comme l'avoine, l'orge, le seigle et autres classiques. Ces champs morcelés comme des codes-barres auraient laissé mon grand-père dubitatif. Pourquoi piétiner d'une bande à l'autre au lieu d'avoir des parcelles plus larges et plus efficaces ? Pourquoi perdre son temps à faire des allers-retours de l'une à l'autre en trimballant charrues, binettes, faux et faucilles ? Pourquoi gaspiller un no man's land large de cinquante ou soixante centimètres entre chaque bande ? Mais j'apprenais que cette disposition fournissait une barrière utile pour ralentir la propagation des maladies et des insectes destructeurs, un abri pour les pollinisateurs et les insectes qui s'attaquaient aux nuisibles, et une protection contre les épisodes météorologiques extrêmes, faisant en sorte que chaque famille ait sa réserve alimentaire répartie sur différentes zones de la commune, ce qui limitait les risques liés aux sécheresses ou aux maladies. Mais le principe sous-jacent était surtout d'avoir des cultures multiples en rotation, comme sur les terres des fermiers d'avant – et comme sur celles de mon grand-père, à une autre échelle.

Au fil des siècles, les progrès immenses accomplis dans la fertilisation des champs ont été accompagnés par des changements dans le découpage des parcelles, notamment lors de l'*enclosure* des pâtures partagées médiévales, désormais intégrées dans des champs privés plus vastes, aux mains de quelques-uns. Au XVIIe siècle, les fermiers britanniques ont découvert qu'ils pouvaient stimuler la fertilité de leur sol en semant du trèfle. Le trèfle fixait l'azote de l'atmosphère (l'invisible clé de la fertilité des récoltes), l'injectait dans le sol via ses racines, et transformait la période de jachère improductive en production continue (auparavant, ce supplément d'azote n'était accessible aux paysans que par le coup de chance d'un éclair de foudre). On pouvait y faire paître des ovins ou des bovins (ce qui augmentait la production de viande, de lait et de laine), et ce pâturage tuait les mauvaises herbes tandis que les sabots enfonçaient crottin et matières organiques dans la tourbe, favorisant le travail microbiologique et la santé du sol. (Les effets des moutons sur une terre fatiguée étaient connus sous le nom de « sabot d'or », car ils rendaient à la terre sa santé et sa productivité.) Dans mon enfance, mon grand-père semait encore du trèfle avec l'orge, de manière qu'après la récolte du grain les chaumes verdis puissent être broutés par les moutons.

Je comprenais maintenant pourquoi mon grand-père s'était tant soucié du fumier de ses vaches ; c'était une partie importante du cycle de nutrition de la ferme – une matière première que personne de sensé n'aurait gaspillée. Tout ce qui était retiré d'un champ pour être consommé par un humain, ou un animal, privait le sol de nutriments qui devaient être remplacés. J'ai appris qu'au cours des deux ou trois cents dernières années, la demande alimentaire toujours plus grande, du fait de la croissance démographique, a conduit à l'épuisement de nombreux sols parce que le labourage (même dans un système rotatif incluant des récoltes de trèfle) les appauvrissait au fil du temps. Personne ne m'avait jamais dit ça. En revanche, mon grand-père racontait que son propre grand-père utilisait du guano pour obtenir des récoltes extraordinaires. Cette fiente d'oiseaux de mer et de chauves-souris séchée, bourrée de nutriments, s'était accumulée au fil des siècles dans des grottes sud-américaines et au pied de falaises où nichaient les oiseaux. Elle était utilisée comme remède express depuis le début du XIXe siècle – jusqu'au rapide épuisement de ces dépôts anciens. Il y avait quatre générations de cela, nous avions fait partie intégrante de l'économie mondiale de la fiente de chauve-souris (et de mouette). Mais au début du XXe siècle, l'humanité se trouvait démographiquement sur le fil du rasoir. On pensait que, sans l'arrivée de nouveaux engrais, on se dirigerait vers des famines intenses et durables. Jusqu'au jour où, contre toute attente, un chimiste allemand a trouvé la solution.

Les champs vert foncé devant lesquels nous passions portaient sa signature.

Le nom de Fritz Haber n'aurait rien dit à personne chez nous, et pourtant notre vie n'aurait pas été la même sans lui. Il avait résolu le problème de la fertilité des champs lorsqu'en 1909 il avait trouvé comment « combiner » artificiellement l'azote atmosphérique avec de l'hydrogène afin de le rendre assimilable par les plantes. Haber avait rendu possible l'impossible. Il avait forcé la serrure de la nature. Il avait, comme il le disait, « changé l'air en pain ». Son collègue Carl Bosch a découvert comment appliquer le processus à l'échelle industrielle pour fabriquer des produits commercialisables. Le résultat, un fertilisant à base de nitrate d'ammonium, allait transformer l'agriculture – et par conséquent la société en général. Selon certaines estimations, le nombre d'humains pouvant être nourris sans les techniques agricoles de Haber-Bosch se limite à 4 milliards (ce qui voudrait dire, si c'est vrai, que plus de 3 milliards d'humains aujourd'hui leur doivent la vie).

Haber a reçu le prix Nobel en 1918 pour avoir « rehaussé les standards de l'agriculture et le bien-être de l'humanité ». Mais sa postérité est loin d'être simple ou bénigne. Le nitrate d'ammonium devait aider à nourrir les gens – mais il a d'abord été employé comme explosif lors des guerres les plus meurtrières de l'histoire de l'humanité. L'autre don de Haber a été sa contribution à la mise au point du gaz moutarde utilisé dans les tranchées de la Première Guerre mondiale et du gaz pesticide Zyklon-B, utilisé plus tard dans les camps de la mort nazis pour assassiner des millions de personnes.

À partir de la fin de la Seconde Guerre mondiale, la découverte de Haber s'est rapidement répandue dans le monde. Les usines de munitions des États-Unis sont passées de la fabrication d'explosifs à la production de fertilisants agricoles, tous à base de nitrate d'ammonium. Les fermiers américains ont rapidement découvert que lorsque leur blé ou leur orge affamait trop le sol, il suffisait d'ajouter (par « épandage en surface ») des nutriments de synthèse pour pouvoir replanter la même variété l'année suivante. Plus besoin de s'embêter avec des systèmes « circulaires » de diversification des cultures et d'élevage tournants. Libérés du besoin de créer leur propre fertilité en interne, ils trouvaient la solution miracle en magasin. L'azote de Haber n'a pas entièrement révolutionné l'agriculture du jour au lendemain – cela prendrait plusieurs décennies –, mais c'était la première rupture profonde avec le passé, dont tant d'autres choses allaient découler.

Dans l'après-guerre, les représentants des firmes chimiques et mécaniques ont fourni les engrais de synthèse aux communautés rurales du monde entier, y compris les nôtres. Ils venaient chez nous prendre le thé avec des petits gâteaux, nous distribuer des brochures sur papier glacé avec des photos de récoltes magnifiques, et nous faire l'article sur tout ce que nous devions acheter pour rester au niveau de nos voisins.

Quinze jours après la vente de nos moutons aux enchères, on m'a envoyé « rentrer l'ensilage » pour le copain de mon père qui possédait les champs vert foncé. On m'a fait monter sur un énorme tracteur John Deere. La remorque rouge contenait une dizaine de tonnes d'herbe. La radio diffusait REM et les Smashing Pumpkins à plein volume. Nous étions une demi-douzaine chargés de ramener l'herbe depuis l'ensileuse – qui l'aspirait toute verte et juteuse et la hachait sur place – jusqu'au silo taupinière dans la cour de la ferme. Nous devions incliner la remorque pour déverser le chargement d'herbe sur le béton avant de retourner à toute allure chercher le suivant. Quelques semaines plus tôt, au printemps, le copain de mon père avait pulvérisé dans le champ des millions de petites boules d'azote synthétique semblables à du polystyrène à l'aide d'un épandeur à engrais, pour booster son herbe. Celle-ci était dense, profonde et absolument uniforme : une seule espèce de ray-grass semée un an plus tôt, et abreuvée à l'engrais du commerce. Le champ poussait si vite que non seulement nous récoltions l'herbe trois semaines plus tôt que d'habitude, mais en plus elle allait repousser pour trois ou quatre nouvelles tontes dans la saison.

L'ensilage n'est rien d'autre que de l'herbe verte, humide et fermentée, mais sa découverte a été vécue comme une sorte de miracle agricole. Contrairement à la paille, il n'avait pas besoin de sécher au soleil et pouvait être fait en un seul jour, même sous la pluie. C'était plus nourrissant pour les vaches, qui donnaient ensuite davantage de lait ou de viande. Son apport nutritif, par rapport à celui de la paille qui aurait pu être produite sur une ferme comme celle-là, était évalué à des dizaines de milliers de livres.

Cet après-midi-là, nous avons déversé des centaines de tonnes d'herbe par heure dans la fosse bétonnée aux parois doublées d'acier. Notre ami Rusty la poussait avec son tracteur équipé d'une énorme fourche à fumier, un chargement après l'autre, puis roulait dessus pour la tasser. Juste avant la tombée de la nuit, nous avons enfermé le tas sous une immense bâche en plastique pour que l'herbe fermente en dessous, et avons jeté des centaines de vieux pneus sur la bâche pour la maintenir en place. Nous avons bu chacun une bière, tout fiers d'avoir récolté une telle quantité d'herbe en une journée. Quand on m'a demandé à quel moment nous allions couper la nôtre, j'ai eu honte de répondre que ce ne serait sans doute pas avant un mois. Je n'ai pas précisé que nous faisions encore beaucoup de paille à l'ancienne : cela paraissait soudain préhistorique. Il n'y avait rien de complètement nouveau dans cette journée consacrée à l'ensilage. L'herbe améliorée, les engrais synthétiques, les tracteurs et l'ensilage, tout cela se pratiquait déjà depuis trente ou quarante ans. Mais l'échelle et le rythme étaient différents : tout était bien plus intense. Je vivais les derniers stades d'une course déjà presque achevée.

Je suis rentré d'Australie plein d'idées brillantes pour moderniser la ferme. Mais mon père se contentait de hausser les épaules et de s'éloigner sans rien dire, peut-être trop fier pour avouer tout haut que nous n'avions pas les moyens d'acheter des tracteurs et des remorques flambant neufs, et peut-être pas entièrement persuadé d'en avoir envie, de toute manière. Entre les anciennes pratiques et les nouvelles, il paraissait un peu désemparé. Il se débrouillait avec un ou deux tracteurs vieillissants, quelques machines d'occasion rouillées et de vieilles granges à foin. Nous faisions un peu d'ensilage, mais il était maintenant partisan de continuer à privilégier le foin comme nous l'avions toujours fait.

Nous avons donc attendu que la météo annonce quatre ou cinq belles journées en juin et entamé le processus consistant à faucher, sécher, tourner, mettre en bottes et entreposer dans les granges. C'était un cauchemar qui s'éternisait pendant des semaines. Notre première tentative ayant été gâchée par la pluie, la semaine d'après nous nous y sommes pris seulement un champ à la fois, voire deux. Nous avancions lentement, en essayant d'abriter dans les granges le plus de bottes possible pour diminuer le risque d'une pénurie de fourrage pendant l'hiver. Des semaines de travail physique éprouvant dans la poussière des champs, auquel s'ajoutait l'empilage de bottes dans la grange. Cela impliquait de recruter mon vieil oncle pour transférer les bottes au pied de l'élévateur à l'aide d'un grappin mécanique, après quoi ma mère les hissait sur l'élévateur à essence, puis mon père et moi, en haut sous les combles, les lancions et les rangions couche après couche, formant un empilement croisé où elles se maintiendraient en place les unes les autres jusqu'à l'hiver. Pour être franc, le travail ne me dérangeait pas, mais j'étais exaspéré par notre lenteur, en comparaison avec les fermes qui avaient plus de personnel ou de matériel pour manipuler les bottes. Je me moquais de mon père en disant que nous étions « l'armée de papa ».

Nous ne pouvions peut-être pas nous payer les machines dernier cri, mais je savais, grâce aux brochures laissées par les représentants de commerce, que si on voulait gagner à ce jeu de l'agriculture moderne, il fallait utiliser les derniers pesticides en date.

Les gros chardons nous arrivaient à la taille et commençaient à ouvrir leurs fleurs violettes. Ils avaient envahi tout le bas de notre pré aux Vaches, devenu si infect que même les vaches n'y mettaient presque plus les pieds. Nous n'avions plus assez de monde à la ferme pour aller les faucher. Ils échappaient à tout contrôle, il fallait faire quelque chose. J'ai donc acheté un herbicide antichardon à nos fournisseurs en produits phytosanitaires. Ce n'était pas cher. Le produit se présentait dans une grosse bouteille en plastique marron, à diluer dans de l'eau. J'ai aussi acheté un petit pulvérisateur-sac à dos et passé mes soirées pendant une semaine à éradiquer tous les chardons et toutes les orties de la ferme. Je balançais l'embout d'arrière en avant jusqu'à être entouré d'un nuage blanc, et j'avais un goût sec et amer dans le fond de la bouche. J'ai dilué le produit deux fois moins que ne le disait le mode d'emploi, car nous savions bien que les « experts » jouaient toujours la sécurité. À ma grande satisfaction, le temps que je rentre à la maison les chardons et les orties se fanaient déjà, montrant le dessous argenté de leurs feuilles.

Deux jours plus tard, ils étaient noirs et racornis. Il ne restait quasiment plus un chardon ni une ortie dans les champs. Non seulement le produit les avait tués, mais il les empêchait aussi de se ressemer. Je suis retourné pulvériser les derniers survivants jusqu'à ce qu'il n'en reste aucun. En l'espace de quelques semaines, des zones entières de notre ferme, naguère envahies, pouvaient être défrichées, et nous arrivions à faire pousser de l'herbe sans plantes nuisibles. Le travail qui mobilisait trois d'entre nous pendant plusieurs jours tous les étés n'était plus nécessaire. Nos faux allaient devenir des pièces de musée accrochées au plafond de la grange, rouillant à chaque année qui passait, des toiles d'araignée triangulaires s'étirant entre le manche et la lame. Nos terres commençaient à être bien plus nettes, comme celles des fermes modernes que nous connaissions. J'ai pulvérisé la cour où les vieilles machines prenaient la rouille et les bordures des champs, là où poussaient des touffes d'orties et d'autres mauvaises herbes. Ça, c'était de l'agriculture d'aujourd'hui. Ce produit était miraculeux. Même mon père était conquis. Nous étions en route vers le futur.

Mais là encore, nous avions un train de retard. Les pesticides de synthèse sauvaient les récoltes des mauvaises herbes et des maladies depuis la Seconde Guerre mondiale. En 1939, le chimiste suisse Paul Hermann Müller avait découvert que le dichloro-diphényl-trichloréthane (DDT), un produit chimique élaboré dans les années 1870, pouvait servir à supprimer les insectes. Le DDT, comme le nitrate d'ammonium, était un « miracle » couronné par le prix Nobel. Il avait été employé avec succès pour éliminer presque complètement le typhus dans une grande partie de l'Europe pendant la Seconde Guerre mondiale en tuant des quantités phénoménales de moustiques ; il avait aussi servi à éradiquer la malaria en Amérique quelques années après. Le DDT était vendu aux agriculteurs comme un insecticide. Il pouvait être employé contre presque tout type d'insectes, de champignons, de bactéries ou de parasites détruisant ou gâchant les récoltes, et même contre les insectes porteurs de pathogènes qui pouvaient rendre les bêtes malades.

Je revois mon père, l'air absolument anéanti devant les taches de mildiou sur les feuilles de notre orge et l'aspect maladif du champ. Toutes nos récoltes avaient cette vulnérabilité. La tristement célèbre famine irlandaise, due aux ravages d'une épidémie de rouille de la pomme de terre sur une société trop dépendante d'une seule culture, n'était pas un cas isolé : ce n'était qu'une version particulièrement catastrophique (1 million de morts, plus d'1 million d'émigrés fuyant la faim) de ce que tout le monde redoutait avant l'avènement des pesticides : les moissons manquées et les récoltes perdues. Pouvoir cultiver des aliments nutritifs et abordables en quantités énormes pour « nourrir le monde » sans invasions d'insectes ni maladies, c'était une révolution. Les pesticides et les engrais de synthèse nous apportaient d'extraordinaires nouveaux outils pour faire notre travail de manière plus efficace que jamais. Des montagnes de denrées alimentaires étaient gâtées par les nuisibles, les maladies et la vermine, ou par des bactéries ou des moisissures, que ce soit au champ pendant leur croissance ou au cours du transport, ou encore au stade du stockage ou de la vente en magasin. Les chimistes libéraient l'agriculture et la chaîne alimentaire de leurs éternelles contraintes naturelles.

Mon père a passé l'été suivant en tee-shirt bleu, sur son tracteur, suivi par un énorme nuage de pesticides. Notre vieux tracteur cahotait sur le champ d'orge, à demi submergé dans la mer jaune. À l'arrière, il avait un pulvérisateur dont les larges bras dépassaient de six mètres de chaque côté. Mon père allait faire pousser une récolte

« propre » comme tout le monde. L'âge des mauvaises herbes était révolu.

En le regardant faire, je me suis rappelé à quel point mon grand-père méprisait les tracteurs. Il les utilisait, ainsi que les machines qui allaient avec, mais il n'aimait pas ce qu'ils nous faisaient car, dès lors que nous montions dessus, nous nous coupions de la terre sans plus la toucher, en flairer l'odeur, la ressentir. Ce contact sensoriel était l'essence même de la connaissance des sols. À présent, nous passions de plus en plus de temps sur des machines, enfermés dans du verre, de l'acier et du plastique, distraits par la clim et par la radio. Il jugeait les travaux mécaniques inférieurs au travail avec les animaux ou aux tâches manuelles. N'importe quel imbécile était capable de faire des allers-retours dans un champ au volant d'un tracteur. Mais ces engins augmentaient énormément la portée de ce que nous pouvions faire en un jour, et de toute façon, nous n'avions pas tellement le choix. Les effectifs des travailleurs agricoles déclinaient de plus en plus tandis que les fermiers survivants passaient de moins de temps dans les champs.

Dans les années 1970, mon grand-père avait un Massey Ferguson de 45 chevaux. À présent, notre tracteur développait une puissance de 100 chevaux, et certains de nos amis conduisaient des 200-chevaux. Dans les grandes fermes, les engins géants pouvaient vous déraciner un arbre comme s'il s'était agi d'un jouet. Sous nos yeux ébahis, les nouvelles machines étaient utilisées dans ces exploitations pour atteindre des rendements incroyables en refaçonnant totalement le paysage. On ne faisait pas beaucoup de sentiment. Les champs ne pouvaient pas être muséifiés. Les parcelles petites, étroites ou biscornues créées à l'époque du cheval étaient bonnes à jeter. Les arbres, les cailloux, les épineux, les murs et les zones marécageuses, tout cela gênait le travail à la machine. Les champs étaient agrandis, aplatis, drainés et désherbés à la vitesse grand « V ». Les obstacles tels que bois, haies, étangs, marécages ou cours d'eau étaient dégagés, drainés, rectifiés ou comblés. Rien ne devait faire obstacle à la machine. Pour produire une alimentation à bas prix, il fallait un paysage efficace. Une moissonneuse-batteuse neuve pouvait coûter un demi-million de livres, elle devait donc couvrir le plus grand nombre d'hectares possible pour être rentabilisée, plutôt que tournicoter dans de petites parcelles.

Au mur de notre salle à manger, il y avait des photos aériennes de la ferme, prises depuis un petit coucou par des photographes entreprenants. Ils nous en vendaient une de temps en temps, au fil des années. On y voyait les champs et les terres changer de forme – pas du jour au lendemain, mais régulièrement, petit à petit. En les comparant, on voyait les frontières entre les champs s'effacer : les murs, les haies et les clôtures étaient progressivement gommés. À l'occasion de nos rares excursions dans le sud de l'Angleterre pour une vente de brebis ou une foire agricole, nous regardions avec des yeux ronds, depuis la voiture, des paysages entiers déjà simplifiés pour permettre la culture intensive d'un végétal ou deux, d'un bout à l'autre de l'horizon. Ce qui fonctionnait à l'échelle de la ferme pouvait désormais être appliqué à une échelle bien plus grande, des régions entières se spécialisant dans une culture ou deux. Une ferme mixte traditionnelle avait forcément une envergure limitée : il lui fallait un fermier et des gens pour déplacer les ovins ou les bovins, plesser des haies, construire des murs et accomplir d'autres ouvrages. L'agriculture nouvelle se passait de tout ça.

Mon oncle et ma tante sont partis en vacances en Amérique du Nord pour voir de leurs yeux le bétail et les nouvelles machines agricoles ultra-perfectionnées. Ils possédaient une ferme de plaine, plus efficace que la nôtre, et avaient beaucoup d'avance sur nous dans leur modernisation. Ils sont revenus de là-bas en apôtres du changement. Ils rapportaient des casquettes de baseball et des barres de chocolat Hershey. Nous les écoutions évoquer des tracteurs, des machines et des bêtes encore plus performants, qui peu à peu ont commencé à apparaître par chez nous. Pour des gens qui avaient passé des années à creuser des fossés de drainage à la bêche, ou qui avaient suivi une charrue tirée par un cheval en se gelant les mains et les pieds, et fauché des champs jusqu'à avoir des ampoules plein les paumes et la chemise trempée, cela faisait l'effet de pas de géant.

*

Ma mère sanglotait dans la cuisine, ne cachant pas ses pleurs. Personne chez nous n'avait jamais vu ça ; il régnait dans la pièce une atmosphère de perplexité, ainsi qu'un autre sentiment que je ne connaissais pas jusque-là : la honte. La famille entière s'était rendue aux obsèques d'un ami fermier, après quoi il y avait eu une dispute familiale qui semblait porter sur tout sauf son objet officiel. Il en ressortait que mon père avait trahi la famille en ne portant pas le manteau approprié. Lorsqu'ils s'en allaient au cimetière ou chanter de vieux cantiques qui parlent d'un berger dans le fond de l'église, les hommes étaient censés arborer une tenue respectueuse – la même pour tous –, c'est-à-dire un gros manteau de laine, gris foncé ou noir, épais de deux ou trois centimètres, pour repousser le chagrin. J'ignorais totalement qu'il y avait un manteau approprié pour cela, mais l'incident avait semé la discorde chez nous. Une sœur de mon père avait déclaré qu'il lui faisait honte avec ses guenilles. Il portait un manteau plus mince, et cela simplement parce qu'il n'avait pas de manteau d'enterrement en lainage épais. Il avait enfreint les règles de respectabilité et laissé les gens entrevoir une réalité qui aurait dû rester cachée.

Mes parents et ma grand-mère étaient rentrés à la maison. Papa restait mutique sur sa chaise à côté du feu, visiblement blessé et rageur. Je serrais ma tasse de thé entre mes doigts. J'aurais voulu que maman cesse de pleurer, mais je ne voyais pas comment l'aider. Ma grand-mère, ne voulant surtout pas se trouver coincée entre les reproches de sa fille et les larmes de sa bru, s'occupait à chercher un ustensile sans importance dans le placard. Maman était effondrée à la table de la cuisine. Elle trouvait cette vie paysanne pleine de règles étranges et de coutumes incompréhensibles. Elle n'était pas habituée à ces énormes funérailles communautaires, à ce que signifiait tout cela, au symbolisme de l'ensemble. Elle ne montrait pas très souvent ses émotions, mais là, c'en était trop. « On ne peut pas gagner », disait-elle. Ce n'était pourtant qu'un fichu manteau. Et j'ai soudain compris que c'était en fait une question d'argent. Papa n'avait pas le bon manteau parce que ma mère s'efforçait d'économiser. Avec la flambée des taux d'intérêt, l'emprunt contracté par mes parents pour acquérir le terrain sur l'ancienne ferme de mon grand-père se transformait en dette écrasante. Maman disait qu'ils étaient foutus s'ils dépensaient de l'argent, et foutus s'ils n'en dépensaient pas. Elle était consciente qu'ils avaient commis une faute, qu'ils auraient dû tout dissimuler derrière une façade. Mon père a mis plusieurs années à se réconcilier avec sa sœur. Par la suite, il a toujours examiné d'un œil sévère nos tenues d'enterrement pour vérifier que nous étions correctement vêtus.

Le banquier venait régulièrement nous voir. Des tasses de thé au lait étaient servies, avec trois assiettes de gâteaux et de biscuits. Des boîtes pleines de relevés bancaires et de factures apparaissaient sur la table. On m'envoyait travailler dehors pendant qu'ils parlaient, pour ne pas m'avoir dans les pattes. Mais les regards muets qu'échangeaient mes parents au repas suivant suffisaient à m'apprendre que ça allait très mal. Mon grand-père était resté volontairement aveugle au monde dans lequel nous vivions et s'était entêté dans cette attitude jusqu'à sa mort. Papa ne pouvait pas se permettre de faire de même. Il répétait que nous devions faire quelque chose avant de nous retrouver en faillite.

J'ai trouvé des livres écrits par des économistes qui semblaient comprendre les règles de ce nouveau monde si dur. J'étais assoiffé de leurs connaissances. J'admirais leur réalisme, même si je savais aussi qu'il annonçait une fin cruelle pour le monde que j'avais aimé. Joseph Schumpeter avait tout vu venir dès 1942. Non seulement la mort des petites exploitations était inévitable, lisais-je, mais c'était une bonne chose pour la société. Il décrivait cela comme un processus capitaliste auquel on ne pourrait échapper, qu'il appelait « le sempiternel coup de vent de la destruction créatrice ». Personne n'aime se trouver du mauvais côté de l'histoire, disaient les économistes, mais il fallait s'y faire. Les petits fermiers étaient comme les mineurs de charbon, des gens qui appartenaient au passé. Il fallait retourner sur les bancs de l'école, se former à nouveau, tourner la page. Le ministre de l'Agriculture du président Nixon, Earl Butz, était connu pour avoir répété jusqu'à plus soif aux paysans de s'agrandir ou disparaître, « *get big or get out* », et de planter « d'une clôture à l'autre » des variétés standard comme le maïs. Il disait que les anciens usages étaient obsolètes et devaient être éradiqués : « Avant que nous ne retournions à une agriculture naturelle dans ce pays, quelqu'un devra décider qui seront les cinquante millions d'Américains que nous laisserons mourir d'inanition ou souffrir de la faim. »

Tout en travaillant aux côtés de mon père, je l'abreuvais de ces théories économiques qui lui faisaient pousser de gros soupirs mutiques. Je savais que nous devions devenir plus « productifs », plus « efficaces ». Il nous faudrait être plus égoïstes et cesser de perdre tellement de temps dans des choses qui ne rapportaient pas un centime : papa se portait volontaire pour nettoyer bénévolement le terrain communal du village, repeindre la salle commune ou aider un voisin à tondre ses moutons ou à récolter sa paille. Il adorait débourrer les jeunes chevaux et pouvait y passer des heures. Il aimait aussi suivre les enchères à la foire et y acheter ou vendre quelques moutons, quelques vaches.

Les nouvelles technologies et leurs applications ont détricoté notre ferme comme lorsqu'on tire un fil sur un vieux pull. Les chevaux ont disparu les premiers. Puis les cochons. Puis les petites basses-cours de dindes et de poules. Chaque fois qu'un morceau de la ferme s'en allait, cela créait un effet domino. Une fois les chevaux vendus, nous n'avons plus eu besoin de champs d'avoine. Une fois les vaches laitières parties, les orties ont envahi les plates-formes sur lesquelles on posait les bidons de lait tandis que les barattes, les spatules et les moules à beurre sont allés prendre la poussière dans l'arrière-cuisine. Nous ne faisions plus pousser de navets ni d'orge. À la place, nous achetions non loin de chez nous de l'aliment pour ovins à bas prix, fait avec du lupin, du maïs ou de la graine de palme importés d'Amérique. Les champs de la ferme de location de papa n'ont pas tardé à tous arborer la même teinte de vert.

Dans le pays entier, une grande simplification était déjà en marche, et elle prenait de la vitesse, puisque nous nous efforcions tous de rester dans la course en copiant les méthodes dernier cri. J'assistais aux poussées paroxystiques d'un grand déshabillage. Les paysans abandonnaient les cycles de rotations, se spécialisaient dans certaines cultures et certaines bêtes, répandaient engrais et pesticides de synthèse, achetaient de nouvelles machines, se jetaient sur toutes les idées et tous les intrants disponibles pour augmenter les rendements. C'était une sorte de course aux armements, où les grandes exploitations modernes essayaient d'engloutir les petites fermes traditionnelles comme la nôtre.

L'économie de l'agriculture était configurée de telle sorte qu'il était pratiquement impossible de s'en extraire. Les fermiers n'avaient pas la possibilité d'appuyer sur «pause» et de s'en tenir à un certain stade d'évolution, même s'ils le souhaitaient. Ils auraient simplement fait faillite et dégringolé dans une spirale d'endettement, comme nous. Les prix des produits de la ferme étaient mondialisés, tirés vers le bas par les quantités immenses de denrées de base issues de la nouvelle agriculture super-efficace qui dominait en Amérique du Nord et qui se répandait rapidement dans le monde. L'Europe essayait, souvent de manière inefficace, de stopper ou de ralentir ces processus à coups de régulations et de protectionnisme – elle pratiquait une version alternative de l'agriculture, avec d'autres règles concernant certains aspects comme le bien-être animal et l'utilisation des antibiotiques –, mais avec le temps les problèmes finissaient souvent par revenir. La nouvelle agriculture minait les anciens systèmes en leur coupant l'herbe sous le pied. Les prix ne reflétaient plus les réalités agricoles locales ou saisonnières. Nos moutons valaient au maximum moitié moins que quelques décennies plus tôt. Chaque fois que le cours commençait à repartir à la hausse, des navires géants remplis de viande d'agneau surgelée arrivaient de Nouvelle-Zélande dans les ports britanniques et le faisaient aussitôt redescendre.

Un petit Gallois moustachu, envoyé par le gouvernement, venait nous voir une fois par an. Il nous encourageait à en faire toujours plus pour réclamer des subventions visant à l'« amélioration » de notre ferme : agrandir nos parcelles, assécher les marais et, de manière générale, rendre tout ça plus « productif ».

On m'envoyait parfois travailler dans une des grandes fermes des environs, et je voyais alors de près à quoi ressemblait la nouvelle agriculture : des champs immenses sans une mauvaise herbe, des machines et des hangars gigantesques. Les fermes que j'avais connues lorsque j'étais enfant avaient toujours eu l'air un peu faites de bric et de broc, parce qu'on ajoutait peu à peu de nouveaux bâtiments aux anciens. Elles évoquaient un bernard-l'hermite qui abandonne une série de vieilles coquilles au cours de sa croissance. Dans les années 1950, les bâtiments de ferme de notre région s'étaient libérés de l'ancienne règle des 22 pieds (la plus grande longueur possible pour les poutres faites avec les arbres locaux). Ils avaient grandi à chaque décennie et désormais, à quelques kilomètres de chez nous, les agriculteurs construisaient des hangars monstrueux et des complexes industriels géants avec des poutrelles d'acier et du béton préfabriqué, de près de 2 000 mètres carrés. Bientôt sont apparues des fermes qui ressemblaient à des usines, et qui avaient le même rendement. Un producteur porcin de notre connaissance, en bas dans la vallée d'Eden, avait rasé au bulldozer ses vieilles étables et écuries en grès, si belles, avec leurs jolies arches, n'en laissant que des tas de gravats et un socle de pierre pour construire du neuf. Mon père y voyait un acte de vandalisme écervelé, symptomatique de cette nouvelle agriculture qui ne respectait rien d'ancien. Mais pour les adeptes de la pensée nouvelle, ces vieux bâtiments ne faisaient que gêner.

Dix ans plus tôt, j'avais joué avec le rouquin vivant dans la petite maison de cette ferme qui comptait alors 5 000 cochons. Nous galopions dans la porcherie, derrière les caisses de mise bas, pendant que les truies grognaient et agitaient les chaînes. Nous soulevions le couvercle poussiéreux des enclos pour regarder les pourceaux qui poussaient des cris aigus sous les lampes chauffantes orangées. L'ammoniac de leur lisier nous piquait les yeux. Il y avait des souris partout. Un bonhomme la clope au bec, le porcher, nous disait de « dégager ». Au début des années 1990, cette ferme concentrait près de 120 000 bêtes et en vendait plus de 5 000 par semaine à un supermarché. L'éleveur avait une flotte de camions, pour faire rentrer de l'aliment et pour amener les bêtes à l'abattoir. Quand j'y repense, il n'avait pas vraiment le choix. La nouvelle agriculture, dans les faits, dévaluait un porc à une fraction de sa valeur historique et réduisait la marge bénéficiaire à un montant si minuscule que seules de grosses firmes industrielles pouvaient se permettre d'en produire. Aucune exploitation de taille modeste n'aurait pu rivaliser ni survivre. Mon père avait eu à une époque quatorze truies qui produisaient chaque année une centaine de porcs engraissés pour la vente, mais dans notre ferme, comme dans des milliers d'autres, l'élevage des porcs à petite échelle avait été abandonné, remplacé par une poignée d'élevages industriels ailleurs. Il s'était passé la même chose pour les poules, car elles aussi étaient faciles à élever en batterie et pouvaient être nourries avec le grain le moins cher. Pendant tout ce temps, nous ne faisions que nous adapter et nous plier à la volonté du monde.

Je ne saurais identifier précisément quand j'ai commencé à me dire que des choses qui m'avaient paru sensées au départ allaient peut-être trop loin. Je ne prétendrai pas avoir eu une sagesse particulière. Tout ce dont je me souviens, ce sont de brefs instants où j'ai vu grandir les doutes de mon père, où j'ai senti vaciller ma propre foi dans l'avenir.

Depuis des années, j'étais conscient de la laideur et de la lourdeur de tout cela. Nous avions dit au revoir aux ouvriers agricoles qualifiés, avions été écrasés par les prix de vente, et avions augmenté notre cheptel au-delà de ce que j'aurais cru possible. Nous connaissions des fermiers qui n'y arrivaient plus et se noyaient dans le travail, les dettes et le chaos. Il devenait impossible de ne pas voir les fermes qui tombaient dans la misère.

Mes livres d'économie ne parlaient que de changement positif; ils ne disaient pas grand-chose des perdants, du malheur, ni des gens qui s'accrochaient pendant des années, parfois des décennies, parce qu'ils ne connaissaient rien d'autre. Notre communauté était en train de se fracturer et de se diviser.

*

De la vache, il ne restait que quelques empreintes de sabots et de pattes dans la croûte de la fosse à purin, et puis une zone sale, remuée, là où elle était tombée.

Nous avions parcouru les champs en suivant la trace de quelques têtes de bétail échappées d'un champ que nous louions à quelques kilomètres de chez nous. C'étaient des génisses de deux ans, nerveuses et grasses, au poil roux et bouclé. Elles avaient traversé une vieille haie, erré sur un terrain sauvage, passé une seconde haie, traversé un vaste champ, et s'étaient introduites dans une des grandes fermes laitières toutes neuves. Nous en avions récupéré la plupart, avions colmaté la haie, puis étions revenus sur nos pas en nous demandant où était passée la dernière. Papa avait vite compris. Elle était entrée dans la fosse à purin de la ferme et, en essayant de traverser la surface qu'elle croyait ferme, avait perdu pied dans la partie la plus profonde et sombré dans les ténèbres. Papa était contrarié et en colère, car la zone, clairement dangereuse, n'était pas correctement clôturée. Il semblait prêt à plonger lui-même pour s'assurer que sa vache était bien au fond – mais heureusement, il n'en a rien fait.

L'éleveur est arrivé, sur la défensive, en prétendant que la vache n'y était pas. Papa l'a traité d'imbécile ; on la retrouverait quand la fosse serait curée. Il a dit à l'homme que s'il avait mis une clôture, notre bête ne serait pas allée si loin. Il fallait qu'il pose une barrière de sécurité autour de sa fosse avant qu'un gamin ne s'y noie. Sur le chemin du retour, il a continué de s'énerver contre l'état lamentable de certaines fermes de nos jours, et contre les dangers qu'elles recelaient. « Ce sont des pièges mortels, vingt dieux ! » disait-il. J'avais l'impression que nous aussi étions tous aspirés par un tourbillon et que nous avions beau essayer de nager toujours plus vite, nous étions lentement en train de nous épuiser et de nous faire happer par la nuit.

Nous étions debout sur le toit d'un petit appentis, en train de retirer les planches de l'étable à l'aide d'un marteau arrache-clous et d'un pied-de-biche. Le temps était légèrement couvert et les planches étaient trempées de buée. De la vapeur s'échappait par le trou que nous avions ouvert. Nous faisions tout notre possible pour aérer au maximum après une épidémie de pneumonie, maladie qui s'épanouissait dans les milieux chauds et humides tels que nos étables surpeuplées. Tous les automnes, mon père achetait des bêtes « de rente » d'un an sur les marchés du coin. Pendant l'été, elles broutaient dans les prés, et elles passaient l'hiver dans des étables comme celle-là, garnies de paille. C'étaient les nouvelles races « continentales », qui grandissaient vite et produisaient rapidement de la viande : des limousines noires et rousses, d'un tempérament sauvage ; des charolaises blanches, qui dépassaient d'une trentaine de centimètres les anciennes espèces locales et qui prenaient beaucoup de poids quand elles étaient bien nourries ; des blanc-bleu belges à l'arrière-train hyper-musclé. Papa les élevait, les faisait hiverner, les engraissait et les revendait aux bouchers. Au bout d'un moment, nous avons reconverti les granges à foin désaffectées en étables ouvertes pour les bêtes, et installé des portes leur permettant d'atteindre l'ensilage et l'aliment du commerce en tendant la tête. Et chaque année nous avions plus de bétail et moins de place, car les marges s'amenuisaient tous les ans, si bien qu'il fallait entasser de plus en plus de bêtes pour faire le même bénéfice. Mais cela amenait de nouveaux problèmes, car les bêtes trop serrées se salissaient en piétinant leur litière ; et dans ces bâtiments de récupération mal ventilés, où l'air rancissait rapidement, elles attrapaient des maladies qui se propageaient vite. Parfois, la catastrophe frappait, nous perdions deux ou trois bouvillons, et le profit du lot entier s'envolait. Aussi bonnes qu'aient été ces bêtes – et elles étaient belles, incroyablement productives –, elles n'étaient pas aussi robustes que nos anciennes espèces, natives de la région.

Nous avions aussi deux ou trois fois plus de moutons que mon grand-père. Ma grand-mère et moi aidions les brebis à mettre bas quand mon père s'en allait travailler à l'ancienne ferme de mon grand-père. Nous sommes passés à des races « améliorées », plus modernes, à croissance rapide, avec de meilleures carcasses plus rentables, mais c'étaient des mères médiocres, elles engloutissaient davantage d'aliments du commerce et mouraient souvent sans raison apparente. À la saison de l'agnelage, les journées ne comptaient plus assez d'heures. L'étable était divisée en enclos bricolés au moyen de bottes de paille et de palettes attachées avec de la ficelle. Maman s'activait autour, veillant à ce que les agneaux les plus faibles soient nourris, remplissant des seaux d'eau, leur donnant du foin et de la litière pour faire en sorte qu'ils restent propres, mais ils étaient toujours trop nombreux, et nous pas assez. Puis, quand la pluie cessait, nous menions les brebis et les agneaux les plus forts au pâturage dans une remorque, tout en veillant à ce que les jeunes mères s'occupent correctement de leurs petits. J'aidais ma mère à attraper celles qui mettaient bas, car suite à une mauvaise fracture des années plus tôt, elle souffrait d'une douleur à la cheville qui, après une rude journée, la faisait boiter. Mon père la mettait en rogne en rentrant fatigué, affamé et critique de notre travail, faisant remarquer que la météo était encore pire dans les collines. Il s'asseyait à la table mise en vitesse et disait : « Je n'ai pas de fourchette. » Ma mère le regardait alors comme si elle s'apprêtait à lui en planter une dans la poitrine.

Notre façon de penser à nos animaux et d'interagir avec eux était également en train de changer. Nos bêtes n'avaient jamais été des animaux de compagnie, et nous ne faisions pas de sentimentalisme, mais nous nous en étions toujours occupés avec un grand soin et une sorte d'intimité, laquelle s'évaporait à mesure que tout devenait plus grand et plus industriel. Nous connaissions bien le caractère des animaux de la ferme : chacun avait son histoire. Pour gagner le titre d'éleveurs, nous étions censés avoir une connaissance encyclopédique de toutes nos vaches et nos brebis. Mais dans les fermes modernes qui grandissaient à vue d'œil, quelque chose avait changé. Ce n'était pas forcément que les bêtes soient maltraitées, je ne voyais pas beaucoup de ça, mais plutôt qu'elles étaient réduites à de simples unités de production.

De tout temps, les produits animaux comme la viande, le lait et les œufs avaient été coûteux parce qu'ils ne pouvaient pas être produits avec une efficacité industrielle. La logistique nécessaire pour nourrir des milliers de porcs ou de poules, ou de bovins, aurait dépassé les capacités d'un éleveur des temps anciens. L'essentiel de ce que mangeaient les bêtes était cultivé à la ferme et, pendant la majeure partie de l'année, passait directement de la terre à leurs mâchoires. Cela limitait l'élevage aux animaux que les fermiers pouvaient nourrir pendant l'hiver, soit avec les plantes rustiques qui pouvaient pousser par temps froid, comme les navets, soit avec le fourrage récolté qu'ils pouvaient conserver dans les granges, comme l'orge, l'avoine et le foin. Mais ces limites avaient sauté depuis que des tonnes d'aliments à bas prix étaient accessibles sur un simple coup de fil. Les éleveurs pouvaient passer à la vitesse supérieure grâce à des hangars immenses où l'environnement pouvait être précisément contrôlé – et où la conversion d'aliment végétal en muscle, en lait ou en œufs pouvait être optimisée. Aucun éleveur moderne qui se respectait n'aurait gardé une vieille vache malade comme l'avait fait mon père avec la Vieille Blackie. Les porcs, poules et vaches vivant dans ces hangars géants n'existaient pas en tant qu'individus et s'apparentaient plutôt à des plantes cultivées, une entité produite en masse générant une «récolte». La plupart des gens s'en fichaient peut-être, mais cette idée m'était étrangère et je la trouvais perturbante.

Dans les exploitations laitières que nous connaissions, les vaches ne sortaient plus du tout dans les prés. À partir de 200 têtes de bétail, les emmener au-dehors devenait problématique. Cela prenait un temps fou, retardait la circulation sur les routes et les chemins, le pâturage piétiné se transformait en champ de boue par temps humide, et l'herbe était entièrement gâchée par le poids et le nombre des bêtes. Il était plus «efficace» de couper l'herbe et de la leur apporter à l'intérieur à l'aide d'une remorque. Ainsi, les vaches ne «perdaient» pas de calories à se déplacer. D'un point de vue logistique, c'était imparable, même presque inévitable, mais mon père ne voyait pas ça d'un bon œil. C'était gênant d'en parler ouvertement, car nos amis le faisaient. Les supermarchés vantaient leur lait bon marché; la guerre des prix faisait rage. Les producteurs laitiers ne pouvaient pas rester les bras ballants alors que le prix réel tombait en chute libre : le lait coûtait désormais moins cher que l'eau en bouteille. Le système les forçait à produire davantage, de manière plus intensive. Ils parvenaient tout juste à se persuader que ce n'était pas grave. Les vaches avaient l'air bien à l'étable, disaient-ils, et ils faisaient ce qu'ils pouvaient. Mon père n'avait rien d'un activiste de la cause animale – ses propres vaches passaient l'hiver à l'étable, elles étaient parfois un peu sales, et il acceptait les réalités de l'élevage –, mais priver les bêtes des étés au pâturage et de ce moment de liberté, au printemps, où elles dévalaient les prés en jouant, cela heurtait ses idées. Seulement voilà : la nouvelle agriculture avait créé sa propre éthique, et les gens qui s'y étaient embarqués devaient changer la leur, ou tout arrêter. Bientôt, ce qui les avait choqués au départ devenait la nouvelle norme.

Les livres d'histoire que je lisais montraient clairement qu'il n'y avait rien de normal là-dedans. Avant le XXe siècle, garder des animaux de ferme en grand nombre dans un enclos, une étable ou un pré, c'était jouer avec le feu – à moins que ce ne fût extrêmement temporaire. Les bêtes cessaient de s'épanouir ou tombaient malades, comme l'avaient fait nos bouvillons cet hiver-là, parce que la saleté favorisait les maladies et les invasions de parasites, et parce qu'elles ne recevaient tout simplement pas les vitamines et minéraux qu'il leur fallait.

Désormais, les éleveurs qui s'efforçaient d'employer des méthodes intensives s'exposaient à des pertes catastrophiques.

Dans la nature, de nombreux parasites vivent sur les ovins, les bovins, les porcs et les poules, mais leur capacité à ravager des troupeaux est limitée par le fait que les bêtes sont dispersées dans le paysage et mêlées à d'autres espèces (ce qui réduit au minimum la transmission d'une bête porteuse à une autre). Il y a peu de transmission par la salive, l'urine ou les déjections. Les animaux qui pâturent librement ont tendance à se déplacer d'eux-mêmes (quand ce ne sont pas les prédateurs qui les y obligent), abandonnant les zones souillées par leurs bouses pour chercher une herbe plus fraîche. Ils sont donc moins exposés aux parasites tels que les vers intestinaux. Les systèmes pastoraux traditionnels avaient tendance à imiter la nature : les ovins et bovins au pâturage étaient au mieux de leur santé soit quand ils étaient gardés par un berger sur un éventail d'habitats divers, soit quand on les laissait errer comme ils l'entendaient. Ils broutaient toute une variété de plantes qui leur apportaient le régime approprié, y compris les minéraux et vitamines dont ils avaient besoin – et même, dans certains cas, les remèdes qu'il leur fallait.

La nouvelle agriculture intensive plaçait les bêtes dans un environnement qui les rendait sales, stressées et malades, puis avait recours à des médicaments, et particulièrement des antibiotiques, des vermifuges, des hormones et des vaccins pour résoudre ces problèmes. Les antibiotiques leur permettaient de résister à la maladie dans des conditions de surpeuplement qui les auraient rendues malades autrement. Ils étaient, bien sûr, employés pour soigner des individus malades ; mais de manière plus inquiétante, ils ont commencé à être administrés à de vastes groupes d'animaux à titre préventif et, plus surprenant, pour favoriser la croissance. En 1950, des chercheurs new-yorkais avaient découvert qu'en incorporant des traces infimes d'antibiotiques à l'alimentation, ils pouvaient booster la croissance du bétail. À partir de ce moment-là, ces substances ont commencé à entrer dans la composition des aliments, surtout dans les systèmes américains les plus intensifs, pour les bovins, la volaille et les porcs. La conversion de l'aliment s'en trouvait optimisée.

Les antibiotiques et les vaccins n'ont fait qu'ouvrir la voie à de multiples produits sanitaires, tels les vermifuges anthelminthiques utilisés en purges, injectés directement dans la gorge pour expulser les parasites internes, les pesticides pour tuer les parasites externes comme les poux, les hormones pour accélérer la croissance des bêtes, les bains organophosphorés pour moutons servant à tuer les parasites de la laine et de la peau. Armés de ces outils, les éleveurs pouvaient désormais concentrer les bêtes dans des espaces confinés, à une échelle qui n'avait jamais été possible. Les fermes devenaient des machines au sein desquelles on appliquait des formules imaginées par des comptables. Les détracteurs de la méthode parlaient de « fermes-usines ».

De temps en temps, mon père était engagé par une grosse ferme laitière pour participer à la récolte du grain. Il conduisait un tracteur géant qui tirait une remorque géante pour amener le grain du champ à la grange, et il voyait comment les vaches étaient élevées. Il détestait le je-m'en-foutisme qui régnait là-bas et rentrait souvent chez nous en bougonnant. Il disait que les vaches de cette ferme produisaient peut-être quarante-cinq litres par jour, mais qu'elles vivaient sur le fil et donnaient bien trop d'elles-mêmes pour être robustes. Incapables de supporter le mauvais temps ou la maladie, elles devaient être dorlotées comme des pur-sang. À tout moment, il y en avait une sur dix qui boitait, avec des plaies aux genoux et aux jarrets. Maigres comme de vieux corbeaux, elles clopinaient avec leurs énormes pis gonflés, sujets à la mammite. Le fier et vieux vacher qui s'occupait autrefois des bêtes était parti, après s'être plaint pendant des années que la croissance sans fin du troupeau poussait à mal faire les choses.

Un jour, une vache a mis bas ; ce n'était apparemment la tâche de personne de veiller sur elle, et quelques heures plus tard le veau était mort inutilement. Papa en est resté aussi fâché que perplexe. Il ne comprenait pas comment une chose pareille pouvait arriver. Le père du patron, un monsieur âgé, est arrivé plus tard et a poussé un juron en trouvant le veau mort sur le béton. Il était clair que personne ne s'occupait de ces vaches comme il l'avait fièrement fait jadis. Il a traité les hommes de fumistes et d'inutiles, mais il semblait surtout démoralisé par ce nouveau système. Il était trop vieux pour pouvoir y faire quoi que ce soit. Les hommes se sont contentés de hausser les épaules et de partir, maussades, vers une autre tâche. Aux yeux de mon père, le travail, la terre, les vaches et les gens, tout était dévalué. Les éleveurs traditionnels étaient brisés dans leur élan. L'orgueil que mettait le paysan à voir et juger les choses avec un soin minutieux disparaissait. Mon grand-père, lorsqu'il s'appuyait à une barrière pour contempler son environnement, comprenait toutes ces choses par le biais d'une observation intense et réfléchie. Élever des bêtes de manière traditionnelle requérait un savoir et un jugement de spécialiste, ainsi que des personnes qualifiées pour en prendre soin et comprendre leurs besoins. Ces compétences n'étaient pas facilement généralisables pour une production de masse ; un élevage pareil ne pouvait être ni uniforme ni prévisible. Les bêtes se présentaient sous toutes les tailles et toutes les formes, et arrivaient à maturité à différents moments. Les anciens éleveurs abattaient les animaux, conservaient et cuisaient la viande quand elle était prête, et non à une fréquence hebdomadaire. Des pratiques bien éloignées de l'idéal agricole moderne qui consistait en la production de biens de consommation identiques, tous prêts pour l'étal au même moment. Et donc, de manière incroyable, les animaux de ferme avaient été uniformisés.

Certains nouveaux agriculteurs aux pratiques super-intensives étaient de nos amis. Et quand je parlais avec eux au pub ou à la foire agricole, il m'apparaissait clairement qu'ils se conformaient à une façon de penser entièrement nouvelle. On aurait dit une autre espèce de fermiers. Ils appliquaient la science, la technologie et l'ingénierie à la résolution de problèmes agricoles, et faisaient tout fonctionner avec une efficacité industrielle. Ils incarnaient les idées des économistes.

Les chercheurs en génétique animale étaient capables d'identifier et d'éliminer les traits génétiques « inutiles », y compris des attributs et des instincts fondamentaux dont les bêtes avaient toujours eu besoin dans un environnement semi-naturel. L'accent était placé sur le développement de caractéristiques productives telles que la vitesse de croissance et la masse corporelle, l'optimisation de la lactation et le rendement de l'alimentation. La taille des parties de l'animal nécessaires pour le mouvement, la recherche de nourriture ou même la reproduction naturelle pouvait être réduite à chaque génération, et celle des parties recherchées pour la consommation humaine, au contraire, augmentée. Ces changements dans l'anatomie du bétail ne se sont pas faits d'un coup, à l'aide d'un ingrédient magique : ils découlaient de l'application de toute une série de disciplines et d'outils scientifiques utilisés simultanément pour trouver des « gains marginaux », un peu à la manière dont on assemble une équipe sportive d'élite. La transformation de l'apparence des animaux était aussi troublante que remarquable.

Les plus grands gains de productivité se remarquaient chez les porcs et les poules, qui pouvaient être logés en grand nombre et, étant donné leur rythme de reproduction élevé, être croisés et sélectionnés de manière à convertir efficacement en viande un maïs ou un blé bas de gamme. J'ai lu que, depuis les années 1950, le temps nécessaire pour obtenir un poulet depuis l'éclosion jusqu'à l'abattoir, dans les systèmes les plus intensifs, a été réduit de soixante-trois à trente-huit jours ; et l'alimentation nécessaire par poule réduite de moitié. En même temps, ces nouveaux porcs et ces nouvelles poules étaient maintenus en vie grâce à des antibiotiques, ingurgitaient des monceaux de protéines et vivaient à température constante. Les animaux de ferme avaient toujours été exploités (le mot n'est pas très bien vu, mais c'est la réalité – toute vie cellulaire dépend de l'exploitation d'autres organismes), mais chez ces animaux élevés de manière intensive, l'exploitation était portée à l'extrême.

Des firmes géantes mettaient au point ces changements, puis devenaient « propriétaires » des gènes des porcs et poulets améliorés, ainsi que des fournitures et de la chaîne de traitement. Les poids lourds du secteur s'étant presque entièrement approprié l'élevage de la volaille, les petits exploitants disparaissaient ou se trouvaient réduits à élever des porcs et des poulets « sous contrat » pour les gros. À l'époque de mes vingt ans, il n'y avait déjà presque plus de poules ni de cochons dans les fermes locales, sauf dans une ou deux porcheries industrielles géantes, à quelques kilomètres.

Comme nous comptions beaucoup d'exploitants laitiers parmi nos amis, nous avons été témoins directs de l'évolution de ce monde-là. Dans l'enfance de mon père, la plupart des vaches laitières présentes dans notre paysage étaient des shorthorns : des bêtes trapues au poil roux et blanc, ou rouan, bien résistantes en extérieur par tous les temps, et à « double usage », en ce sens qu'elles produisaient de la viande et du lait, dans des proportions significatives mais sans excès. Les registres historiques nous fournissent une base très précise pour connaître la productivité d'une vache dans les systèmes agricoles traditionnels. Les annuaires des shorthorns nous apprennent qu'en 1954-1955, le plus gros troupeau de notre région (avec enregistrement de la production laitière) comptait trente-cinq bêtes. La Société du bétail shorthorn distribuait des médailles pour les bêtes qui produisaient le plus, celles qui donnaient de treize à dix-sept litres de lait par jour. Les shorthorns laitières ont d'abord été remplacées par des holsteins noir et blanc entre les années 1960 et les années 1980, puis par des holsteins d'Amérique du Nord à partir des années 1990. Ces bêtes lourdement trafiquées produisaient plus du double de ce que donnaient celles de mon père dans mon enfance : quarante ou quarante-cinq litres par jour. Arrêtons-nous un instant pour y songer. Il a fallu dix mille ans de domestication et de sélection progressive pour obtenir une vache qui donnait quinze ou vingt litres par jour, puis au cours de ma vie cette quantité a doublé. Peu de gens en dehors des milieux agricoles ont perçu cet incroyable changement. Les nouvelles vaches les plus performantes ne supportent souvent que deux ou trois lactations (les cycles d'allaitement qui suivent la naissance d'un veau) avant d'être usées : elles souffrent de boiterie, de mammite ou simplement d'épuisement parce qu'elles ont été sélectionnées pour produire de trop grandes quantités de lait. Mon père n'avait que mépris pour les holsteins ; il disait qu'elles s'enrhumaient à la moindre averse.

De manière remarquable, ce processus d'intensification ne donne aucun signe de ralentissement : au contraire, il accélère encore. Les plus grands troupeaux britanniques comptent maintenant plus de mille têtes, et dans le monde certains en comptent des dizaines de milliers. Plus de 50 % du lait de Grande-Bretagne est désormais produit par des vaches qui ne mettent jamais le sabot dehors. Dans les troupeaux d'élite, les vaches évoluent tellement vite qu'on ne garde que la première femelle de chaque génération : le temps que la mère produise une nouvelle génisse un an plus tard, le capital génétique de la génération suivante (un an plus jeune) leur est déjà supérieur.

En même temps que les animaux disparaissaient à l'intérieur, les équipes nombreuses d'ouvriers agricoles qui autrefois jouaient au foot sur nos prés les plus plats se volatilisaient. Le dernier de nos ouvriers logés à la ferme, Stuart, avait quitté sa petite chambre chez mon grand-père pour aller vivre au bourg en 1978. Il faisait pour ainsi dire partie de la famille ; il avait soigné ma grand-mère quand elle avait eu son cancer. Il en avait encore plus appris à mon père que mon grand-père en ce qui concernait les questions pratiques d'agriculture. Trente ans plus tôt, les hommes et les femmes de ce type abondaient. Ils connaissaient intimement les champs, parfois mieux que les fermiers. Mais à chaque année qui passait, leurs effectifs diminuaient. Désormais, la plupart des gens n'auraient jamais mis le pied dans les champs qui les nourrissaient – ce qui était, selon le point de vue, soit une libération d'une forme d'abrutissement, soit une perte de contact avec les processus qui nous maintiennent en vie.

Nos vies devenaient plus fragmentées, plus renfermées, cachées derrière des portes. Les bals de village qu'avait connus la génération de mon père tombaient en désuétude. Les lois contre l'alcool au volant votées dans les années 1980 avaient mis un coup d'arrêt aux trajets qui rendaient ces rassemblements possibles. Le pub de notre bourg avait fermé vingt ans plus tôt, et maintenant les hommes restaient généralement chez eux. Quelques amis de mon père avaient résisté le plus longtemps possible et s'étaient fait des égratignures variées en rentrant des pubs les plus lointains, pourchassés par la maréchaussée, coupant à travers les champs de navets ou d'orge pour débouler triomphalement dans les fermes au petit matin, crottés de la tête aux pieds. La salle commune du village commençait à se délabrer et à prendre la poussière. La population des bourgs diminuait et vieillissait. À présent, les gens préféraient se retirer dans un joli hameau en pleine campagne, et ils avaient plus de moyens que les derniers ouvriers agricoles du cru. On observait un glissement social dans la population, qui accédait à la classe moyenne. Cela s'est accompagné d'un glissement culturel avec l'arrivée de la télévision, l'afflux de nouveaux résidents et l'avènement de la technologie du monde moderne. Pour beaucoup de gens, l'existence gravitait désormais autour des activités culturelles de la ville la plus proche – ses boutiques, son cinéma, son centre de loisirs – plutôt qu'autour du paysage agricole. La fête des moissons et les ventes aux enchères de fruits, de confitures, de caramels et de pain d'épices étaient des événements importants quand j'étais enfant, mais s'étaient peu à peu vidées de leur sens.

Les gros fermiers modernisés que nous connaissions parlaient beaucoup comme Earl Butz. Beaucoup avaient fait des études supérieures d'agriculture, et ils s'étaient convertis à l'évangile du rendement. Tout devait être grand et aller vite. Mon père regardait avec une certaine perplexité ces capitalistes sans scrupules. Il les qualifiait de fermiers « en costard-cravate », trop m'as-tu-vu avec leurs Range Rover rutilantes. Ils ne se salissaient pas les mains, et à les entendre on aurait pu croire qu'ils travaillaient dans des bureaux – égrenant des données sur leur production moyenne de lait par vache, le taux d'humidité de leur grain ou leurs coûts de production. Ils avaient souvent des dizaines de personnes en dessous d'eux. Les grandes fermes modernes connaissaient un turnover élevé parce que le travail était désormais non qualifié, ennuyeux et salissant – plus proche d'un travail en usine répétitif que de l'art du fermier tout en finesse. La main-d'œuvre immigrée allait et venait sans que personne connaisse les travailleurs par leur nom. Les ouvriers d'antan se considéraient souvent comme les égaux de leur patron dans le travail (du moins dans nos contrées où les fermes étaient petites), mais ceux d'aujourd'hui n'approchaient même plus de la maison. Papa était d'avis que ces éleveurs-là oubliaient leurs valeurs, qu'ils ne se sentaient plus. Le plus troublant était qu'ils ne pratiquaient rien de ce qui faisait de l'agriculture une joie : le travail concret avec les animaux, les travaux des champs qualifiés. Ils lui faisaient pitié, même s'ils étaient bien plus riches que lui, car mon père ne pouvait imaginer pire sort que d'être une sorte de patron coincé dans un bureau.

*

Mon vieux est en train de scier des bûches à la tronçonneuse. Les arbres nous renvoient l'écho de son moteur. Je ramasse les bûches qui tombent derrière lui ; la section annelée est orange vif, poisseuse de sève. Je les lance dans la remorque pour les rapporter à la maison, où elles sécheront avant d'aller au feu. Les branches plus petites sont jetées en tas pour être brûlées plus tard. Nous dégageons une vieille haie d'épineux que nous aurions plessée et entretenue autrefois, mais nous avons renoncé à cela.

En effet, nous avions pratiquement cessé de plesser les haies à l'ancienne, à la main. De même que le fauchage des chardons, cela demandait un temps et une main-d'œuvre que nous n'avions plus. Quand le dernier de nos ouvriers, John, avait vieilli et était parti, le travail qualifié qu'il avait rendu possible avait commencé à disparaître. Au départ, les haies avaient simplement poussé et s'étaient élancées vers le ciel, mais au fil des ans leur pied était devenu moins dense, moins enchevêtré, moins rempli de plantes variées : il ne restait plus qu'une ligne d'aubépines vieillissantes et informes. Les branches qui dépassaient rayaient nos coûteux tracteurs, et beaucoup d'herbe était perdue faute d'être fauchée dans leur ombre. Puis, à chaque tempête, les vieux arbres étaient tombés l'un après l'autre et, les haies ne faisant plus leur office de barrières, nous les abattions à la tronçonneuse ou à la foreuse. Ainsi, nous récupérions des champs plus vastes, plus rentables. Haies et murets étaient devenus une gêne. Les haies que nous n'arrachions pas, nous les taillions à l'aide d'une machine accrochée au flanc du tracteur, une sorte de tondeuse sur bras télescopique. Très vite, il n'y a plus eu de vraies haies avec un cœur plessé, épais et vivant. De loin, elles avaient encore un aspect passable, avec un dessus bien plat, bien net. Ce n'étaient toutefois plus les halliers denses de mon enfance, et plus elles vieillissaient et dépérissaient, plus le paysage se dénudait.

En lançant les dernières bûches, je me suis retourné vers ce qui avait été jadis une vieille haie touffue et je me suis rappelé y avoir joué à cache-cache avec une demi-douzaine de gosses du village lorsque j'étais enfant. Adolescent, j'avais vu un gamin tuer un lapin avec une carabine à air comprimé à cet endroit : le petit animal avait fait une cabriole, comme s'il essayait de déloger le plomb de sa tête. À présent, la haie comme ce passé étaient en train d'être effacés.

Plus de la moitié des haies de Grande-Bretagne ont disparu entre la Seconde Guerre mondiale et aujourd'hui. Des milliers de kilomètres, perdus chaque année. Certaines de ces haies étaient pluricentenaires et emplies de choses rares et extraordinaires. Nous n'y songions pas à l'époque, mais cela devenait plus évident et plus important avec le temps.

Mes doutes sur la nouvelle agriculture continuaient à grandir : de faible murmure, ils sont devenus assourdissants. Dans les livres de comptes, la colonne des dépenses s'allongeait sans fin. C'était peut-être aussi bien que nous ne soyons pas les gagnants ; je pouvais le comprendre, m'adapter et survivre. Mais au bout d'un moment, il est devenu difficile pour quiconque de tirer son épingle du jeu. L'immense porcherie où j'avais joué enfant a fait faillite et a été mise en vente. Et en lieu et place d'un vieux paysage en patchwork plein de gens au travail, de bêtes et de récoltes diverses, avec une vie sauvage abondante, était apparu un paysage plus terne et nu, plus simple, dénaturé et dépeuplé.

Plus le « progrès » devenait visible, moins il nous plaisait. Et nous avions toujours un point de comparaison, car le progrès n'avait jamais pleinement atteint la ferme de moyenne altitude de mon grand-père. Nous avions gardé cette petite ferme arriérée et elle est devenue – pour mon père comme pour moi – un contrepoint à la nouvelle agriculture. De manière inattendue, cette curieuse combinaison de deux types d'agriculture différents a changé ma famille. Nous pouvions voir au quotidien les versions « avant » et « après » de la ferme britannique. Cela invitait au jugement et permettait les comparaisons, une chose qui généralement n'était pas possible pour les autres fermiers. Mais le contraste le plus frappant se trouvait au bord de la route entre nos deux fermes, où avait vécu un vieil homme nommé Henry.

Henry était le type même du fermier à l'ancienne. Solidement bâti, rougeaud et légèrement replet. Il portait des pantalons de tweed, et de la ficelle et des brins de paille sortaient de la poche chiffonnée de sa veste. Il marchait d'un pas égal et parlait d'une voix qui l'était tout autant. Nous ne passions pas beaucoup de temps avec lui, mais nous savions que c'était quelqu'un de bien. Sa ferme louée avait le même propriétaire que la nôtre. Une belle vieille bâtisse, avec de grosses granges en pierre et une maison magnifique, plus altière que chez nous. Ç'aurait été une ferme prospère autrefois. À présent, elle paraissait démodée, sans les immenses hangars à structure en acier des fermes modernes.

Entre nous, le nom d'Henry représentait toujours une gentille blague sur le paysan qui ne s'est jamais modernisé et s'est fait dépasser par ses voisins progressistes. Lui pratiquait l'agriculture mixte, avec des récoltes d'orge et de navets en rotation. L'hiver, il fertilisait ses champs en y déposant un fumier à base de paille, sorti de ses enclos à bestiaux, qui avait pourri en tas, au lieu des engrais de synthèse ou du lisier que nous avions tous adoptés. Ses troupeaux de grands moutons suffolk à tête noire broutaient les chaumes et croquaient les navets. Ses gros bouvillons hereford au dos large paissaient au pré. Henry était un bon fermier, mais périmé d'une ou deux générations. À nos yeux, il restait coincé dans les pratiques de son père. Il se désintéressait du changement, et pourtant il parvenait à survivre. Nous nous disions que c'était parce qu'il n'avait ni femme ni enfants et qu'il pouvait vivre « tranquille » sans grands moyens.

Telle la dernière tortue géante, Henry semblait échoué dans le passé tandis que ses semblables disparaissaient un à un. Quand j'étais jeune, mon père commentait ses méthodes démodées lorsque nous passions sur la route devant chez lui. Il faisait de la paille à la fin de l'été, et non de l'ensilage comme tous ses voisins. Il fauchait au moins deux mois après les fermiers « intensifs » du bout de la route, et un mois après nous. « Sacré vieil Henry, il ne fauche que maintenant… »

Papa aimait bien Henry. Il se moquait avec affection de ses méthodes « rétrogrades », mais au fil des ans l'admiration a peu à peu supplanté le dédain dans sa voix. Pendant longtemps, je n'ai pas écouté. Je décrochais de la conversation et préférais regarder les vanneaux s'élever au-dessus des champs d'Henry, leurs larges ailes envoyant des éclairs de blanc, de noir et d'émeraude dans le soleil hivernal. Je n'ai compris pourquoi que des années plus tard, mais je me rappelle distinctement que le ciel de sa ferme regorgeait de courlis, de vanneaux et de corbeaux, ainsi que de grands vols de grives litornes en hiver.

À sa mort, les voisins d'Henry ont paru attristés qu'un des derniers représentants de l'ancienne génération soit parti. Il n'était peut-être pas à la pointe de l'agriculture, certes, mais il était apprécié. Le propriétaire a divisé sa ferme en parcelles qu'il a ajoutées aux exploitations voisines, plus grandes et plus modernes. Un ami de mon père a récupéré une partie de ses terres. Il a fait venir un analyste du sol pour savoir ce qu'il devait y ajouter pour le rendre plus productif (supposant qu'il faudrait des engrais de synthèse ou de la chaux pour optimiser son rendement). En effet, dans les fermes intensives, on analysait régulièrement les sols pour déterminer quels nutriments artificiels il fallait leur donner.

Mais l'analyste a conclu que c'était un des meilleurs sols qu'il ait jamais testés. La terre d'Henry était en pleine santé. Elle n'avait besoin de rien. Elle grouillait de lombrics : elle était riche et fertile. Cette nouvelle a été une révélation pour mon père. Il en a été ébranlé, car cela en disait long sur ce que la nouvelle agriculture infligeait à la terre. Le fermier le plus traditionnel du district était celui qui avait la meilleure. Les hommes en avaient discuté au pub. Papa disait que l'évolution de l'agriculture était une folie et que le vieil Henry en savait plus que nous autres réunis, « bougres d'ânes » que nous étions.

Pendant les semaines qui ont suivi, chaque fois que nous sommes passés devant la ferme d'Henry, papa m'a répété que nous étions des idiots finis. Cette nouvelle confirmait une intuition qu'il avait toujours sentie dans ses tripes. Tout au fond de lui, il n'avait jamais vraiment approuvé la plupart des changements, et il était chaque année plus sceptique. Nous prenions ces nouvelles habitudes parce qu'il le fallait, mais où allions-nous avec tout ça ? Si l'agriculture moderne dégradait le sol pour en faire un junkie réclamant des doses toujours plus fortes de produits chimiques du commerce, était-ce vraiment tenable ? Papa ne pouvait pas entièrement en sortir, mais il n'était pas dupe. Plutôt qu'admirer nos amis et nos cousins qui montaient d'énormes entreprises agricoles, avec des hangars géants, des tonnes de machinerie et un personnel nombreux, il s'inquiétait pour eux. Il trouvait leur monde laid, construit sur la dette, de plus en plus risqué et volatile ; tout cela s'effondrerait un jour autour d'eux. Et quand cela a commencé à arriver, et que des exploitations parmi les plus grosses ont mis la clé sous la porte, il les a défendues en disant que nous avions tous fait des folies un jour ou l'autre. Il n'y avait aucun plaisir à voir des paysans perdre leur ferme.

Mon père le savait : la vérité se trouvait dans la terre d'Henry.

Les anciens disaient que là où il y avait du fumier, il y avait de l'argent. Ils avaient conscience qu'ils devaient nourrir la terre – et la nourrir bien –, sinon, ils la dépouilleraient, et ils le paieraient cher.

Le fumier de mon grand-père était plein de fibres digérées issues des cultures, notamment de la paille. Il pourrissait pendant l'hiver, puis était dispersé à l'épandeur sur les champs, comme une sorte de compost. Mais lorsque nous nous sommes mis à nourrir notre bétail à l'ensilage et à l'aliment du commerce enrichi en protéines, notre ferme a commencé à produire un fumier tout à fait différent. Nos vaches rejetaient désormais des gerbes de lisier. Le lisier est beaucoup plus riche en azote que le fumier. De plus, il émet des gaz toxiques. On ne peut pas le mettre en tas, mais nous n'avions pas non plus de coûteux réservoir pour le conserver. Papa s'inquiétait toujours du fait que si nous ne l'épandions pas tout de suite, il coulerait jusqu'à la rivière, la polluerait, et nous serions envoyés en prison. J'ai donc passé neuf hivers à étaler de la bouse.

La nouvelle agriculture avait considéré deux éléments complémentaires – les animaux de pâturage et la fertilisation des champs – et les avait dissociés, créant par là même deux problèmes distincts et d'envergure industrielle. Les fermes comptant des milliers de bêtes se retrouvaient avec bien trop de déjections pour leurs terres, tandis que les fermes consacrées aux cultures n'avaient plus d'animaux, et donc plus de fumier pour les fertiliser, ce qui les rendait entièrement dépendantes des engrais Haber-Bosch. Le bétail élevé dans les nouveaux systèmes produisait un fumier tellement acide que la terre sur laquelle on l'épandait se compactait et mourait. Les fermes de grandes cultures fertilisaient au nitrate d'ammonium et tuaient leur terre. Partout, des deux côtés de cette barrière insensée, les organismes vivants invisibles dans le sol (des milliards dans une cuiller à café d'une terre saine), qui autrefois faisaient fonctionner le tout, étaient exterminés.

Quelques kilomètres après les terres d'Henry, mon père m'a indiqué un champ en train d'être labouré le long de la route : un immense tracteur rouge tirait une énorme charrue bleue. Je sentais que quelque chose l'alarmait. « Regarde, m'a-t-il dit. Pas une mouette ni un corbeau derrière la charrue. » Pour lui, c'était stupéfiant. « Il ne doit plus y avoir de vers de terre dans ces champs. Ils ont tous été tués à coups de lisier. »

En ce temps-là, la fenêtre de ma chambre donnait sur la cour de la ferme, et à un mètre en dessous de l'appui, les pierres d'une auge formaient une corniche. Je n'avais jamais trop aimé rester à la maison, et j'avais toujours fait le mur depuis que j'étais assez grand pour atteindre ces pierres. C'était une habitude que je n'avais jamais perdue. Après les longues journées de travail avec mon père, j'en avais ma claque qu'il me dise quoi faire et qu'il soit au courant de tous mes faits et gestes. Je sortais donc me balader la nuit. Je laissais pendre mes jambes jusqu'à ce que mes pieds touchent ces pierres, je longeais le mur tel Spiderman, et j'arrivais jusqu'au toit de l'arrière-cuisine, qui s'inclinait vers le champ. Je m'en allais ainsi sans être vu de personne. Cinq minutes plus tard, j'avais passé la crête de la colline. J'allais souvent regarder brouter nos brebis ; je laissais les agneaux venir à moi et je décidais lesquels seraient les futures vedettes. Quand ils s'éloignaient, je m'asseyais, adossé à un rocher ou à un tronc d'arbre, ou je grimpais dans un vieux chêne. J'adorais les créatures sauvages qui vivaient encore dans nos champs. Les lièvres qui gambadaient entre les moutons. Les huîtriers qui pondaient trois œufs sur les marches en bois pourri, à côté du champ où j'avais travaillé avec mon grand-père des années plus tôt. Les corbeaux qui cherchaient des vers et des larves dans nos pâturages. Le faucon crécerelle en vol stationnaire au-dessus des herbes plus drues, le long des haies. Pardessus tout peut-être, j'aimais les courlis qui survolaient comme des fantômes nos prés et nos champs en lançant leur cri que le vent emportait. J'avais passé toute ma vie sous leurs ailes et leur chant.

Un soir, j'ai emporté un vieux livre de poche et je l'ai lu adossé à un gros chêne. Il y avait une petite librairie dans la ville la plus proche, et c'était là que j'allais chercher de la lecture. Le patron était une sorte de vieux hippie. Il disposait les livres sur la nature sur une table à l'entrée de sa boutique. Parmi les ouvrages sur les loutres et sur les faucons pèlerins, il glissait quelques titres plus vindicatifs et politiques : des essais sur le déclin écologique de nos campagnes. On m'avait élevé dans la méfiance de ces idées-là. Les premiers messages écologistes alarmistes vus à la télévision avaient poussé ma famille à considérer les défenseurs de l'environnement comme des cinglés. Mon père détestait se faire sermonner par des gens vivant visiblement dans un plus grand confort que lui. Après un de ces reportages, il avait éteint la télé et déclaré : « Si on laisse faire ces salopards, on finira par élever des foutus papillons. »

Le livre que j'avais entre les mains sous cet arbre était *Printemps silencieux*, de Rachel Carson. Je craignais de n'y trouver qu'une diatribe contre l'agriculture. Mais au lieu de cela, j'ai trouvé entre ses pages une confirmation bien argumentée de ce que je soupçonnais depuis un moment : les nouvelles techniques et pratiques agricoles n'étaient pas des outils de progrès sans conséquences. C'était un arsenal d'armes chimiques et mécaniques qui avaient profondément altéré le milieu cultivé naturel en bouleversant ses lois biologiques. Au bout d'une demi-heure de lecture, j'ai relevé les yeux vers les champs qui se trouvaient devant moi, et j'ai su qu'elle était dans le vrai.

Rachel Carson est connue pour être la femme qui a éveillé le monde aux dangers des pesticides – et en particulier du DDT. *Printemps silencieux* est sorti en 1962 et disait une chose remarquable : que le rêve industriel du progrès agricole était défaillant. Carson a révélé que les pesticides empoisonnaient des écosystèmes entiers et que plus un produit chimique ou un médicament était utilisé par les fermiers, plus vite il devenait obsolète. C'était une certitude biologique que les mauvaises herbes, les es et les bactéries devenaient rapidement résistants aux pulvérisations. (On croit souvent à tort que cette Américaine spécialiste de la biologie marine était contre l'usage de tous les pesticides, or dans son livre elle défend en fait leur utilisation hautement ciblée quand c'est nécessaire et des solutions biologiques chaque fois que c'est possible.) Elle faisait le constat que la réponse des agriculteurs (fournie par l'industrie chimique) était l'escalade permanente, traiter toujours plus, avec des solutions de plus en plus concentrées, ce qui aboutissait à une course folle entre les chimistes agricoles et l'ADN des plantes et des animaux pour garder le contrôle. Par conséquent, on infligeait toujours plus de produits chimiques destructeurs à des écosystèmes délicats que l'humain comprenait encore à peine, expliquait-elle. Plutôt que d'accompagner les processus naturels, l'agriculture essayait de se libérer de règles biologiques pourtant immuables. Les fermiers, encouragés par les responsables politiques, les économistes et les industriels, saccageaient les systèmes mêmes dont dépendait la vie sur Terre, et en étaient à peine conscients – jusqu'à ce qu'il soit trop tard. Ils étaient devenus trop puissants dans leurs champs et personne n'avait remarqué ce que cela signifiait pour la nature. Les citoyens pouvaient-ils compter sur ces agriculteurs, sur les entreprises de chimie et même sur le gouvernement pour faire les bons choix ?

Ce livre, lu sous cet arbre, a tout changé pour moi. Le délitement des paysages (y compris du nôtre) n'était pas, comme le disait Schumpeter, une « destruction créatrice », mais une destruction tout court.

Ce fut comme si je me réveillais d'un long coma. Je m'étais presque conditionné à exclure la nature de notre vision de la ferme. J'avais commencé à considérer les pratiques de mon grand-père avec dédain, à trouver pitoyable la réticence de mon père devant la modernisation. Et voilà que je me sentais complètement idiot ; mon grand-père avait eu raison de vouloir résister et mon père avait raison de se méfier instinctivement. Dans ma tête, j'avais refaçonné le monde pour le rendre acceptable. Mais à présent, des souvenirs gênants revenaient au premier plan.

Quand j'avais pulvérisé mon premier champ de chardons, j'étais retourné le lendemain matin voir un nid de rouge-gorge que j'avais trouvé quelques jours plus tôt. Il était proche des chardons racornis par le désherbant chimique. Les oisillons étaient morts dans le nid, paquets froids de peau rose, d'os et de duvet. Je savais que c'était ma faute. Une toute petite voix en moi me soufflait que c'était mal. Je crois que je me suis dit que trois ou quatre bébés oiseaux étaient un petit prix à payer pour se débarrasser d'un gros problème, qu'ils auraient tout aussi bien pu être tués si nous avions fauché les chardons autrement. Je ne suis pas certain d'y avoir cru, car chaque fois que je me rappelais ces oisillons morts, j'avais honte. Et maintenant que j'avais lu *Printemps silencieux*, je savais que j'avais été comme un somnambule. Je me suis donc de plus en plus documenté sur Carson et sur les critiques de l'agriculture.

Printemps silencieux a déchaîné une tempête de polémiques. Les grosses entreprises qui fabriquaient et vendaient les pesticides et le lobby agricole ont sauvagement contre-attaqué, mais Carson ne s'est pas laissé abattre et le DDT a fini par être interdit. Le problème était que la campagne s'était concentrée sur le DDT. Sa vision plus importante – l'idée que l'agriculture s'était échappée de ses anciennes contraintes – a été largement ignorée ou oubliée.

Enivrés par le changement technologique, gouvernements et agriculteurs ont préféré croire que le DDT était un accroc isolé plutôt que le symptôme d'un phénomène plus troublant concernant les humains et leur pouvoir sur la nature. Et donc, malgré les remises en question de Carson, dans les années 1970 la recherche effrénée d'efficacité industrielle pour produire une alimentation plus abondante et moins chère s'est implantée dans les politiques agricoles du monde développé. Il était impensable, dans les sphères agricoles et politiques, que la poursuite insatiable du rendement puisse être le problème en soi. Au contraire, les processus qui révolutionnaient l'agriculture étaient de plus en plus vantés comme des « progrès ». Les sociétés de l'après-guerre martelaient aux fermiers que leur tâche était de produire d'immenses quantités de nourriture à bas prix et qu'ils devaient employer pour cela tous les outils nécessaires. De nombreux paysans avaient envie de l'entendre et ont accueilli ces changements à bras ouverts. D'autres ont bien dû suivre pour survivre. Cette nouvelle culture disait aux « consommateurs » que l'alimentation n'était guère qu'un carburant comme un autre et qu'elle devait leur coûter une part de plus en plus réduite de leurs revenus. Si jamais on pensait un tant soit peu à la nature, on la supposait assez robuste pour tout supporter.

C'était presque comme si Rachel Carson n'avait jamais existé. Son cri de ralliement a fait grandir massivement le mouvement écologiste dans le monde, mais l'intensification et l'industrialisation de l'agriculture ont persisté au mépris de ses mises en garde au cours des décennies qui ont suivi sa mort, survenue en 1964.

La lumière s'éteignait peu à peu sur nos terres. Nous étions en train de rentrer les dernières bottes de paille de l'année dans la grange, parce que la météo annonçait un déluge dans la nuit. Les courlis, en haut de la pente, semblaient agités comme s'ils avaient vu un corbeau. J'ai contemplé les champs en me demandant quel mal mon père et moi leur avions fait, et si notre sol était endommagé. J'étais conscient que sur les terres agricoles, certains oiseaux n'étaient plus là. Le râle des genêts avait rapidement disparu quand les fermiers avaient adopté les faucheuses et les tracteurs mécaniques au début du XXe siècle, mais les courlis s'étaient épanouis en grand nombre sur les terres cultivées après le passage aux engins à moteur. Ils semblaient adorer notre manière de cultiver. Au printemps, ils faisaient leur apparition, revenus des vasières hivernales pour retrouver leurs anciennes aires de reproduction dans nos champs. Ils survolaient la ferme en décrivant de grandes voltes de fête foraine, lançant des appels à leurs partenaires. Ou bien ils déambulaient dans l'herbe non loin de là où j'étais assis, sur leurs pattes d'échassiers, avec leur élégant bec incurvé. Ils cherchaient les vers dans les labours et les pâturages. Et bientôt ils étaient en couple, prêts à nidifier. Les semaines suivantes, ils saturaient les cieux de leurs cris. J'aimais trouver où étaient leurs nids, comme mon grand-père me l'avait appris, et par la suite, si je coupais l'herbe pour l'ensilage, je tâchais de veiller à ce que les oisillons s'en sortent indemnes, quitte à laisser une bande d'herbe non coupée et revenir une heure ou deux plus tard. Dans nos champs d'ensilage, trois ou quatre couples élevaient une poignée de petits tous les étés. C'était difficile de concilier cette abondance d'oiseaux avec les informations qui commençaient à nous parvenir sur la disparition des oiseaux nicheurs au sol dans les zones agricoles, même s'il m'arrivait de me demander si on n'en voyait pas un peu moins qu'avant.

Combien de courlis y avait-il vingt ans plus tôt ? Quand je posais la question, personne n'avait la réponse. Et nul ne s'en inquiétait. Il y en avait encore partout autour de nous. Mais je percevais un changement quand j'allais donner un coup de main dans les fermes d'amis plus bas dans la vallée, sur des terres meilleures, plus « améliorées » et cultivées de manière plus intensive. Je me rendais compte, en descendant des gros tracteurs à l'heure des repas, que le ciel au-dessus de nos têtes était vide, à l'exception d'un corbeau ou d'une mouette de temps en temps.

Ce qui rend difficile la compréhension des effets de l'agriculture sur la nature, c'est qu'il y a souvent un décalage temporel entre la cause et l'effet. Nous saisissons facilement la destruction immédiate causée par une catastrophe soudaine : des kilomètres d'océan souillés par une marée noire ; une fuite chimique tuant toute vie dans une rivière ; le massacre d'éléphants abattus pour leurs défenses dans la poussière rouge de l'Afrique ; des arbres au tronc énorme s'écroulant au son des tronçonneuses dans les forêts. Toute personne ayant une once de conscience et d'intelligence sait que ces destructions soudaines résultant d'un comportement humain sont nuisibles. Mais en réalité, le monde ne s'écroule pas en un jour. Il est bien plus difficile de voir et de mesurer les changements progressifs qui détruisent les choses sur dix, trente ou cent ans. Les outils et pratiques qui ont radicalement modifié nos paysages agricoles sont apparus il y a des décennies. Il s'est écoulé un temps considérable avant que la science ne commence à faire état d'un déclin catastrophique chez certaines espèces. C'est qu'il a fallu du temps pour que de nouvelles techniques soient adoptées par les fermiers et adaptées à une utilisation sur leurs terres, et qu'elles prennent pleinement effet. La nature peut tenir des années, et même des décennies, avant d'être vaincue en un lieu donné – et de disparaître.

Pendant la dernière ou les deux dernières années de la vie de mon père, nous avons souvent discuté de ce qui avait changé et pourquoi. Il était triste que le courlis, jadis l'oiseau le plus courant sur les terres agricoles, soit devenu rare au point de presque disparaître. Nous savions tous les deux que ce n'était pas l'agriculture moderne, ni même la pratique de l'ensilage, qui avait eu raison d'eux, mais les pratiques agricoles modernes poussées à l'extrême. À partir des années 1990, des faucheuses surdimensionnées et ultra-rapides étaient apparues, et elles œuvraient dans les champs tout autour de nous pour faire l'ensilage de plus en plus tôt dans l'année. L'herbe pouvait être alors prête en raison de changements dans la gestion des prairies, boostées par des engrais de synthèse et des variétés à croissance rapide, et encouragées par la tendance à nourrir l'herbe en début de croissance pour fournir une nutrition optimale aux vaches laitières. Cette combinaison de pratiques avait précipité le déclin désastreux des courlis. Ils ne pouvaient plus pondre et élever leurs petits dans des champs fauchés trois à quatre fois par été, de mai à octobre. Les champs où ils avaient vécu étaient devenus une zone mortelle pour leurs petits. Le conducteur d'un énorme tracteur neuf (souvent un jeune, travaillant en sous-traitance, avec la radio à fond et les vitres fermées pour ne pas salir sa coûteuse machine) n'avait pas le temps de s'arrêter pour ôter un oisillon de l'herbe, même s'il l'avait vu et reconnu. Les courlis adultes avaient eu tendance à s'attarder dans les champs longtemps après le début des changements, car ils peuvent vivre jusqu'à vingt ou trente ans et restent fidèles à leurs anciennes zones de nidification, où ils essaient inlassablement de pondre leurs œufs et d'élever leurs petits.

Un fermier ne s'apercevait que les courlis étaient menacés que lorsqu'ils n'étaient plus là du tout, les oiseaux parents étant morts peu à peu. Le temps qu'il ...ne qu'il y avait un problème, il était déjà trop ...it-ce au fermier de prendre soin des ...bien la priorité était-elle de produire le meilleur ensilage, de vendre du lait aux prix exigés par la grande distribution ? Que valait un courlis ?

Le problème n'était pas nécessairement l'existence d'outils mécaniques ou chimiques ; c'était qu'ils soient employés d'une manière qui empêchait les espèces sauvages de vivre ou de se reproduire. Le curseur de l'intensité était poussé juste un peu trop loin, et la plupart du temps l'agriculteur était incapable d'en connaître ou d'en lire les effets. À partir de quand la vitesse d'une faucheuse devient-elle problématique ? À partir de quand une moissonneuse-batteuse devient-elle efficace au point de laisser derrière elle trop peu de grain par terre pour les oiseaux hivernants ?

Les paysans n'en savaient souvent pas assez pour prendre des décisions écologiques informées, ou ne voyaient pas comment ils pourraient survivre financièrement s'ils refusaient la modernisation et se laissaient distancer par la concurrence. Quand il achetait une machine, le fermier ne faisait que se mettre à niveau, moderniser son équipement. Il n'investissait pas en pensant à la vie sauvage. Les machines n'étaient pas non plus conçues, fabriquées ni vendues en tenant compte de la vie sauvage : il ne venait pas à l'idée du concepteur du tracteur, de l'ingénieur, du commercial que ce qu'ils créaient pouvait avoir ces effets pervers. Le supermarché qui réclamait des denrées produites selon des méthodes exigeant ce niveau d'efficacité mécanique n'y songeait pas non plus. Le système entier était tellement fragmenté et spécialisé que la plupart de ses acteurs étaient, soit ignorants de ses effets indésirables, soit – et c'était pire – perdus dans une sorte de pensée magique optimiste selon laquelle la nature s'en sortirait très bien. Les effets potentiels de chaque technologie nouvelle soulevaient des questions d'une importance cruciale, mais ce n'était le boulot de personne de les poser ni d'y répondre. Il n'existait aucun mécanisme permettant aux agriculteurs ou aux écologues de juger si une technique ou une pratique agricole nouvelle était, tout bien considéré, une bonne ou une mauvaise chose, et nul ne savait vraiment à quel moment nous franchissions le seuil invisible entre l'une et l'autre.

Au cours de ma vie, j'ai été témoin de centaines de petits glissements qui, pris ensemble, aboutissaient à une transformation : les accès aux champs s'élargissaient pour laisser passer les nouvelles moissonneuses-batteuses plus performantes, les faucheuses légèrement plus larges et plus rapides, et les grosses charrues qui coupaient le sol plus profondément et faisaient davantage de sillons. Un pesticide légèrement plus puissant était pulvérisé pour protéger les cultures ; on plantait une nouvelle céréale ou une nouvelle herbe traitée avec un produit chimique ou un autre ; on passait de variétés semées au printemps à des variétés semées en hiver qui éliminaient les chaumes où les oiseaux glanaient d'habitude ; on épandait du lisier et non plus du fumier ; et un traitement de surface avec un engrais de synthèse plus riche en azote faisait pousser l'herbe plus vite, afin qu'elle soit fauchée plus tôt. Ces changements s'appuyaient sur des pratiques agricoles similaires, relativement bénignes, utilisées depuis des siècles. La différence à mon époque résidait dans des révolutions progressives en termes d'échelle, de timing, d'uniformité, de rendement et de vitesse.

En l'espace d'une trentaine d'années, les outils agricoles du poète Virgile sont passés de l'équivalent des lances et des épées sur un champ de bataille à ce qui serait plus comparable à des chars d'assaut, des avions de chasse et un arsenal chimique et nucléaire. Par la suite, la guerre culturelle inaugurée par le cri d'alarme de Rachel Carson est devenue de plus en plus polarisée et toxique. D'un côté, un groupe affirmant que l'agriculture remplissait une tâche indispensable en augmentant ses rendements et en faisant un usage raisonnable des meilleures technologies de pointe, et que tout était pour le mieux. De l'autre, ceux qui étaient convaincus que l'agriculture saccageait la Terre. L'un encourageant une sorte de foi naïve dans le fait que l'agriculture était « bonne », l'autre une sorte de rage militante stipulant qu'elle était « mauvaise ». L'un des camps se comportait comme si la seule chose à prendre en compte était une alimentation à bas prix, l'autre comme si l'alimentation ne comptait pas du tout. Chacun devait choisir son camp. La dispute sentait de plus en plus le vitriol, les arguments étaient de plus en plus réducteurs, et partout, même dans notre village, c'était en grande partie un dialogue de sourds. Mon premier aperçu de cette guerre culturelle, je l'avais eu quelques années avant, peu après mon retour d'Australie.

*

Mon père était en train d'incendier le monde. Sa silhouette se découpait sur l'horizon en haut de la butte sableuse, au-dessus des ajoncs embrasés ; de hautes langues de feu et des colonnes de fumée s'élevaient entre nous. Les flammes crépitaient et léchaient les épines desséchées. Les plus gros troncs, larges comme mon poignet, craquaient et commençaient à rougeoyer. La butte entière, des deux côtés de la fumée, n'était qu'une masse de fleurs jaune canari. Papa avançait parmi les ajoncs en les allumant sur son passage. Il tenait à la main une sorte de torche faite avec une branche et un chiffon trempé dans de l'essence. Les flammes rugissaient autour de lui. Les lapins détalaient, on voyait sautiller leur queue blanche et cotonneuse. Un merle a jailli des buissons et s'est enfui ; de petites volées de linottes et de bruants jaunes s'égaillaient vers le bout du champ.

Les ajoncs s'étaient peu à peu propagés dans le champ de la Carrière, au point d'en conquérir environ un tiers.

Mon grand-père y avait jadis élevé des poules et, plus tard, mon père y avait mis des cochons car ils amélioraient le sol sableux. Désormais, c'était un havre pour les lapins. C'était une de nos plus mauvaises parcelles, négligée pendant plusieurs années entre ces tentatives périodiques pour la dompter. Ce soir-là, mon père s'était soudain mis en tête d'y faire quelque chose. Il était sorti de la cour avec une boîte d'allumettes, un sac en plastique rempli de paille et de ficelle, et un petit jerricane d'essence. Peu après, ma mère m'avait envoyé voir s'il n'était pas en train de « s'immoler par le feu ».

Au bout d'un moment, la tempête de flammes a commencé à se calmer et à perdre de sa puissance déchaînée. En rentrant au village entre les murets de grès tortueux et argentés, j'ai croisé une voisine. Son mari était le directeur de l'école et elle possédait deux champs autour de chez elle. Elle paraissait agitée, dans tous ses états. Elle m'a demandé ce qui se passait. Et là, sans me laisser le temps de répondre, elle m'a dit qu'elle avait appelé les pompiers. Je lui ai assuré que ce n'était pas nécessaire : il s'agissait d'un feu contrôlé. C'était mon père qui l'avait allumé. C'était son feu, sur ses terres. Elle a semblé perplexe et plutôt fâchée. Mais elle était aussi un peu perdue, car c'était une amie à nous. Elle essayait de comprendre ce qui arrivait à cette butte proche de chez elle, qu'elle aimait clairement comme elle était – avant que mon père ne l'ait réduite en cendres. Elle ne vivait là que depuis cinq ans et ignorait complètement que cette pratique s'inscrivait dans un cycle traditionnel. Elle pensait que cette parcelle avait toujours été telle quelle et devait toujours le rester. J'ai bien vu qu'elle cherchait comment concilier sa colère et son respect habituel envers nous. Elle voulait des explications.

Pourquoi est-ce que ton père met le feu ?

Pourquoi est-ce qu'il détruit l'habitat des oiseaux ?

Que vont devenir les bêtes sauvages qui vivent dans les ajoncs ?

Le ton de sa voix disait en fait : pourquoi ton père se comporte-t-il de la sorte, alors que d'habitude c'est un monsieur très bien ? Qu'est-ce qui ne va pas chez vous ?

Je n'avais pas toutes les réponses. De toute manière, je ne suis pas sûr qu'elle ait été d'humeur à écouter. J'étais dans l'embarras. Je comprenais que deux visions de notre monde se heurtaient là. Mon père n'expliquait que rarement ses actes par des mots. Derrière moi, sur la butte, il faisait quelque chose d'un peu barbare, un peu sauvage ; le vent commençait à embraser un nouveau buisson d'ajoncs et les flammes rugissantes s'élançaient vers le ciel avec des craquements sonores.

Mon père avait-il songé aux nids d'oiseaux ? Je n'en avais aucune idée.

Je me sentais un peu dans la peau d'un porte-parole de l'Apocalypse. Mais j'éprouvais aussi une sorte d'envie de rébellion, et une loyauté envers lui. Je tenais à le défendre et à expliquer pourquoi il se livrait à une activité qu'elle voyait d'un si mauvais œil. J'ai donc tenté de dire que c'était par le feu que nous avions toujours traité les ajoncs, que cela entrait dans un cycle de gestion très ancien, pour les limiter quand ils devenaient trop envahissants, avant de les laisser se reconstituer pendant quelques années. Papa ne brûlait pas tous les ajoncs, il incendiait certaines zones et en laissait d'autres; les oiseaux n'étaient pas entièrement privés de leur habitat. Les ajoncs sont nuisibles sur une ferme; ils endommagent la toison des moutons. Si on n'y prenait garde, ils envahiraient entièrement le champ, qui ne serait plus bon que pour les lapins. Je crois avoir dit aussi d'autres choses, dont certaines étaient même sensées, mais j'en ai peut-être aussi dit qui se rapprochaient du mensonge. J'avais une conscience aiguë du fossé qui s'élargissait entre ceux qui trouvaient naturel et nécessaire de façonner le paysage, et ceux que cela contrariait; peut-être était-ce la différence entre ceux qui cultivaient la terre et les autres.

Après la mort de mon père, j'ai repensé à cette soirée de brûlis et j'ai pris conscience que beaucoup d'amoureux de la nature en arrivaient à la conclusion que toute agriculture et toute gestion de la terre étaient devenues indignes de confiance. Mais rejeter l'agriculture en bloc est une erreur: le champ est la base sur laquelle est construite notre civilisation entière. Nous dépendons tous pour notre survie de ces parcelles de terres sauvages qui ont été dégagées par le feu ou à la hache, ou par des herbivores avec le temps, ou encore par la charrue. Le fait que ce dégagement se soit généralement produit il y a très longtemps nous pousse à oublier cette dure vérité écologique et à presque voir les champs comme des phénomènes naturels. Mais ce n'est pas le cas (même si certains champs de foin riches en espèces, certaines prairies soigneusement broutées ou certaines pâtures boisées peuvent ressembler à des habitats sauvages) et, qu'ils soient utilisés pour la culture ou pour l'élevage, au bout du compte, pour qu'ils existent il a fallu tuer des représentants des espèces d'origine. Une grande partie des créatures qui auraient vécu dans cet espace ne le peuvent plus, car elles en sont exclues et ne disposent plus de l'espace ni de l'alimentation qui leur auraient permis de subsister. La création et l'entretien d'un champ peuvent être synonymes de vie pour certaines espèces et de mort pour d'autres, et il en a toujours été ainsi.

La vérité, c'est que nous façonnons l'écosystème assez violemment et que nous modifions le monde pour l'adapter à notre usage. Jadis, nous avons défriché nos champs pour faire pousser de quoi manger, et avons dû endurcir notre cœur et procéder à ce façonnage de l'environnement afin de produire de quoi rester en vie (comme le font encore la plupart des gens dans les pays en voie de développement). Le temps que j'atteigne l'âge adulte, rares étaient les Britanniques qui travaillaient encore la terre (moins de 2 % de la population), ce qui fait que collectivement nous avions commencé à oublier ces vérités difficiles ou à nous en détourner – comme l'avait fait la femme du directeur d'école.

La tenace vérité, c'est que nous sommes – et serons toujours – tous complices (directement ou indirectement) du fait de tuer pour nous nourrir, quel que soit notre régime alimentaire. C'était déjà une bataille bien avant que Virgile ne le dise. Les fermiers devaient se battre pour triompher des ennemis innombrables qui pouvaient détruire leur récolte ou tuer leurs bêtes : ils ont toujours été des tueurs, et qu'ils donnent dans la culture ou dans l'élevage ne changeait pas grand-chose à cette réalité. Les paysans détruisaient des habitats sauvages pour faire des parcelles cultivables, comme mon père l'avait fait ce soir-là (et, ce faisant, créaient de nouveaux habitats et de nouveaux écosystèmes pour d'autres espèces). Si vous voulez éprouver cette idée, essayez de vivre d'une parcelle sauvage et voyez combien de temps vous tiendrez sans rien tuer (et n'oubliez pas de compter les êtres minuscules ; sinon, c'est de la triche).

L'enchaînement logique est simple : nous devons cultiver pour manger et nous devons tuer (ou déplacer la vie, ce qui revient au même) pour cultiver. Être humain, c'est une rude affaire. Mais il y avait une différence entre la dureté requise par toute agriculture et la « guerre totale » industrielle contre la nature qui s'est déchaînée de mon vivant. Malgré leur inévitable rudesse, les sociétés agricoles originelles avaient souvent un code moral interdisant la surexploitation de la terre. Elles mettaient l'accent sur la nécessité de prendre la nature pour guide. Dans l'Ancien Testament, Lévitique, XIX, 9, Dieu donne à Moïse les commandements que doivent suivre les Juifs, et parmi ces règles bien connues, dont la plupart forment la base de nos propres lois, se trouve cette instruction oubliée et longtemps ignorée :

> Quand vous ferez la moisson dans votre pays, tu laisseras un coin de ton champ sans le moissonner, et tu ne ramasseras pas ce qui reste à glaner. […] Tu abandonneras cela au pauvre et à l'étranger.

Mon père n'allait pas beaucoup à l'église, mais il croyait à quelque chose de similaire. Il pensait qu'il fallait des limites et des contraintes. Il était partisan de la modération et de l'équilibre. Et il est mort en haïssant ce qu'était devenue l'agriculture. Il en avait vu assez pour savoir que ce n'était plus qu'une version corrompue de tout ce qu'il avait aimé et de tout ce à quoi il avait tenu. Pendant la dernière décennie de sa vie, il ne voulait plus rien savoir de sa logique tordue. Il était attristé par ce qu'elle avait fait aux familles, aux communautés rurales, aux animaux et à la nature. Il ne cherchait plus du tout à rattraper les gros fermiers de chez nous. Il se comportait comme si tout cela n'était qu'un jeu idiot auquel il n'avait aucune envie de participer. Il se contentait donc de soigner sa propre terre et de s'y accrocher. Il n'a jamais pu voir la nouvelle agriculture mondialisée, et ça lui allait très bien comme ça. Mais quelques mois après sa mort, ma femme Helen et moi sommes allés pour la première fois dans le Midwest américain. Vingt ans plus tôt, j'avais eu un aperçu de la nouvelle agriculture émergente en Australie (suffisamment pour savoir ce qui nous attendait), mais je savais à présent que le Midwest était la conclusion logique du mouvement en cours, le but final du rendement. Mon apprentissage agricole s'est terminé par le spectacle de ce futur sous sa forme la plus pure.

*

Nous roulions sur la voie rapide en passant devant des bâtiments de ferme décrépits dont la peinture s'écaillait, dont le bois pourrissait, et des granges à tabac croulantes que perçaient les rayons du soleil. Des voitures abandonnées, des machines agricoles rouillées, des vaches noires dans des enclos jouxtant les maisons de fermiers. Des villes qui semblaient à demi désertées, avec des boutiques condamnées par des planches et des maisons arborant le drapeau confédéré aux fenêtres et des pancartes « VOTEZ TRUMP » sur la pelouse. Des volets clos, des amas de feuilles mortes sur les perrons. Des églises dont les panneaux d'affichage promettaient la rédemption aux toxicomanes. Il tombait des flocons, mais la neige ne tenait pas.

Nous étions en route vers le cœur de l'Amérique agricole profonde, pour séjourner chez un vieil ami dans le Kentucky. L'hiver était là et semblait ne jamais devoir finir. Nous avons été accueillis dans le corps de ferme à bardeaux blancs rempli de livres. Nous avons pris des repas simples et savoureux en parlant de nos familles et de nos fermes. Mais nous avons eu beau nous efforcer d'être gais, nous avions l'impression d'avoir fait irruption dans le chagrin de quelqu'un d'autre. Le résultat prochain de la présidentielle pesait comme une menace. Cet endroit avait été jadis une contrée prospère, composée de petites et moyennes fermes. À présent, on aurait dit un paysage jonché de fantômes et de reliques.

Notre ami nous a emmenés visiter le comté dans son pick-up blanc, avec son chien de berger à l'arrière, sa boîte à outils rouge et ses clés à molette sous nos pieds. Il nous a parlé des gens de sa région, au passé et au présent, et nous a présenté des fermiers qui s'accrochaient. Tous nous ont dit la même chose : les États-Unis avaient choisi l'agriculture industrielle et abandonné leurs petites fermes familiales, et le résultat était là. Un paysage et une communauté qui tombaient en lambeaux. Ils nous ont montré des champs de colza oléagineux envahis par les mauvaises herbes parce que celles-ci étaient devenues résistantes aux pesticides utilisés en trop grande quantité. Ils nous ont décrit des montagnes éventrées pour leurs minerais, des rivières polluées, et des paysans quittant la terre ou s'y accrochant en dissimulant tant bien que mal leur pauvreté. Et plus tout allait mal, plus les gens s'orientaient vers des charlatans qui faisaient de grandes promesses et vers des boucs émissaires tout désignés sur lesquels décharger leur colère. J'avais l'impression d'avoir atterri dans un futur en panne, et les gens que je rencontrais percevaient mon malaise. « Vous n'avez encore rien vu », me disaient-ils.

Les vastes champs noirs de l'Iowa s'étendent à perte de vue. La terre, riche et profonde, est parsemée de tiges de maïs coupées. Elle reste exposée au vent et à la pluie la moitié de l'année, et produit énormément l'autre moitié. J'ai entendu la jeune femme dire qu'elle adorait ces plaines : « En été, on entend le maïs pousser. » Mais à mes yeux d'Européen, ce désert hivernal a bien peu de charme ou d'histoire.

C'est un paysage de ciels immenses – et en dessous tout est sombre, plat, morose. Il a peu de chose à proposer, à part son utilité. La ferme rappelle le tableau de Grant Wood, *American Gothic*. Et le fameux fermier et sa femme doivent être partis en ville ou regarder la télé dans la maison, car on ne voit pas grand monde dans les parages.

Tout ce qui était vieux était en train de pourrir. Les granges penchaient du côté opposé au vent, le toit à moitié arraché. Les silos de maïs et les élévateurs à grain brisaient la monotonie de l'horizon noir et plat : ils brillaient, argentés, sous le soleil. Des pyramides géantes de maïs orangé se dressaient sous la pluie, sous les bras des élévateurs. Les champs labourés s'arrêtaient aux piquets de clôture des bâtiments de ferme croulants et s'étiraient d'un bout à l'autre de l'horizon. C'était une vaste étendue de maïs, de soja et de porcheries. Le paysage agricole qu'avait exigé Earl Butz.

Je voyageais avec une agronome qui se passionnait pour la terre et pour les moyens de changer l'agriculture afin de la protéger. Les problèmes de ce paysage la peinaient d'autant plus que nous étions là chez elle et que les fermiers étaient les siens. Il est facile de juger sévèrement ces endroits quand les exploitants ne sont pas de votre famille et que vous ne voyez pas leurs yeux cernés et leurs épaules accablées par le stress dans les réunions familiales. Elle m'a dit que ce paysage avait été créé dans les supermarchés de l'Amérique, par le culte de l'alimentation à bas prix. Les clients de ces magasins semblaient ne pas savoir à quel point leur mode de consommation alimentaire était intenable, ou ne pas trop s'en soucier. La part de revenu qu'un Américain moyen consacre à la nourriture est passée d'environ 22 % dans les années 1950 à 6,4 % aujourd'hui. Mais c'est pire que cela, car la part de cette dépense qui revient au fermier a chuté, pour arriver à environ 15 cents, et elle continue de décliner. L'argent que le consommateur croit dépenser au profit des fermes va presque entièrement à ceux qui transforment les denrées et aux intermédiaires. Les gagnants sont une poignée d'entreprises géantes qui ont dans leur poche les élus et les législateurs de tous bords.

L'agronome m'a dit que l'Iowa était en train d'être emporté par le vent. La moitié de l'année, le vent qui souffle sur les champs moissonnés arrache peu à peu la couche arable pour l'emporter ailleurs, une infime particule à la fois. Cela n'a rien de spectaculaire sur une journée, mais c'est incessant. À certains endroits, quelques dizaines de centimètres de terre ont été perdus en un siècle : un gâchis sans fin et sans avenir du sol qui nourrit l'Amérique. La réalité est visible dans les congères brun sale : la richesse volée à cette terre y reste coincée l'espace d'un instant glacé avant de s'envoler pour de bon.

Si c'était ça, le futur, eh bien le futur était étonnamment minable et laid. Il ne semblait pas bien généreux envers ceux qui l'habitaient. La plupart de ces exploitations, même celles qui paraissaient prospères, étaient profondément endettées. Le paysage était une catastrophe écologique, aussi stérile qu'on peut l'être, et se trouvait à l'origine d'une zone morte dans le golfe du Mexique, où l'érosion du sol et les produits chimiques déversés dans les champs s'écoulaient via le Mississippi. Le travail était fait en grande partie par des immigrés mexicains, chassés de leurs propres fermes par les grosses entreprises américaines qui les harcelaient jusqu'à les couler. Et ce qui ne pouvait pas être accompli par de la main-d'œuvre immigrée à bas prix l'était par des machines, qui se conduisent désormais toutes seules et sont guidées par des satellites. Ces fermes peuvent imposer leur volonté à la terre comme jamais auparavant, et de plus en plus souvent le « fermier » n'a même pas besoin d'être sur place.

Nous nous sommes garés à côté d'un corps de ferme fantomatique, éclipsé par les batteries de cochons et les silos à grain rutilants qui se trouvaient derrière. Tout à coup, sortie des arbres sur notre gauche, une grande ombre noire et puissante s'est transformée, un battement d'ailes après l'autre, en pygargue à tête blanche, l'emblème des États-Unis. Il a filé par-dessus nos têtes, et mon cœur s'est emballé dans ma poitrine. L'agronome m'a appris que ces oiseaux étaient revenus depuis quelques années. « Ah, tant mieux, ai-je dit. Qu'est-ce qu'ils mangent ? » Il y a eu un silence gêné. « Peut-être les cochons morts, devant les batteries », m'a-t-elle répondu.

Nous sommes restés muets pendant que le pygargue s'éloignait à tire-d'aile.

Il n'y a pas de gagnants par ici. Les entreprises agricoles qui règnent sur ces terres ont pris de telles proportions qu'elles dépendent entièrement d'un ou deux acheteurs en position de monopole, lesquels fixent des prix abusivement bas et peuvent provoquer leur faillite à volonté. L'argent coule à flots de la terre vers les banques qui financent la dette sur laquelle l'ensemble est construit, vers les compagnies qui vendent les tracteurs et les machines, les fabricants d'engrais de synthèse et de pesticides, les fournisseurs de semences et les assureurs. Et pourtant, si on les juge uniquement comme des responsables d'entreprises productives, en ne s'intéressant qu'au rendement et à la performance (et en faisant abstraction de la consommation de carburants fossiles et de la dégradation écologique), ces nouveaux agriculteurs sont des champions, les meilleurs éleveurs et cultivateurs ayant jamais vécu. En l'an 2000, le fermier américain moyen produisait à l'heure douze fois plus que son grand-père en 1950. Et ce rendement stupéfiant siffle la fin de partie pour la plupart des
Royaume-Uni, le nombre d'exploitants lait
que divisé par deux, passant de 30 000 en
12 000 aujourd'hui. Il s'ensuit que le no
laitières en Grande-Bretagne a été div

vingt ans. Le simple fait que la production laitière soit restée stable démontre la productivité des exploitants restants et de leurs super-vaches.

Ces statistiques se sont traduites par des vies transformées, des régimes et budgets alimentaires modifiés et des modes de vie complètement nouveaux dans le monde entier. La part du revenu des ménages britanniques consacrée à l'alimentation et à la boisson est passée d'environ 35 % dans les années 1950 à 10 % aujourd'hui (un peu plus dans les foyers à faibles revenus, disons 15 %). L'argent que nous dépensions autrefois dans la nourriture a été libéré pour le logement, les loisirs, les biens de consommation tels que voitures, téléphones portables, vêtements, livres et ordinateurs, ou des postes comme les emprunts immobiliers et les loyers, et pour des vacances à l'étranger que peu de gens pouvaient s'offrir il y a une génération ou deux. Le monde moderne est une émanation de ce gain. Mais ce mode de vie et de consommation a engendré dans le même temps des pressions énormes à la source, dans les champs, où les fermiers ont été forcés de rechercher le moindre gain de productivité. Il existe un lien direct entre la disponibilité d'une alimentation peu chère et le fait que les agriculteurs aient dû adopter des techniques industrielles pour travailler leur terre. Et plus l'agriculture s'est industrialisée, moins nous nous sommes sentis impliqués.

Alors que jadis votre grand-mère achetait un poulet chez le boucher du coin ou à un paysan au marché, à qui elle pouvait demander comment il avait été élevé, nous nous procurons maintenant une viande anonyme déjà découpée, désossée et emballée sous plastique. On nous cache la réalité de la vie et de la mort du poulet comme si nous étions des enfants. Dans notre grande majorité, nous ne songeons pas à en garder la carcasse pour faire un bouillon ni à préparer une série de repas avec toutes ses parties. Nous ne savons plus accomplir les tâches primordiales qui permettent de consommer l'animal : tuer, plumer, équarrir. Pas plus que nous n'avons d'influence sur la manière dont il est élevé. L'industrie agroalimentaire est tellement énorme qu'elle risque peu de remarquer nos inquiétudes quand nous nous trouvons devant un rayon au supermarché.

Autrefois, la production alimentaire locale permettait davantage aux gens de constater, de juger et d'influencer les conditions d'élevage. Dans ces transactions en face-à-face entre nos grands-mères et l'éleveur ou le boucher, celles-ci pouvaient lui dire ce qui leur plaisait ou non. Le marché alimentaire local était davantage qu'un échange de liquidités et de biens de consommation, c'était aussi un échange de savoir et de valeurs ; il liait les gens au sein d'une sorte de morale partagée sur la manière dont les choses devaient être faites. Le système alimentaire de la grande distribution, pour sa part, nous a dit que nous n'avions plus à nous préoccuper de ces choses-là. On nous encourage à rester apathiques et indifférents. Presque tous les scandales alimentaires qui ont érodé notre confiance dans l'agriculture ont été le résultat de la course aux prix bas – par le biais de pratiques douteuses, les fermiers et les autres maillons de la chaîne ayant cherché à rogner discrètement sur la qualité en faisant des choses que leurs pères et grands-pères n'auraient jamais imaginé commettre, afin de rendre la nourriture moins chère qu'elle ne devrait l'être en réalité.

C'était un raisonnement d'école de commerce appliqué à la terre, où les questions d'éthique et de nature étaient repoussées aux marges de la conscience. Il n'y avait pas de place pour les sentiments, pour la culture ni pour la tradition, aucune compréhension des contraintes naturelles ni des coûts. L'état d'esprit moderne ne reconnaissait pas la validité de ces éléments externes. C'était une agriculture réduite à un défi financier et technique, plutôt que comprise comme une activité biologique. C'était exactement ce qu'exigeait la grande distribution, car cela garantissait des réserves alimentaires toute l'année, avec une parfaite uniformité du produit. Nous nous persuadions que l'agriculture était un secteur d'industrie comme les autres, soumis aux mêmes règles que n'importe quel autre – mais aujourd'hui, cela paraît être l'idée la plus inconséquente qui soit.

La société que nous avons créée cultive l'obsession pour le choix et l'éthique alimentaires, tout en déconnectant le consommateur du savoir agricole nécessaire pour faire ces choix. Les gens s'inquiètent de *ce* qu'ils doivent manger, mais ont largement perdu de vue *comment* leur environnement devrait être cultivé et quelles denrées il pourrait produire de manière durable. Nous sommes devenus illettrés en matière d'agriculture et d'écologie. C'est une catastrophe culturelle, parce que le défi mondial d'une vie saine sur cette planète se joue à l'échelle locale. Comment pouvons-nous travailler la terre avec les procédés les plus durables et les moins nuisibles ? Et quels produits cette agriculture locale peut-elle mettre dans nos assiettes ? Ceci n'est pas un appel à manger exclusivement local – j'aime autant les bananes que tout un chacun –, mais un rappel du bon sens qui voudrait que notre alimentation soit, pour l'essentiel, produite autour de nous et sous nos yeux.

Les économistes se trompent. L'agriculture n'est pas un secteur comme les autres, car – et c'est crucial – elle s'inscrit dans un cadre naturel et affecte la nature de manière directe et profonde. Toutes les grandes études de la vie sauvage en Grande-Bretagne ces dernières années ont révélé la même chose : une perte de vie sauvage stupéfiante et très rapide sur les terres agricoles. Selon une étude très fouillée, la Grande-Bretagne figurerait parmi les pays « les plus déficitaires en nature au monde ».

D'un point de vue écologique, les effets de la mutation de l'agriculture sont tout noirs ou tout blancs, car nous jugeons les résultats au lieu de nous intéresser aux causes et aux processus. Les causes humaines, comme ma famille en a fait l'expérience, ont été complexes, déroutantes, difficiles à appréhender. Cela aurait été bien plus simple si j'avais pu désigner les bons et les méchants et raconter une fable avec une morale. Mais la réalité est plus compliquée et nuancée que cela, même d'un point de vue éthique. Ma famille et mes amis, ceux qui ont fait tout cela, étaient des gens bien, pas des imbéciles ni des vandales. Ils subissaient une pression financière énorme. Le stress élevé et le travail écrasant ne fournissent pas les bonnes conditions pour voir et apprécier la nature, ni pour mener une réflexion éclairée. Une partie des critiques visent les derniers fermiers subsistants, dont la plupart se ruinent à essayer de conserver leur terre et leur mode de vie, au lieu de s'attaquer au pouvoir économique et politique. On considère souvent que ce sont eux qui conduisent l'agriculture dans le mur. Mais c'est aussi absurde que reprocher aux caissiers sous-payés des supermarchés les péchés des entreprises multimilliardaires pour lesquels ils travaillent.

Il ne faut pas croire pour autant que les anciennes méthodes étaient parfaites : elles ne l'étaient pas. Certains changements étaient bénéfiques et nécessaires, et peut-être inévitables. Nous ne sommes pas passés d'un paradis bucolique à un enfer industriel. Certains paysans s'efforcent encore vaillamment de conserver le respect et l'amour de la terre qui ont toujours prévalu chez eux. Certaines fermes modernes ont amélioré le bien-être animal et réduit les taux de maladies ; les bêtes n'étaient pas toujours bien traitées dans les anciennes fermes, et toutes ne sont pas maltraitées dans les nouvelles. Une partie des changements ne sont que l'évolution de méthodes anciennes, par exemple l'élevage sélectif. Dans la pratique, les exploitations agricoles de Grande-Bretagne et d'ailleurs, y compris la nôtre, se situent toutes quelque part sur un spectre allant du système traditionnel au système le plus intensif. Presque toutes se sont modernisées, mais certaines bien plus que d'autres. « Agriculture » est désormais un terme qui cherche à englober un éventail complexe d'activités.

Et donc, maintenant que nous cherchons désespérément un moyen d'arranger les choses, il nous faut éviter les solutions trop simplistes. L'histoire nous donne de nombreux exemples de pensée réductionniste appliquée à l'agriculture, et qui ne fait qu'aggraver la situation. Les solutions miracles ont généralement des conséquences imprévues.

En 1915, le gouvernement allemand s'inquiétait d'une pénurie alimentaire en raison des blocus imposés par les forces alliées. Il en a conclu que la meilleure solution était d'abattre les cinq millions de cochons présents dans le pays. Le raisonnement était que ces bêtes consommaient trop de calories végétales qui pouvaient être mieux utilisées pour les humains. Ce grand abattage a été baptisé le *Schweinmord*, ou « massacre des cochons ». La logique semblait imparable. Mais les responsables politiques n'avaient pas compris le rôle des cochons dans la fertilisation des terres par le fumier, ni le fait que ces bêtes mangeaient les déchets des récoltes et des moissons, convertissant ainsi de la matière organique immangeable ou gâchée en alimentation hautement nutritive pour les humains. Dans la pratique, ce fut un désastre. L'année suivante, les récoltes ont été mauvaises et la nourriture encore plus rare qu'auparavant.

Beaucoup de gens se sont laissé berner par la propagande commerciale de l'agriculture super-industrielle. En particulier par l'argument selon lequel celle-ci devait résoudre tous les problèmes en balayant l'ancienne agriculture moins efficace, en augmentant le rendement des fermes les plus industrielles, voire en libérant des terres pour les rendre à la vie sauvage. Sauf qu'il y a un problème. La nouvelle agriculture super-industrielle n'est pas durable : c'est la plus destructrice de la planète, tant en ce qui concerne le climat qu'en ce qui concerne l'économie. Il semble bien que ses jours soient comptés, simplement parce qu'elle saccage les ressources naturelles et qu'elle détruit et gâte la terre.

Selon les Nations unies, il reste deux milliards de fermiers sur Terre. L'immense majorité d'entre eux ne sont pas des exploitants high-tech, à grande échelle ni hautement mécanisés. Environ 80 % des humains sont encore nourris par ces petits paysans, dont les récoltes et le bétail sont des éléments vitaux pour soutenir l'agriculture à l'avenir, qu'elle soit super-industrielle ou non.

Il est établi depuis longtemps, grâce à des auteurs comme Jane Jacobs, que les villes et zones urbaines trop spécialisées – trop monoculturelles, trop modernes, trop dépendantes des énergies fossiles – fonctionnent moins bien dans la pratique que celles qui sont diverses et qui mêlent l'ancien et le nouveau. L'ancien et le nouveau se fertilisent mutuellement de toutes sortes de manières inattendues. Il en va de même pour l'agriculture. Loin de rendre obsolète l'agriculture à l'ancienne, ses végétaux et son bétail, l'agriculture intensive en a besoin pour sa survie même. En effet, l'agriculture la plus intensive du monde s'appuie lourdement sur la diversité génétique offerte par les anciens systèmes agricoles. Les paysans les plus « rétrogrades » du monde ne sont ni anachroniques ni obsolètes, bien au contraire : ils forment une réserve de ressources vitale pour l'avenir.

Or, une grande partie de l'agriculture diversifiée qui subsiste se trouve aux marges – dans les montagnes, les lieux reculés, les déserts, les forêts ou les jungles du monde ; dans des endroits où l'isolement, la pauvreté, le manque de développement, le climat, l'altitude, la latitude, le type de sol, les risques de maladie ou la durée de la saison de pousse empêchent l'agriculture intensive de dominer et de balayer les pratiques ancestrales. Ces milieux sont emplis de variétés particulières de plantes domestiquées et de races anciennes de bétail. C'est dû au fait que depuis plus de dix mille ans, les humains ont été obligés d'essayer empiriquement toutes sortes de méthodes différentes. Dans la « bibliothèque » mondiale de l'agriculture, on trouve tout un éventail de solutions à un million de défis et problèmes locaux.

Les firmes géantes parcourent ces terres historiques pour tenter d'identifier, de s'approprier et de breveter les richesses qu'elles contiennent. Quand les variétés de céréales ou de maïs les plus productives ne parviennent pas à résister à de nouvelles souches de maladie ou à des changements de climat, les agronomes cherchent la solution dans la diversité des semences anciennes présentes dans les rares systèmes agricoles historiques qui subsistent. Quand les cochons à croissance rapide élevés en batterie sont terrassés par la maladie ou par une forme ou une autre de stress, les agronomes recherchent la solidité, la vigueur et la résistance aux maladies dans la bibliothèque de cochons anciens qui existent soit dans la nature, soit dans des systèmes agricoles historiques. La capacité de nos descendants à se nourrir dans des siècles sera peut-être déterminée par la survie ou non d'une variété encore obscure de céréales ou de pois, ou d'une race archaïque de petite vache, de cochon velu adapté au froid ou de poule résistante à la chaleur dans une cour de ferme boueuse et pentue, dans un recoin « rétrograde » où ni vous ni moi ne mettrons jamais les pieds. Si cette poule rustique ou ce cochon hirsute portent en eux une pièce particulière du puzzle génétique, leur existence pourrait se révéler vitale.

Le fait plus important que nous sachions sur le futur – qu'on parle en termes économiques, climatologiques ou biologiques –, c'est qu'il est imprévisible. Nous devons donc entretenir notre bibliothèque de diversité agricole et y conserver les éléments dont nous savons avoir besoin, mais aussi bien d'autres dont nous ignorons encore qu'ils nous seront indispensables à l'avenir. La force de la diversité est de nous apporter résilience et résistance pour plus tard. Elle nous donne le choix. Elle dilue les risques.

L'élément critique, c'est que la diversité agricole ne survit pas vraiment en laboratoire ou en éprouvette.

rtaines espèces indispensables et la plupart ssentiels pour notre avenir sont dépendants : ils ne survivent que si l'on s'en sert. Les ıaux de ferme ont besoin de populations suffisamment nombreuses, réparties dans un grand nombre de troupeaux, et d'économies locales viables pour conserver leur diversité génétique, leur santé et leur vigueur. Les semences anciennes doivent être cultivées dans toutes leurs variétés, à la fois pour que les anciennes se perpétuent et pour que de nouvelles se développent. Cela veut dire que les fermes et les systèmes agricoles qui emploient ces semences et ces bêtes doivent trouver le moyen de rester en vie et de prospérer, de faire du commerce et d'être économiquement indépendants. Un autre fait sous-estimé est que l'agriculture intensive se tourne souvent vers les systèmes plus anciens pour produire ses matériaux bruts ou ses animaux d'élevage. Les gros éleveurs d'Europe achètent des brebis issues des troupeaux d'alpage ou des vaches de pâturage pour le renouvellement de l'espèce, plutôt que de gaspiller leurs terres les plus productives à les élever eux-mêmes.

Nous ne pouvons pas conserver uniquement l'agriculture la plus intensive et éliminer tout le reste. Sa productivité masque sa dépendance envers les systèmes plus anciens, plus traditionnels ; elle en a besoin à long terme. Cette question ne peut être résolue que par la protection des systèmes anciens.

La Grande-Bretagne est encore l'un des milieux les plus riches de la planète en ce qui concerne la diversité de l'élevage, en raison de son histoire agricole unique et parce qu'elle bénéficie d'un des terrains les plus favorables au monde pour faire pousser du fourrage. Nos îles sont le lieu de naissance de centaines d'espèces d'ovins, de bovins, de cochons, de chèvres, de chevaux et de poneys – dont la plupart sont restées cramponnées à la périphérie de la nouvelle agriculture, dans des petites propriétés et des fermes à l'ancienne reculées, où elles ont des défenseurs acharnés dans la communauté agricole. Alors que de vastes zones du monde étaient converties à l'élevage moderne au cours des deux ou trois derniers siècles, bon nombre des bêtes élevées chez nous sont issues de pures races britanniques ou de leurs hybrides. On élève des vaches hereford et aberdeen angus, des moutons suffolk et leicester et des cochons large white jusqu'au Texas, en Australie-Occidentale, en Afrique du Sud et en Ukraine. En Grande-Bretagne, la vie des paysans tourne encore souvent autour des systèmes historiques fondés sur ces différentes races. Il est vital de savoir comment les élever et d'en conserver le savoir-faire.

Le monde a déjà beaucoup puisé dans notre bibliothèque de diversité agricole pour nourrir des centaines de millions d'êtres humains, ces derniers siècles. Ce n'est pas le moment de perdre les espèces et les semences anciennes. Il faut réfléchir de manière holistique, car nous avons besoin de produire de grandes quantités de bonne nourriture, et cela de manière durable ; nous avons besoin de diversité agricole, et nous avons besoin de nature en abondance.

Nous ne pouvons pas nous passer entièrement du rendement ni du changement technologique, ce serait idiot : nous sommes bien trop nombreux. Nous nous dirigeons vers un monde peuplé de plus de 10 milliards d'âmes d'ici 2100, et si toutes les fermes ont trop peu de rendement, alors notre espèce devra utiliser une encore plus grande surface de la planète pour nourrir tout le monde, ce qui ne laissera quasiment pas de place pour la nature sauvage. Si tant d'écologistes sont séduits par les gains de rendement agricole, c'est parce que ce serait un moyen de nous nourrir avec une plus faible proportion des terres. La vérité complexe est que nous avons effectivement besoin de gagner en rendement et que nous ne pouvons pas vivre complètement dans le passé. Ce qu'il faut, c'est trouver un équilibre et garder en tête que d'autres choses comptent aussi. Nous devons envisager le problème clairement et globalement – et non un sujet à la mode après l'autre, comme c'est souvent le cas. Et le temps presse : c'est maintenant qu'il faut agir.

En rentrant du Midwest, nous avons vécu le pire hiver que j'aie jamais connu. Il s'éternisait sans fin, dans une succession de tempêtes, d'arbres abattus par le vent, de pluie, de grésil et de neige. La terre est restée détrempée pendant des semaines, il y avait des flaques et de la boue partout. Et pour couronner le tout, nous avons eu la pire des tempêtes : il est tombé en une journée trente-cinq centimètres d'eau sur le sol déjà saturé. Les lacs étaient pleins, le sol gonflé comme une éponge, et voilà qu'arrivent les pires précipitations jamais enregistrées dans nos vallées. La tempête se déchaînait sur les maisons en vagues battantes, énormes, violentes ; nous nous sentions comme des crabes se blottissant dans un coquillage au fond de la mer. Le lendemain matin, les coteaux étaient parcourus par des torrents qui n'avaient jamais été là.

Au-dessus de nous dans les collines, le bassin rocheux situé au pied d'Helvellin était devenu un vaste réservoir qui canalisait les précipitations vers le village. L'eau formait un large torrent boueux qui sautait sur les rochers ; elle a pris de la vitesse pour devenir toujours plus violente, arrachant pierres et roches, dégringolant à flanc de coteau, creusant ses rives. Ne trouvant pas d'espace dans le lit de rivière empli de gravier qui traversait le village, elle a démantelé les murs qui soutenaient habituellement les berges et débordé sur les quais. Elle s'est creusé un chemin à travers les routes et a arraché l'asphalte pour le rejeter sur le trottoir d'en face. Elle s'est insinuée sous les portes et dans les boutiques, les hôtels et les cuisines. Alors que les gens se réfugiaient dans les étages, le torrent a traversé tout le village et poursuivi son chemin vers le lac. À chaque heure qui passait, il charriait des milliers de tonnes de cailloux et de rochers pour les déposer en tas dans les champs aux abords du lac et dans tout le village.

Ce torrent, ainsi que des dizaines d'autres, dégringolait des collines pour plonger dans la soupe brune écumante qu'était devenu le lac d'Ullswater. Il a soulevé et enterré des routes et des cuisines de ferme, des champs et des clôtures, et a déraciné des arbres avant de les emporter. De l'autre côté de notre colline, le lac a continué de monter et a engendré un cours d'eau qui gagnait en puissance à chaque minute. Des alertes inondation ont résonné en aval et sont apparues sur des écrans d'ordinateur dans la moitié du nord de l'Angleterre. Et la pluie tombait toujours à seaux.

Les gens ont commencé à s'inquiéter pour le vieux pont de Pooley, avec ses arches, et les voitures ont été interdites de passage. La marée brune exerçait de plus en plus de pression, et soudain le vieux pont s'est écroulé et a été emporté comme s'il avait été fait en pâte à biscuit. Plus bas, l'eau montait dans des champs habituellement hors d'atteinte, autour des vaches et des moutons. Les fermiers ont tenté de mettre leur bétail hors de danger. Des amis à nous sont allés avec leurs chiens rassembler leur troupeau à distance du torrent boueux. Les moutons se tenaient sur une bande de terrain légèrement surélevée, entourée d'eau. Un berger sait dans ses tripes ce qu'il en est : une fois sur deux, ils se comportent raisonnablement et peuvent être sauvés ; mais l'autre moitié du temps, ils paniquent, plongent et se font emporter. La vie et la mort, réduites à un simple pari fatal. Les bergers aussi peuvent facilement se noyer, ainsi que leurs chiens. Certains laissent leurs moutons se débrouiller en espérant qu'ils sauront se mettre en hauteur le temps de survivre au pire. D'autres ne peuvent pas s'empêcher d'intervenir.

Nos amis ont envoyé le plus expérimenté de leurs chiens en contrebas des moutons pour qu'il les pousse vers une clôture d'où il pourrait les attraper. Ils se sont lentement déplacés du bord de l'eau vers l'enclos de fortune formé par la clôture – juste à temps, car l'eau recouvrait déjà l'herbe là où ils s'étaient d'abord réfugiés. Mais soudain, une brebis plus excitée a filé et sauté dans l'eau profonde. Avant que le fermier n'ait pu les arrêter, toutes ont suivi et se sont fait emporter vers l'aval, ballottées par le courant. Quelques-unes ont été retrouvées plusieurs jours après, quand l'eau s'est retirée, à des kilomètres, le ventre enflé. Certaines étaient suspendues dans les arbres. La plupart n'ont jamais été revues ; d'autres encore sont mortes à l'étable, noyées ou écrasées par des coulées de boue.

Le gardien d'un terrain de golf a trouvé une vache qui errait sur le fairway. Sa robe noir et blanc était magnifiquement propre ; pendant la nuit, elle avait été emportée par le torrent furieux et recrachée sur le golf, tel Jonas dans le livre d'histoires bibliques illustrées que j'avais lorsque j'étais enfant. Son propriétaire n'en croyait pas ses oreilles quand le club l'a appelé : l'animal avait parcouru plus de vingt-cinq kilomètres dans l'eau.

Notre région en est ressortie dans un sale état : les champs étaient jonchés d'ordures, il y avait des débris partout. Même là, la perte des uns profitait aux autres. Un fermier de notre connaissance avait bénéficié d'une plus petite crue le mois précédent : des centaines de tonnes de bon bois de cheminée avaient été déposées sur ses terres. Il s'en était vanté auprès de ses amis en répétant : « Qui trouve garde. » Et puis cette seconde inondation avait tout emporté pendant la nuit : il ne lui restait plus une brindille. Ses amis, hilares, lui disaient : « La roue tourne, que veux-tu ! »

Tout le monde est resté perplexe, dérouté par ce qui venait d'arriver. À Carlisle, le pont qui enjambe l'Eden portait la marque de la plus haute crue depuis un siècle et demi. Pas une fois depuis, les eaux n'avaient dépassé cette marque…, sauf au cours des cinq dernières années, où le record avait été battu deux fois : la première fois de cinquante centimètres, la seconde d'un mètre. Nul n'avait jamais vu des pluies pareilles. La crue a provoqué des millions de livres de dégâts et détruit des milliers d'habitations en plaine. Dans la ville, des centaines de maisons avaient été inondées. Une fois l'eau repartie, les gens ont entièrement retourné leurs maisons : meubles et objets étaient jetés dans les rues en tristes tas, puis dans les bennes à ordures. La saleté tachait les murs.

Pendant les semaines et les mois qui ont suivi, on s'est mis à parler de la gestion des terres en amont de Carlisle, même à des kilomètres de là, en remontant dans notre vallée. Les fermiers de ma connaissance semblaient abasourdis par la quantité de pluie tombée. Les systèmes fluviaux qu'on avait cru robustes apparaissaient maintenant fragiles et incapables d'affronter ce qui leur tombait dessus. Et on dit que cela deviendra pire, bien pire.

Les paysans sont toujours partis du principe que la nature pouvait s'adapter à tout ce que nous faisions à la terre, mais ce n'est plus crédible. Notre capacité à violenter Mère Nature a augmenté de manière exponentielle de mon vivant, sous le masque du progrès. Et à cause de cela, nous avons détruit les paysages à une échelle à laquelle nos ancêtres n'auraient pu croire. L'ancienne croyance voulant que le monde naturel dispose de réserves et de ressources illimitées a été mise à l'épreuve jusqu'au point de la destruction. L'idée que la nature puisse être vulnérable passait pour une propagande hippie ou communiste aux yeux des générations de mon grand-père et même de mon père. Mais nous en avions maintenant la preuve : la nature n'est ni infinie ni indestructible.

Notre société a raison de se préoccuper de l'agriculture. L'aspect scientifique de ce qui est arrivé est glaçant, et le fait que la perte des espaces naturels augmente toujours davantage est encore plus terrifiant. Nous incendions des forêts, emplissons l'atmosphère de gaz à effet de serre, polluons les mers avec le plastique et tuons les espèces à une vitesse effarante. La conscience de ces tristes vérités marque la différence entre l'époque de mon grand-père et la mienne. En tant que fermiers, nous devons maintenant concilier le besoin de produire plus de nourriture que toute autre génération avant nous et la nécessité de le faire de manière durable, selon des méthodes permettant à la nature de survivre avec nous.

Nous pensions avoir laissé derrière nous l'époque où il fallait connaître de basses réalités comme le fumier animal, la culture des plantes, l'alimentation du bétail et la fabrication du foin. Et parce que nous n'accordions pas de valeur à ces choses-là, ni aux anciens usages, nous avons tourné le dos à des pratiques qui fonctionnaient et oublié les connaissances et le savoir-faire d'autrefois. Nous ne savions pas apprécier le paysage en patchwork des fermes familiales à habitat mixte et rotation du pâturage et des cultures, et c'est ainsi que nous avons laissé les campagnes devenir plus « efficaces », « monocultivées », « stériles ». Nous ne savions pas apprécier les champs de foin pleins de fleurs sauvages, d'insectes et d'oiseaux, et nous les avons laissés disparaître aussi. Nous ne savions pas apprécier la terre vivante sous nos pieds, c'est pourquoi nous l'avons laissée se tasser, s'éroder, cesser de s'épanouir. Nous ne savions pas apprécier les haies et les petits bois, c'est pourquoi nous avons fermé les yeux quand ils ont été arrachés. Nous ne savions pas apprécier les choses simples, comme des vaches broutant dans les prés, des cochons se roulant dans la boue, des poulets picorant dans la poussière d'une basse-cour, c'est pourquoi ils ont fini dans de vastes complexes industriels. Nous ne savions pas apprécier le fait que la bouse compacte qui sortait du cul des vaches était bonne pour la terre, c'est pourquoi nous n'avons pas pleuré quand leur alimentation est passée à l'ensilage et qu'elles se sont mises à produire un purin acide qui tue le sol.

Nous vénérions les machines, c'est pourquoi nous nous sommes réjouis qu'elles grossissent de plus en plus et qu'elles puissent refaçonner les champs et laisser à peine un grain d'orge par terre. Nous pensions si peu à la manière dont poussaient les cultures – du moment que notre pain n'était pas cher – que nous n'avons rien fait quand elles ont été aspergées de poisons. Nous n'avons même pas remarqué, ou ne nous en sommes pas souciés, quand les champs ont été ensemencés à l'automne au lieu du printemps, pour produire de stériles champs verts où les oiseaux ne pouvaient plus se nourrir l'hiver.

Nous pensions que ce n'était pas notre boulot de le savoir, ou de nous y intéresser. Nous étions trop occupés à autre chose. Et si des firmes géantes voulaient bien nous donner ce que nous voulions (et nous raconter de doux mensonges sur leur manière de faire), nous n'avions rien contre. Mais c'était une illusion, une arrogance industrielle, un futur qui ne fonctionnait pas : une dystopie. C'est maintenant seulement que nous nous réveillons lentement de ce douillet coma et prenons conscience que nous sommes bien loin des champs qui nous nourrissent et de la connaissance nécessaire pour faire les bons choix. Ce que nous savons dans notre cœur – même le plus optimiste d'entre nous le sait –, c'est qu'il faudra du temps et de la foi, et des changements structurels radicaux dans notre relation à la nourriture et à l'agriculture, pour retrouver le chemin.

Mon héritage est ancien : j'ai la chance de vivre et de travailler sur des terres très aimées. Depuis l'instant où j'ai regardé ces champs familiers dessinés sur ces vieux actes à l'office notarial, j'ai su que c'était à la fois une bénédiction et un privilège – et un sombre défi professionnel et financier. J'ai su que nous pouvions vivre dans un lieu extraordinaire entouré de nature et de beauté, mais j'ai eu un profond sentiment d'obligation familiale.

(Je ne suis pas censé vendre la ferme, ce serait trahir la confiance que m'accordait mon père.) J'ai su que j'étais désormais marié à ces terres, pour le meilleur et pour le pire.

De la manière la plus pragmatique et réaliste qui soit, j'ai commencé à songer à la manière dont nous façonnions le sol. J'allais devoir trouver comment créer une ferme qui nous permette de vivre, tout en régénérant le mieux possible notre terre et ses écosystèmes. Je savais que nous devions faire preuve d'honnêteté vis-à-vis du passé et du présent, mais aussi faire preuve d'imagination et de courage pour envisager l'avenir. Je savais aussi que tout en respectant le travail et le savoir de mon père, je serais libre de changer les choses si nous pouvions trouver des moyens de le faire.

Mais comment ? Quel avenir pouvions-nous façonner pour nos enfants ? J'étais déjà fermement décidé à ne pas intensifier ni agrandir, à ne pas prendre d'énormes risques financiers ni transformer nos champs en usines. Mais je ne voyais pas non plus comment gérer notre terre tout en respectant la nature, en produisant moins, sans finir ruiné. Je savais que si nous cultivions de manière plus durable – et personne ne voudrait nous payer à le faire –, ce serait la faillite assurée. Les applaudissements des gens de la classe moyenne qui « se soucient de l'environnement » ne valent pas grand-chose face à un banquier qui vous dit non. Nous allions devoir prendre une direction difficile et déjà compromise : être assez bons fermiers pour payer nos factures, tout en continuant de servir la vie sauvage sur nos terres afin de pouvoir garder la tête haute et regarder nos enfants, et peut-être un jour nos petits-enfants, dans les yeux.

Utopie

Après plus de trente ans, j'ai enfin trouvé en moi l'honnêteté de me tenir sur ce morceau de terre que ma propre histoire imprègne et qu'elle a tant endommagé, et de me demander : Quel est ce lieu ? Que contient-il ? Quelle est sa nature ? Comment faut-il que les hommes y vivent ? Que dois-je faire ? Je n'ai pas trouvé les réponses, mais je pense que, de manière partielle et fragmentée, elles commencent à se présenter à moi.

Wendell Berry, *A Native Hill* (1968-1969)

Je pense que la spécialisation est fatale. Et que toutes sortes de choses nous le confirment, et que plus nos compétences sont diversifiées, mieux c'est.

Jane Jacobs, entretien avec James Howard Kunstler (mars 2001), cité dans *Jane Jacobs: The Last Interview and Other Conversations* (2001)

Les vieux sont assis sur les « beaux » sièges, auxquels s'ajoutent quelques chaises de jardin apportées pour les invités. Ils tiennent une canette de bière d'une main et un verre à demi plein de l'autre. La salle à manger de ces vieilles fermes est encore souvent réservée aux grandes occasions : les enterrements, les baptêmes et les rassemblements comme celui-ci. Un petit martin-pêcheur en porcelaine, perché sur le manteau de la cheminée, se tient prêt à plonger dans les motifs compliqués du tapis. La pluie fouette la fenêtre grise.

La maison est impeccable, propre et rangée, certainement après des semaines d'efforts, et il y a assez à manger pour nourrir tout le monde deux fois. Les fières ménagères de la famille ont couvert la table de pains maison, de feuilletés à la saucisse, de sandwichs, de chutneys et de salades, de viande froide et de desserts. Elles s'agitent autour de nous comme des mères poules en s'inquiétant de savoir si nous avons mangé, si nous avons bien eu notre thé. La jeune fille de la famille (partie il y a des années vivre dans un monde moderne qui ne fonctionne plus comme celui-ci) a l'air de penser qu'elle a fait un voyage dans le temps qui l'a ramenée dans les années 1970. Il est clair qu'elle endure héroïquement cette domesticité désuète par respect et par amour pour ses parents. Je capte son regard et elle m'envoie un sourire crispé, comme pour dire : « Oh non…, ce que je pense se voit tellement ? » Et je souris à mon tour pour lui faire comprendre que ça ne fait rien.

Nous fêtons les soixante-dix ans d'un des meilleurs amis de mon père, David, un homme de petite taille aux jambes arquées et au torse en tonneau, ce qui lui donne l'air de déborder d'une force trop grande pour son corps. C'est une vraie pile électrique, toujours surexcité par une nouvelle idée, un projet.

La fête est tout à fait typique du comté de Cumbria. Je suis entouré par les amis de mes parents, ce qui me donne l'impression de n'être pas complètement adulte. Mais ces gens sont les miens, pour le meilleur et pour le pire. Les hommes viennent me parler tour à tour pour prendre de mes nouvelles et me donner les leurs. À l'autre bout de la pièce, d'autres me sourient franchement. Quand j'étais plus jeune, je croyais que ces conversations servaient à me juger et qu'on me trouvait faible et idiot. C'était peut-être le cas. Mais je comprends maintenant que les histoires que nous nous racontons nous lient étroitement, un peu comme le babillage nerveux des moineaux dans un buisson d'aubépines.

L'un des vieux me dit à mi-voix qu'il est fier de moi, et je relève les yeux pour voir s'il plaisante, mais non. Je ne m'y attendais pas. David s'approche de moi. Je le connais depuis tout petit. Je l'ai toujours bien aimé, mais ce n'est que depuis quelques années que je vois réellement à quel point il est fin et gentil. Il a passé un moment avec moi pendant la veillée funèbre de mon père et nous avons bu un coup ensemble. Il m'a dit qu'il avait été ami avec papa toute sa vie, un de ses meilleurs amis. Nous avons versé une larme et partagé un sourire, et il m'a raconté une anecdote amusante sur mon père qui, à vingt ans, s'est fait remonter les bretelles par le père d'une petite amie parce qu'il l'avait ramenée tard chez elle ; à ce moment-là il y avait eu de l'agitation dans la grange, et il avait fini par aider une vache à mettre bas avec le père de sa copine. Maintenant que papa était mort, il m'a dit qu'il essaierait d'être un aussi bon ami pour moi qu'il l'avait été pour lui.

La promesse semblait sincère, et il l'a tenue. Il vient à la ferme deux ou trois fois par an pour me conseiller discrètement, et il est là chaque fois que j'ai des questions que j'aurais posées à mon père. Il achète des béliers pour moi, comme il le faisait pour papa, et il est présent dans les ventes pour s'assurer que mes moutons partent à un bon prix. J'ai quarante-cinq ans et on veille encore sur moi. David n'était pas obligé de faire ça. Je ne m'y attendais pas, et j'en suis touché. Il m'a pris sous son aile, et il trouve ça tout naturel ; il est comme ça, c'est tout. Aujourd'hui, il me confie qu'il aurait aimé que mon père soit là pour son anniversaire. Moi aussi, lui dis-je.

Ils ont grandi ensemble, tondu des moutons ensemble pour se faire des sous, sont allés au bal, ont couru les filles, ont conduit trop vite, ont fait les quatre cents coups et ont continué de vivre côte à côte quand, arrivés à l'âge d'homme, ils ont fondé leur famille. Chacun a vu l'autre se battre, emprunter trop d'argent pour acheter des terres et parvenir à rembourser les prêts, et finalement réussir à aller au bout de ses projets. Il y a quelques années, David est tombé gravement malade. Mon père est allé le voir à l'hôpital et en est revenu bouleversé. Il pensait lui avoir dit au revoir pour la dernière fois. Mais David s'est rétabli. Et maintenant il veille sur tout le monde dans la pièce, va chercher des verres, prend le temps de parler à chacun, y compris mes enfants. Il les questionne sur leurs moutons, sur l'école, et envoie sa fille adulte chercher des jouets de ferme pour mon fils Isaac. Une boîte apparaît, qui a dû être celle de son fils à lui, et Isaac joue avec les vaches unijambistes, les tracteurs à trois roues et les porcheries en fer-blanc dont la peinture s'écaille.

Les vieux regardent les enfants jouer. Ils rapprochent leurs chaises en cercle et se mettent à discuter. Ils pensent que l'agriculture a mal tourné, très mal. J'écoute. L'un d'eux affirme qu'il faut revenir à des cultures mixtes avec des semences variées, des ovins, des bovins et des cochons. « Cette histoire de monoculture, ça ne vaut rien, affirme-t-il. On est vulnérable quand on ne fait qu'un truc, à la merci des prix qui font le yoyo. Ils vous disent de faire plus de vaches, et là ils sont prêts à vous prêter des montagnes de fric, mais le jour où ça se casse la figure, la banque vient vous prendre la ferme sans faire de sentiment. Faut pas leur faire confiance. »

Un autre, que je reconnais mais dont le nom m'échappe, ajoute que même les bonnes familles de fermiers sont fichues. Les taux d'intérêt augmentent, ou les prix du porc et du lait chutent, ou alors c'est l'aliment pour bétail qui monte et ces chiffres les tuent. Nous sommes tous allés à des ventes par adjudication, nous avons tous regardé, sous la pluie, les commissaires-priseurs vendre les machines et les bêtes d'un éleveur. Celui-ci fait bonne figure, debout à côté du commissaire-priseur, et sa femme lui presse le bras en souriant pour lui envoyer un message d'amour. Leurs amis les entourent par centaines et achètent des choses dont ils n'ont pas vraiment besoin, juste pour montrer leur respect et avoir leur nom dans le registre des ventes.

Nous connaissons tous des fermiers souffrant de dépression. Nous en connaissons tous qui ont mis fin à leurs jours.

Un autre ami très proche de mon père, Gerald, nous dit que l'autre jour, depuis son champ le plus haut, il a contemplé la vallée d'Eden et pris conscience que ce n'était plus qu'un « désert vert ». Il dit qu'il n'y a plus d'oiseaux comme avant. Et où sont passés les hérissons ?

Où sont les papillons ? Les autres ont l'air gêné. Je suis stupéfait de l'entendre parler ainsi : il s'exprime un peu comme les écolos que nous haïssions tant naguère.

Ils parlent d'un champ qu'ils connaissent tous, qui produisait autrefois des récoltes hautes, riches, dorées, qui miroitaient dans le vent sous le soleil. À présent, ce champ est épuisé : il donne les récoltes les plus maladives et chétives qu'ils aient jamais vues. Il a servi à faire du grain quinze ans d'affilée et a maintenant besoin de se reposer et de reconstituer son sol avec de l'herbe, et un peu de bétail dessus pour le nourrir de déjections. Ils parlent des champs du district comme ils parleraient de vieux amis – et ces vieux amis ne reçoivent pas l'attention et les soins qu'il faudrait.

C'est alors qu'un autre que je ne connais pas, assis dans un vieux fauteuil dans le coin, prend la parole. Il dit que c'est l'argent qui dirige tout, la cupidité des grosses boîtes et de quelques fermiers qui poussent à aller toujours plus loin et sapent le reste. « Nous sommes des bougres d'imbéciles, dit-il, nous nous retrouvons à faire la course pour toucher le fond. Si nous gagnons de l'argent avec cent vaches, nous en voulons cinquante de plus pour gagner encore davantage, et si nous perdons de l'argent, nous en voulons cinquante de plus pour nous tirer d'affaire. Dans tous les cas, c'est toujours plus, encore plus. » Le fils de David se tourne vers moi et me dit : « Il n'y a plus de plaisir, tout simplement. »

Ces hommes-là ont toujours été plutôt conservateurs. Je le sais parce que je les écoutais déjà quand ils étaient plus jeunes et que j'étais petit. Mais quelque chose a changé. Avant, ils s'exprimaient avec une certaine mesure. Maintenant, on entend aussi du radicalisme. Et ils ont raison, même si je n'en reviens pas qu'ils voient les choses comme moi. Je croyais m'être peu à peu éloigné de leurs vues, alors qu'en fait nous avons tous pris nos distances avec les mêmes mauvaises idées. Nous cherchons tous à comprendre ce qui s'est passé et comment en sortir. Ensuite, parce que nous nous méfions un peu des conversations politiques trop sérieuses, nous nous levons spontanément pour aller chercher les desserts et attendons devant la cuisine tels des pingouins faisant la queue. Du diplomate au sherry nappé de crème anglaise. Du cheesecake au citron. Une salade de fruits finement tranchés. Et puis nous nous rasseyons pour manger en cherchant d'autres sujets de conversations, comme le football.

En rentrant de l'anniversaire de David, je dois aller voir des moutons qui se sont retrouvés naufragés la veille sur une butte entourée d'eau de crue. Ils se sont mis en sécurité, mais il faut que je m'assure que tous vont bien. Je suis content d'être revenu dans notre vieille ferme en hauteur. Les berges herbues du ruisseau sont aplaties, montrant le niveau jusqu'auquel est montée l'eau. Dans les champs de foin fauchés, des flaques vitreuses forment des miroirs où se reflète le ciel. Tout est propre et lumineux. Le ciel bleu œuf-de-merle est semé de nuages blancs qui font comme des îlots. Je suis le ru vers l'aval : son cours grossit, passant d'un filet d'eau à quelque chose qui ressemble de plus en plus à une petite rivière.

Notre terre revient à la vie de mille et une manières. Des fleurs sauvages se penchent par-dessus les berges fraîchement mordues par la crue et poussent parmi les graviers de son lit. Des digitales tremblent dans la brise. Des petits papillons marron, orange et blanc volettent d'une touffe de fleurs à l'autre. Un héron s'envole gauchement dans les roseaux, à cent mètres, et dégringole vers la vallée sur ses ailes qui évoquent des voiles, avant de se laisser planer à nouveau vers le ru, deux champs plus bas. Notre vallée semble toujours brillante et neuve après une crue. Mais contrairement aux déluges de proportions bibliques qui ont balayé le passé plein de péchés, nos eaux se sont retirées et le fatras trop humain du passé et du présent réapparaît une fois de plus.

Notre terre est un poème dans un paysage fait d'autres poèmes imbriqués, écrits par des centaines de personnes ; à la fois celles qui sont ici maintenant et les multitudes qui les ont précédées, chaque génération ajoutant de nouvelles couches de sens et d'expérience. Et le poème, lorsqu'on sait le lire, conte une vérité complexe.

Il y a des passages d'une grande beauté, d'autres à vous briser le cœur. Il parle de triomphes et de chutes, de ce qui est bon chez les gens et de ce qui est défectueux ; de ce dont nous avons besoin, et des choses précieuses que nous pouvons détruire par cupidité. Il parle de ce qui reste immuable et de ce qui change ; et d'hommes et de femmes honnêtes, travailleurs, s'accrochant sur des générations innombrables pour ne pas être balayés par les vagues immenses d'une tempête à mesure que le monde change. C'est aussi l'histoire de ceux qui ont lâché prise et ont été emportés loin de la terre, mais qui s'en soucient encore et essaient maintenant de trouver le chemin du retour.

Il y a cinq ans que mon père est mort, mais nous avions déjà depuis longtemps quitté sa ferme louée. Lorsque nous en sommes partis, j'ai pleuré en silence l'endroit où j'avais passé l'essentiel de mon enfance et de ma jeunesse. Ces champs-là avaient été mon terrain de jeu, ma salle de classe et mon premier lieu de travail. Je suis parti ce jour-là la tête pleine de souvenirs de choses apprises et d'innombrables moments de beauté. Cette ferme était le prisme à travers lequel j'avais appris à voir le monde : le lieu où on m'avait enseigné la météo, l'élevage, le travail, la communauté et les créatures sauvages qui nous entouraient. C'était comme dire adieu à un ami très cher. J'abandonnais un lieu tant aimé en sachant qu'il allait tomber en ruine. Mais cette ferme n'était pas à nous et ne le serait jamais. Si nous avions une chance de tenir bon et de faire quoi que ce soit de bien, ce serait dans notre propre ferme d'altitude.

Nous nous sommes donc installés dans la ferme de mon grand-père, avec ses soixante-quinze hectares de terres. Il y a cinquante ans, cela aurait été une exploitation de bonne taille, mais selon les critères de l'agriculture industrielle d'aujourd'hui, c'est tout petit. Notre banquier dit qu'elle est trop grande pour être un passe-temps et trop petite pour gagner beaucoup d'argent. Mais au moins, elle est à nous.

Il m'arrive encore de retourner à l'ancienne ferme louée. C'est comme aller voir quelqu'un qu'on a aimé mais qui est devenu un étranger. Les ajoncs que mon père brûlait à intervalles réguliers sur le coteau ont disparu, déracinés au bulldozer. Les fermiers actuels ont fait entrer cette vieille parcelle, le champ de la Carrière, dans l'ère moderne. Les champs de foin ont été retournés et « améliorés ». Il n'y a plus de parcelles d'orge, d'avoine ni de navets. Tout est plus net, vert vif, ressemé et cultivé avec plus d'efficacité. Les vanneaux qui autrefois s'envolaient vers les fils du téléphone quand nous jouions à cache-cache, les lapins qui détalaient dans les trous entre les massifs d'aubépines, les bruants jaunes qui chantaient au sommet des buissons d'ajoncs couverts de fleurs jaunes…, tout cela n'est plus.

Je me rappelle mon père debout, le regard halluciné, entouré par les flammes lorsqu'il mettait le feu aux ajoncs desséchés et craquants. Et j'ai envie de descendre au village pour revoir la femme du directeur d'école qui s'était plainte il y a des années, et lui dire que les oiseaux étaient mieux lotis avec mon père et ses anciennes méthodes, dont un brûlis une fois tous les dix ans. Mais elle non plus n'est plus là, et le monde a changé, et je n'y suis plus chez moi.

Un vieux dicton affirme qu'on devrait cultiver la terre comme si on devait vivre mille ans. L'idée est que nous protégerions sans doute mieux nos ressources naturelles si nous devions assumer les conséquences à long terme de nos actes au lieu de transmettre un véritable gâchis à ceux qui suivront. Je trouve ces mille ans plutôt intimidants et impossibles à appréhender. Qui serait assez riche pour être vertueux à ce point ? Quelques aristocrates, ou de grosses institutions qui se consacrent à la préservation, peut-être ? Personne de sensé ne doute de la nécessité du changement. Les statistiques sur le déclin de la vie sauvage sur les terres agricoles britanniques au cours de ma vie sont accablantes, et le climat fait des choses étranges, terrifiantes, inédites. Nous savons que le changement est nécessaire, mais encore faut-il déterminer ce qu'il doit être et comment nous pouvons le faire advenir – et cela, alors que nous sommes plongés jusqu'au cou dans les réalités d'aujourd'hui.

Nous vivons sur la terre ; nous ne pouvons pas flotter au-dessus comme des anges ni nous en dissocier complètement. Cet idéalisme malavisé qui nous vient des Lumières a gagné en puissance au cours de la révolution industrielle. Les gens ont quitté la campagne pour la ville, puis, une génération ou deux plus tard, une fois mieux éduqués et plus prospères, ils y sont retournés pour les loisirs et l'évasion, nouant ainsi avec le paysage des liens d'un genre nouveau. En partant, nous étions des paysans. Quand nous sommes revenus, c'étaient d'autres gens, plus rudes, qui étaient les fermiers, alors que nous ne faisions qu'aimer la « nature ». Libérés des dures réalités, nous étions déjà éloignés de ce que d'autres faisaient en notre nom pour nous nourrir. Nous trouvions les anciens usages difficiles à supporter et cherchions à fuir l'abattage et la mort. Cet utopisme flatte nos bons sentiments, mais la ligne est mince entre l'idéalisme et la foutaise.

Dans l'absolu, le mieux que nous pourrions faire pour la nature, dans la plupart des cas, serait de ne pas être là du tout. Par désespoir devant l'étendue de notre impact, certains ont suggéré que nous fassions exactement cela et que nous nous lancions dans les pires pratiques agricoles intensives dans certains endroits afin d'« épargner » ailleurs le plus possible de terres pour la nature sauvage (par exemple dans nos collines). Le désespoir est compréhensible, mais cette solution ne fonctionnerait pas : les « terres épargnées » théoriquement deviennent rarement les étendues sauvages promises (la glorification du « rendement » que cela implique pousse les fermiers à passer à l'agriculture intensive en se servant d'un vaste arsenal de produits chimiques et d'outils mécaniques, stérilisant complètement leurs champs). Même si ce n'était pas le cas, de vastes portions de la campagne ne pourraient pas redevenir suffisamment sauvages à cause des autres infrastructures humaines essentielles : routes, voies ferrées, habitations. Et même si le réensauvagement des collines était possible, ces lieux n'existeraient jamais que séparément, en tant qu'écosystèmes isolés. Pour qu'il y ait là quelque chose qui ressemble même de loin à la vie « sauvage », il faudrait une migration saisonnière de grands herbivores en nombre entre les terres hautes et basses, et de grands carnivores pour les déplacer dans la campagne. Ce genre de paysages réellement sauvages (et certaines des espèces qui assurent leur fonctionnement) a disparu à jamais. Abandonner les terres agricoles n'a rien à voir avec la restauration d'un écosystème sauvage : des hordes de cervidés remplaceraient les troupeaux de moutons, ce qui ne serait pas d'un grand secours. Nous pouvons le regretter, mais l'humain est l'ultime prédateur et peut soit assumer cette fonction de manière éclairée en imitant la nature, soit laisser des espèces comme les cerfs ou les sangliers faire des ravages écologiques faute de prédation.

Heureusement, nous ne sommes pas obligés de recréer un passé impossible, car de nombreuses espèces s'épanouissent en fait sur les terres agricoles traditionnelles – surtout dans des zones comme les champs de foin, les petits bois et les haies. Un grand nombre de ces espèces étant devenues rares, nous devons faire attention à ne pas perdre les derniers vestiges de paysages agricoles traditionnels qui subsistent. Un oiseau comme le courlis vit côte à côte avec les humains depuis si longtemps que personne ne sait plus quel était son habitat dans le passé lointain et sauvage. Cela ne veut pas dire que nous n'ayons pas besoin d'espaces sauvages, et vastes – bien sûr, il nous en faut –, mais la réalité complexe, c'est que nous avons besoin de nature partout, même dans nos exploitations les plus intensives. Pour les rendre durables, il nous faut trouver des compromis fonctionnels. Dans la plupart des environnements, il n'y aura jamais une solution unique et parfaite – la pure nature sauvage ou la pure productivité. Ce qu'il faut, c'est réconcilier nature et agriculture, et non les dissocier encore plus.

L'Angleterre a une densité de population de plus de 420 habitants au kilomètre carré, soit 56 millions de personnes à nourrir trois fois par jour. L'essentiel de son territoire est cultivé et, soyons réalistes, continuera de l'être. Le plus grand et le plus vital des défis écologiques qui se présentent à nous, c'est de rendre les exploitations bien plus respectueuses de la nature. Il n'est pas possible d'effacer entièrement l'ardoise, mais chaque fermier peut travailler à partir de l'état actuel des choses et les améliorer. Certaines réponses se trouvent dans le passé, dans les méthodes employées avant que nous puissions tricher avec des techniques nouvelles. D'autres solutions exigent de nouvelles manières de faire, fondées sur la science (par exemple en analysant la santé du sol et en étudiant les pratiques de pâturage pour voir ce qui fonctionne le mieux, ou en apprenant des écologues l'importance des habitats et des processus naturels qu'il nous faut recréer). Il est possible de travailler la terre et d'avoir quand même un sol, des cours d'eau, des zones humides, des bois et des taillis en bonne santé. Nous pouvons avoir des champs pleins d'herbes et de fleurs sauvages, fourmillant d'insectes, de papillons et d'oiseaux. Il faut simplement le vouloir assez fort pour faire passer des lois allant dans ce sens et pour le financer. Pour ce faire, il faudra sortir du dogme de l'alimentation à bas prix qui domine les politiques agroalimentaires depuis plusieurs décennies. Il faudra peut-être cesser d'accepter sans broncher toutes les technologies et idéologies nouvelles, et s'intéresser plutôt à certaines techniques et idées anciennes assez simples – par exemple, privilégier une bonne agriculture mixte en rotation et une gestion éclairée de la terre. L'une des manières les plus efficaces pour créer un meilleur paysage rural est de mobiliser les fermiers et les habitants de la campagne, en travaillant avec ce qui reste de leur ancienne culture au service de la terre, et de faire appel à leur amour orgueilleux pour leur contrée. Nous pouvons construire une nouvelle pastorale : non pas une utopie, mais un endroit convenable pour nous tous.

Dans les dernières semaines de sa vie, mon père aimait à faire le tour de nos terres avec moi en me parlant ouvertement de ce qui se passerait quand il ne serait plus là. Dans ce scénario, et pour ma plus grande gêne, je tenais le premier rôle et lui n'avait plus aucune importance. Il incarnait le temps passé. J'essayais de l'empêcher de parler ainsi. La ferme était encore « à lui » dans ma tête, et je voulais croire qu'il ne mourrait peut-être pas. Mais il affirmait clairement qu'il avait fait sa part, qu'il avait porté le flambeau et me le tendait maintenant. Ce passage de relais, plutôt qu'être quelque chose de triste, une fin, une défaite, semblait lui apporter un grand réconfort, car il sentait qu'il avait accompli ce qu'il avait à faire.

Au cours des mois précédents, où nous avions appris qu'il ne guérirait pas et n'avait peut-être plus que quelques semaines à vivre, il avait dû décider comment passer le temps qui lui restait. Ma mère lui avait demandé ce qu'il voulait faire, et la réponse avait été simple (et sans aucune surprise). Il voulait rentrer à la ferme pour y continuer sa vie le plus longtemps possible. Il avait dressé une liste non écrite, et non dite, de toutes les tâches qui devaient y être accomplies. Puis il s'était mis au travail, lentement, avec des forces parfois déclinantes.

Un samedi, il a emmené mon fils aîné, Isaac, et ma fille cadette, Bea, pour raccrocher le portail d'une clôture, car il prétendait que je ne le ferais jamais. Le portail se trouvait dans les pâturages en face de la maison, entre un pré où nos moutons paissaient et une prairie pleine de fleurs sauvages et de vesces, que nous fauchions tous les étés pour le foin. Ce pré est flanqué des deux côtés par un vieux muret couvert de mousse et de lichen qui, selon la lumière et l'heure, paraît vert, jaune, pourpre ou argenté. Au fil des siècles, ce vieux mur s'est un peu enfoncé sous son poids, de quinze centimètres à certains endroits. Et il s'est incliné vers la droite et la gauche, si bien qu'il monte et descend, et sinue très légèrement, comme un lacet défait. Du côté du vent, son pied est jonché de feuilles de hêtre du dernier automne, cuivrées et desséchées, qui craquent sous les pieds comme des sachets de chips.

Mon fils Isaac, qui a sept ans maintenant, l'appelle « le portail de papi ». Il me rappelle souvent que c'est lui, sa sœur et son grand-père qui l'ont raccroché. Ce dernier avait raccordé deux portails cassés, les recyclant pour en faire un nouveau. Ma femme en avait brisé un en conduisant les enfants à l'école : elle était sortie de la cour en marche arrière sans le voir. Il s'était à demi refermé tandis qu'elle était distraite par les enfants qui se chamaillaient à l'arrière. Le nouveau portail qui en est issu a un drôle d'aspect, mais il fonctionne à la perfection. Je le franchis presque tous les jours. Il pivote bien sur ses gonds. Il pleuvait le jour où ils l'ont mis en place, mais ça ne les a pas dérangés. Ils sont rentrés trempés mais avec de grands sourires, fiers d'avoir accompli cela ensemble. Papa savait qu'il restait un million de choses qu'il ne pourrait plus enseigner à mes enfants, que beaucoup de « peut-être un jour » n'auraient plus cours, mais ce jour-là au moins, il avait montré à un petit garçon et à une petite fille de fermiers qu'on pouvait fabriquer du neuf avec quelque chose de cassé.

Il m'a fallu deux ou trois ans après la mort de mon père pour comprendre cette vérité des plus simples : je le remplaçais. Nous avons tous un moment de flottement entre ceux qui étaient là avant nous et ceux qui viennent après. C'est désormais moi qui prends les décisions qui façonnent notre ferme, mais mes choix sont presque aussi contraints qu'ils l'étaient pour les premiers paysans qui se sont installés ici. La nature vallonnée de nos terres, leur latitude septentrionale, leur altitude, la composition de leur sol, leur climat tempéré (affecté par le Gulf Stream) et notre saison de culture dictent beaucoup de nos pratiques. Une ferme de moyenne altitude dans la région des Lacs, comme la nôtre, sera toujours principalement une ferme de pâturage ; elle fait partie des trois quarts environ du paysage britannique qui ne se prêtent pas à la culture des céréales. Et pourtant nous avons quand même des factures à payer, des dettes et des obligations envers la famille et la communauté. Nous avons besoin de produire quelque chose à vendre.

Notre ferme, c'est encore avant tout la dure tâche d'élever et de vendre du bétail nourri à l'herbe de nos prés. Nous devons entretenir notre terre et nous-mêmes, jusqu'à ce que vienne le temps de passer la main. J'ignore complètement si l'un ou l'autre de mes enfants voudra la reprendre, ou même s'ils auront les moyens de le faire. La vie n'est pas simple, et il est difficile de deviner ce qu'elle leur réserve. J'espère simplement qu'ils en apprendront le plus possible sur l'élevage pendant leur enfance, y compris le respect et l'amour de la nature. Cette vallée est un endroit béni où grandir. Les enfants peuvent y courir dans les champs, à demi sauvages, et jouer dans les bois et les ruisseaux.

Nous continuerons de travailler comme si, un jour, un ou plusieurs de nos enfants devaient reprendre la ferme, et je me soucierai plus tard de savoir s'ils le font vraiment. Pour l'instant, nous nous contentons de nous lever le matin et de faire de notre mieux.

*

Je suis éveillé dans mon lit au petit matin, incapable de dormir, la cervelle tournant comme un moteur emballé. La ferme emplit mes pensées de décisions et de choix à faire, qui éclipsent tout le reste. Je ne suis qu'un paquet de soucis, de failles et de dettes. Je dors la fenêtre ouverte pour entendre les bruits de la nuit : le ululement des chouettes, le vent dans les frênes, le babillage des oies. La lumière du soleil levant se déverse d'un seul coup et illumine les poutres de chêne grisées au-dessus de moi, projetant des ombres triangulaires au plafond. La chambre brille d'une lumière semblable à un rayon de soleil vu à travers un pot de miel doré.

Je descends. Mon fils Isaac me suit souvent, à moitié habillé, les yeux ensommeillés et les cheveux en bataille, pour sortir avec moi dans les champs aux aurores, mais aujourd'hui il est resté au lit. Je dois sortir vérifier qu'une de mes vaches, qui doit bientôt mettre bas, va bien. Son arrière-train semblait s'être élargi hier soir, comme si le moment était venu. Je m'étire dehors, devant la porte, face à un ciel pâle bordé d'arbres bleu-vert, et je pars dans la fraîcheur de l'aube.

Quand j'avais environ six ans, j'avais un livre pop-up sur le Chat botté. Quand on ouvrait les pages, les arbres et les montagnes se dépliaient en trois dimensions, donnant vie à trois ou quatre paysages en papier cartonné. Lorsque depuis la ferme je porte mon regard au loin vers Patterdale, l'horizon me rappelle ce livre. Le bleu du ciel promet une belle matinée de la fin mai. Je gravis la côte jusqu'à mon étable, et je vois en dessous de moi des poches de brume blanche tapies dans les creux : un océan laiteux, prisonnier des collines. Par de tels matins, quittant le froid des cuvettes pour le sommet des collines, en grimpant, on sent la chaleur de l'air sur ses joues. La ferme redevient visible aux premières lueurs, et j'attends ce qui va suivre en retenant un peu mon souffle. La brume en contrebas commence à s'évaporer. Les branches supérieures des chênes qui flanquent notre ferme tremblent dans l'aurore ; les sommets s'embrasent d'une lumière orangée.

Nous sommes toujours allés « faire la tournée » aux premières lueurs du jour – j'entends par là faire un tour de la ferme pour vérifier que tout va bien chez les vaches et les moutons. Ce « sens de l'élevage » demeure une partie vitale de ce que nous sommes et reste toujours aussi indispensable. Mais à ces tournées matinales pour prendre des nouvelles des bêtes s'ajoute maintenant l'étude de notre terre et de notre vallée, afin d'en prendre soin au mieux. Je m'efforce de comprendre ce que nous prenions autrefois à la légère ou ne voyions pas du tout – la terre vivante –, en me demandant si nous utilisons au mieux la photosynthèse dans nos pâturages, l'aire de répartition et la variété des fleurs et des herbes sauvages, et les bois qui jouxtent nos champs.

Cela fait plus de cinq ans que nous n'avons utilisé aucun engrais de synthèse et que nous comptons uniquement sur un sol sain et sur le soleil. Nous modifions notre ferme de mille petites manières, en créant de nouveaux habitats le long de nos rus, en restaurant les tourbières et les pâtures pour encourager une plus grande variété de fleurs, en ramenant dans les prairies des semences et des plants d'espèces perdues au cours du siècle dernier, en plantant davantage de bois et de haies. J'en suis venu à me soucier de choses presque invisibles mais vitales auxquelles nous ne songions jamais dans mon enfance, comme les papillons de nuit, les vers, les bousiers, les chauves-souris, les mouches et la vie qui grouille sous les pierres dans nos cours d'eau.

À deux champs d'ici, les courlis s'élèvent dans l'air tiédissant, et sur la colline un coucou lance doucement son appel dans l'ombre des bois. *Coucou, coucou, coucou !* Des corbeaux se lancent des croassements hargneux dans les sycomores près des maisons d'en bas, à Bald Howe. Et les choucas claquent du bec et babillent quelque part dans l'aube. Vingt pas dans le champ à partir de la grange, mon chien Tan à mes côtés, et je me retrouve en dessous du jour qui vient, en terrain froid, à nouveau dans l'ombre. Le soleil va mettre encore une heure à atteindre le fond des vallées gris-bleu. Tan est mouillé, parsemé de graines de graminées blanches et de pétales jaunes. Le froid griffe mon col déboutonné, fait frissonner ma peau ; mes brodequins de cuir sont trempés.

Les rayons du soleil franchissent presque la crête de la colline au sud-est, une ligne prometteuse de tons orange, citron et blancs. Mais ici, sous le nouveau jour, les fleurs délicates sont encore fermées comme de petits poings crispés de froid. Les boutons-d'or ont la tête baissée, en signe de soumission à la nuit ; les pissenlits sont couverts de rosée. Une chevrette dont le faon est caché quelque part dans la prairie se lève et file au galop vers la limite du champ lorsque nous passons, méfiante mais « magnétiquement » retenue par son petit. Dans le pré suivant, la vache rumine allongée, son nouveau-né pelotonné contre elle. Ses pis sont luisants, signe qu'on les a tétés. Elle me sourit, comme si elle comprenait que je me suis inquiété pour rien. À mon approche, elle souffle un peu par les naseaux et secoue la tête pour me signifier que mon interférence n'est ni nécessaire ni utile. Je recule.

J'ai travaillé ici toute ma vie, mais c'est seulement maintenant que je commence à réellement connaître ce bout de terre. Je traverse un champ à un autre moment de la journée, ou sous un autre éclairage, et j'ai l'impression de le voir pour la première fois. Plus j'en apprends sur notre ferme et sur notre vallée, plus belles elles deviennent. Il m'est pénible de m'en éloigner ; je voudrais ne jamais être arraché à cet endroit ni même à ses perpétuelles mutations. Plus je reste ici, plus j'entends clairement la musique de cette vallée : le troglodyte mignon dans les fourrés, les pins sylvestres qui grincent et gémissent dans le vent, le chuchotis de l'herbe des prairies. La distinction entre ce lieu et ma personne s'estompe jusqu'à ce que j'en fasse entièrement partie, et quand on me mettra en terre ici, cela conclura l'histoire d'un retour ayant duré toute une vie. Chaque jour qui passe, le moi s'affaiblit, s'efface, jusqu'à ce que j'aie déjà du mal à me rappeler qui je suis et pourquoi je suis censé compter. Le monde moderne vénère l'idée de l'ego, de l'individu, mais c'est une cage dorée : il y a une autre forme de liberté à se laisser absorber dans une petite vie sur un coin de terre. En cette époque tonitruante, il me semble qu'essayer de vivre sans bruit est peut-être une vertu.

Deux grands corbeaux passent en criant dans le ciel à demi éclairé. Chaque battement de leurs ailes racle l'air avec un bruit de vieillard essoufflé. En me voyant sauter le muret pour regagner la prairie, ils lancent leur cri d'alarme et disparaissent. Cette prairie ne paie pas de mine en hiver, elle n'a rien de bien différent de terres plus intensément cultivées à quelques kilomètres d'ici, dans la plaine. Mais il y a trois semaines, je l'ai fermée aux bouches avides pour faire pousser notre foin, et elle est devenue un endroit d'une beauté farouche, époustouflante. Chaque jour elle est différente, passant par plusieurs couleurs et plusieurs états tandis que cent plantes différentes y font la course vers le ciel, y fleurissent puis poussent en graine.

J'escalade la clôture à l'autre extrémité pour rentrer par la « route panoramique », le long du ru. Je dérange deux colverts sur une berge sableuse où les moutons se rassemblent pour boire, et ils jaillissent vers le ciel. Derrière moi, les vaches qui ont récemment mis bas meuglent un bonjour à leurs copines du troupeau, et celles-ci leur répondent.

Il fut un temps où j'aurais tout fait pour me débarrasser de ces morceaux de terrain clôturés et non pâturés, jugeant que c'était du gâchis, mais ils sont devenus ma salle de classe pour comprendre comment une végétation plus sauvage se développe avec le temps, comment les cours d'eau évoluent quand on les laisse faire, comment les arbres poussent, vieillissent, meurent, pourrissent et sont recyclés dans le sol. Il n'y avait aucune zone comme celle-ci dans notre ferme il y a dix ans. Elles existent grâce à une jeune femme prénommée Lucy, qui a changé mon point de vue et celui de mon père sur la bonne manière de servir cette terre.

Lucy est venue nous voir pour faire le point sur nos cours d'eau. Papa disait qu'elle venait de l'Office des eaux, mais il se trompait. Toute personne en rapport avec les rivières était décrite comme « de l'Office des eaux » et considérée avec un léger dédain. En réalité, elle travaillait pour une ONG locale de conservation des cours d'eau. Nous nous sommes réunis dans la caravane qui servait de maison avant que nous n'ayons converti la grange de mon grand-père en habitation. Mon père se plaisait bien dans sa caravane au bord de la route ; il l'appelait « sa caravane », même s'il en était seulement locataire. Nous y invitions des amis à boire un café ou une bière et à bavarder : ils l'appelaient le « Matterdale Social Club ».

À l'époque, Helen et moi vivions à Carlisle dans le seul logement que nous pouvions nous payer, une maison mitoyenne en brique rouge parmi d'anciennes filatures de coton et d'anciennes usines. Je retournais tous les jours travailler à la ferme. Cette année-là, la ville a subi des inondations catastrophiques, et les eaux sont montées jusqu'à quelques mètres de notre porte. Nous avons vu des centaines de personnes déplacées à cause des eaux boueuses. Et quand la crue s'est retirée, leurs possessions trempées et puantes ont été entassées dans les rues. Des écrans géants. Des tapis. Des chaises. Des DVD. Des tables. Des carpettes. Des jouets. Des objets jetés par les portes et les fenêtres directement à la benne. On discutait pour savoir d'où venait toute cette eau et ce qu'on pouvait y faire. Notre ferme se trouvait en amont, à trente-cinq ou quarante kilomètres, une miette sur un immense bassin versant, et je crois que c'est pour ça que Lucy est venue, dans le cadre d'un vaste processus d'observation du paysage pour voir si une partie de cette eau pouvait être ralentie afin de réduire les crues.

Nous nous sommes installés dans la caravane, le chauffage au gaz allumé, en attendant qu'elle vienne nous parler de nos cours d'eau. Mon père plaisantait comme si elle allait venir nous gronder et qu'il ne comptait pas prendre ça trop au sérieux. Ou alors elle nous enverrait en prison pour un crime que nous ignorions avoir commis.

Elle est arrivée et a bravement affronté une tasse de thé. L'hygiène en cuisine n'était pas le fort de mon père : les tasses étaient immondes, brunies par le thé. Il les rinçait souvent avec une eau douteuse. Lucy était normale et agréable à un point désarmant, et ne s'est pas démontée. Elle nous a convaincus qu'elle n'était pas là pour nous coincer ou nous faire des reproches. Après les politesses d'usage, la pluie a cessé et nous avons pu sortir sur nos terres. Elle nous a expliqué que la plupart des cours d'eau n'avaient plus rien de naturel et nous a indiqué comment y remédier, soulignant certains aspects positifs, d'autres moins, en ce qui concernait nos propres cours d'eau, et cela sans la moindre condescendance. Elle nous a dit que les rus que nous connaissions depuis toujours, et auxquels nous pensions rarement, avaient été rendus plus rectilignes et dragués, souvent à la main, au XIXe siècle. C'étaient en réalité des canaux de drainage artificiels : trop droits, trop profonds et trop régulés pour les saumons et les truites. Un cours d'eau sain, nous a-t-elle appris, a besoin de passages rapides et d'autres lents, d'endroits larges et d'autres étroits, de hauts-fonds et de bassins profonds, et de recoins où la vase et les petits cailloux se déposent, pour que les poissons s'y reproduisent. Elle nous disait les choses sans détour. Mon père et moi buvions ses paroles, car personne n'avait jamais pris la peine de nous expliquer ces choses-là. Et ça se tenait.

Lucy disait que nous pouvions faire toutes sortes de choses raisonnables pour « ralentir le flux » de l'eau entre notre ferme et l'aval. Les cours d'eau devaient être à nouveau rendus plus naturels, moins trafiqués, et avoir assez d'espace pour se tortiller et sinuer, ainsi que des berges arborées, avec beaucoup de bois, afin d'aider l'eau à redevenir saine pour les poissons et les autres créatures. Planter des arbres au bon endroit, disait-elle, pouvait aussi ralentir les eaux de crue et les faire absorber par le sol au lieu de ruisseler en surface. En outre, les collines et les landes « rusticisées » avec des touffes d'herbe, des mousses saines et des tourbières pouvaient agir comme des éponges géantes. Un sol en bonne santé dans les pâturages retenait mieux l'eau qu'un sol mort, compacté. Elle disait que si tout cela s'alliait pour créer des habitats de rivière plus naturels, cela ferait une grande différence pour tout notre paysage. Ce n'était peut-être pas réaliste de croire que nous pouvions le faire partout, mais il y avait de nombreux endroits où c'était possible, y compris sur un terrain comme le nôtre. Elle nous a posé beaucoup de questions sensées sur nos méthodes agricoles et nous a expliqué pas à pas ce que nous pourrions faire différemment, aidés par son ONG. Et ce n'étaient pas des paroles en l'air. Elle avait des fonds. Elle pouvait financer des choses, *à condition* que nous acceptions de travailler avec elle.

Comme beaucoup de paysans, nous étions peut-être encore dans le déni, refusant de voir à quel point notre terre avait changé. Même dans la vieille ferme de mon grand-père que nous aimions tant, les choses s'étaient modifiées avec le temps – pas aussi radicalement que sur les terres plus modernisées au-delà de la vallée, certes, mais c'étaient les mêmes forces qui rongeaient tout. Entre nos petits terrains, les vieilles haies s'étaient délitées, les clôtures étaient rouillées, les poteaux pourris. Comme nous n'avions pas les moyens de les entretenir ni de les remplacer, nos champs s'étaient agrégés en parcelles plus grandes, toutes gérées de la même manière et souvent broutées à ras par les moutons.

Lucy nous a proposé de nous aider à financer la restauration de toutes ces anciennes limites entre les parcelles et la mise en place de nouvelles, en grand nombre, afin que notre ferme redevienne une mosaïque de petits champs. Mais elle tenait à ce que les berges, les tourbières et les bois soient enclos et gérés différemment, c'est-à-dire très peu pâturés, de temps en temps seulement. Elle voulait aussi des haies plus larges, et que des milliers d'arbres soient plantés.

Nous étions avec elle depuis une heure quand je me suis aperçu qu'il se passait quelque chose d'étrange. Dans ma famille, ce genre de conversations n'avait pas vraiment cours. On se méfiait des étrangers qui venaient mettre leur nez dans nos affaires. Et pourtant mon père, curieusement, avait l'air emballé. L'ambiance était constructive et respectueuse. La vision de Lucy, d'une vallée meilleure pour les cours d'eau et les poissons, recoupait en beaucoup de points nos réflexions sur la supériorité de l'agriculture traditionnelle. Son projet allait nous aider à recréer l'ancienne disposition des champs autour de la maison de famille et à restaurer l'ancienne ferme qui avait commencé à disparaître. Si nous lui donnions ce qu'elle voulait, nous allions recevoir des quantités de clôtures neuves qui seraient à moitié payées. Il y avait une part d'égoïsme dans notre écoute. Nous étions sans doute plus intéressés par les clôtures à moitié prix que par ce qui se passerait en leur sein.

Mon père a entendu tout cela, et, à ma grande surprise, m'a poussé à prendre la décision finale en disant : « La ferme sera à lui. Il peut décider. » Quand, un peu plus tard, je lui ai demandé son assentiment pour transformer notre ferme de manière plutôt radicale – clôturer les cours d'eau, planter des arbres, ajouter un kilomètre de haies, restructurer les champs – il m'a dit que nous devrions simplement nous y mettre : « À moins que tu aies une mine d'or pour payer les clôtures neuves de ta poche. » Quelques semaines plus tard, une équipe de Polonais est arrivée, en plein hiver, et a commencé à remodeler la ferme selon le plan que nous avait soumis Lucy. Les Polonais ont travaillé dans la neige, et ont beaucoup impressionné mon père par leur robustesse.

Avec le recul, je me dis que Lucy a décidément fait quelque chose de très judicieux en nous persuadant de clôturer ces ruisseaux. Et mon père mérite peut-être quelques louanges pour avoir accordé sa discrète bénédiction à ces changements. Lucy ne nous a pas enlevé ces parcelles de terrain, pas plus qu'elle ne nous a dépossédés de nos responsabilités : elle les a juste confiées à nos bons soins selon des règles différentes. Pour la première fois, nous allions gérer des terres pour autre chose que l'élevage. Ces bandes de terrain seraient presque entièrement restituées à la nature pour que celle-ci fasse son travail. Je ne l'ai pas compris sur le moment, mais mon père et elle ont fait de moi le gardien d'espaces semi-sauvages. C'était un pas immense pour un fermier, pas facile au départ, mais révolutionnaire à plus long terme. C'était sans doute la première fois depuis des générations que nous faisions l'inverse d'« améliorer » des terres. Ce premier pas m'a changé, moi, tout autant qu'il a changé notre ferme. Une fois le mouvement lancé, la suite est plus facile.

Peu après que nos berges ont été clôturées par les ouvriers polonais, l'herbe est devenue envahissante et plus drue que jamais, et nous avons constaté une explosion des populations de campagnols. Ils trottinaient entre les touffes, du pied des arbres aux rochers. En l'espace de quelques semaines, les chouettes effraies sont revenues après des années d'absence, pour se gaver de rongeurs. Tout le monde chez nous était fier des chouettes, comme si nous avions été rétribués sur-le-champ. Cela nous ressemblait, une chose que mon grand-père aurait sans doute appréciée.

Ensuite, une flore plus sauvage a commencé à s'implanter, même si cela a pris davantage de temps et si c'était plus difficile à voir. Les trois ou quatre premières années, des herbes épaisses et drues ont surgi sur les berges et étouffé les plantes à fleurs plus petites, plus délicates ; pendant un temps, la biodiversité a décliné. Mais la quatrième et la cinquième année, des fleurs violettes et jaunes ont soudain poussé partout, dépassant des herbes, et une brume dorée d'insectes, de papillons et d'abeilles est apparue l'été dans le couchant au-dessus des zones les plus sauvages. Les petits rus ont lentement commencé à retrouver leur propre espace, avec un coup de pouce de notre part, libérés du carcan imposé aux XIXe et XXe siècles, tournicotant comme des spaghettis jetés par terre. Des petits saules et aulnes se sont ressemés tout seuls sur les berges, et derrière eux des lits de graviers ont commencé à se former, d'abord minuscules puis grossissant rapidement jusqu'à modifier le cours du ruisseau. En ralentissant derrière les arbrisseaux, l'eau déposait un limon plus fin sur lequel les poissons frayaient.

Les berges sont à présent des petites autoroutes de vie sauvage, débordantes d'activité. Elles sont riches en fleurs violettes, jaunes, roses, en papillons de nuit et de jour et en hermines, et traversées par des coulées de lièvres, de blaireaux et de renards. Une loutre revendique désormais une partie de ce territoire prometteur avec ses deux petits. Les chants d'oiseaux retentissent tout autour de moi – pinsons, merles, grives, fauvettes, mésanges bleues et charbonnières. Les ramiers roucoulent. En regagnant la maison pour le petit déjeuner, je fais de nouveau fuir la chevrette, qui file avec son faon et monte derrière la ferme : c'est son chemin pour rejoindre les bois.

Quand j'avais dix ans, mon grand-père me disait de « planter des arbres ». Il y avait de quoi me laisser légèrement perplexe, étant donné qu'à ma connaissance lui-même n'en avait jamais planté un seul. Cela faisait partie des choses qu'il aurait dû faire ; j'imagine qu'il le savait. Il parlait avec tendresse des pins sylvestres qui poussaient autrefois au-dessus de la cour où il entreposait la ferraille, lorsqu'il avait loué la ferme dans les années 1940, et dont je ne connaissais que les souches pourries – souches où j'avais joué avec mes petits soldats en plastique, jusqu'au jour où j'ai cassé un morceau de bois par erreur et où les fourmis rouges qui se sont alors déversées m'ont piqué. Mais au fil des années, ses paroles ont continué de résonner dans ma tête et ont fait leur chemin.

En mars dernier, par un samedi gris et doux avant l'agnelage, nous avons rassemblé les enfants et sommes partis pour une zone sauvage clôturée sur nos terres. Les petits chênes dépassaient des sacs en toile de jute et commençaient à bourgeonner. Il fallait les mettre en terre. Nos bêches se sont enfoncées dans la tourbe et y ont ouvert des crevasses pour les racines. Doucement, nous avons déposé les arbrisseaux de moins de cinquante centimètres dans la terre ouverte, puis fermement tassé la tourbe et la terre autour avec nos semelles. Ma fille aînée, Molly, portait les protections et les tuteurs. Elle a disposé une protection autour de chacun des jeunes chênes pour éviter que les chevreuils ne les grignotent. Elle s'est attardée en franchissant le ruisseau, pour regarder de petits poissons filer dans l'ombre. Isaac trébuchait dans les touffes de hautes herbes avec une poignée d'arbrisseaux. Il m'a dit qu'il reviendrait quand il serait grand-père pour voir si les arbres auraient « vraiment poussé ou non ». Il n'avait pas l'air convaincu.

Ma mère était de l'autre côté du ruisseau, en train de détacher les paquets de bruyère et les plants d'aubépine. Ses cheveux grisonnaient et ses forces déclinaient, mais elle aimait beaucoup nous aider dans les travaux plus légers chaque fois qu'elle le pouvait. Elle disait qu'elle se sentait plus proche de mon père quand elle était là, que d'une certaine manière il travaillait encore avec nous. Ses cendres avaient été dispersées tout en haut du pré aux Chevaux afin qu'il puisse « nous garder à l'œil ». Pendant la période du deuil, où elle était brisée de chagrin, venir à la ferme pour continuer ses travaux avait paru l'aider. Elle était devenue la mémoire de cette ferme et me rappelait que mon père laissait toujours un petit chêne ou un frêne au tronc droit tous les trente ou quarante pas dans les haies qu'il plessait, afin qu'il pousse plus haut que le reste. Et au cours de l'année passée, quand nous avions à nouveau plessé certaines de ces haies à la manière traditionnelle, après trente ans de négligence, les arbres à mi-croissance qui restaient étaient ceux que mon père avait laissés pousser la dernière fois. Ils se dressent fièrement au-dessus de la haie, étendant leur couronne pour effleurer leurs voisins.

*

Au bout du petit corridor boisé, je passe devant la Pierre Fendue, un rocher géant déposé là il y a des milliers d'années par un glacier, et je franchis le portail en bois qui mène chez nous. Le soleil coupe maintenant la vallée en deux. Derrière les bâtiments de ferme, le versant sud brille dans le nouveau jour. Un lièvre traverse à grands bonds la prairie au-delà du ru. Il monte et redescend tel un cheval de manège aperçu par-dessus les têtes à la fête foraine, sa moitié supérieure apparaissant et disparaissant à chaque bond. Puis il s'arrête net pour me regarder passer, les oreilles rabattues en arrière, tel un « K » majuscule dépassant des herbes.

À la ferme, un enfant regarde par la fenêtre, petit bonhomme robuste et joyeux, tignasse blonde et sourire malicieux. Notre dernier, Tom, n'a pas encore deux ans. Il promet d'être aussi têtu que le grand-père de qui il tient son nom, et tout aussi obsédé par la ferme. Il presse le nez contre la vitre, fasciné par ce qu'il y a dehors. À l'âge de quelques mois, il observait déjà les poules dans le jardin, ou les écureuils roux qui venaient voler les graines des oiseaux, et criait « Bêêêh » de toutes ses forces aux moutons sur le coteau d'en face. Il se met en rage si je ne l'emmène pas tous les jours nourrir les bêtes. Si je le laisse, il reste à la porte, les joues trempées de larmes, ou secoue le portail du jardin avec fureur en hurlant contre cette injustice. Quelque chose l'appelle au-delà de la maison et du jardin. Mais il vient souvent avec moi et sa mère nous accompagne parfois pour veiller à sa sécurité pendant que je travaille. En combinaison et avec des moufles, il ne semble même pas remarquer le mauvais temps, et il lui arrive même de grimper sur le quad, trempé comme une soupe, ses petites joues rouges et glacées, mais fermement déterminé à rester là quoi qu'il arrive.

Quand j'appelle le troupeau à venir chercher le foin, il appelle aussi. Quand je crie des ordres aux chiens, il me copie en s'égosillant : « Couché, Tan ! » Le chien lui lèche la figure même s'il se débat. Une fois que nous avons fait le tour des troupeaux et nourri nos bêtes, nous rentrons. Quand je tends les bras pour le soulever du quad, il secoue la tête comme pour dire qu'il aimerait mieux rester toute la nuit sous la pluie que risquer de rater la tournée du lendemain. Alors, ce jour-là en rentrant dans la maison, je le soulève dans mes bras et lui dis que je suis désolé, qu'il pourra venir voir le veau nouveau-né un peu plus tard. Pendant que je prends mon petit déjeuner, il exige un rapport détaillé sur tout ce que j'ai vu. Mais les dragons dans mon récit semblent le laisser dubitatif.

Après le petit déjeuner, je prends avec moi Tan et mon autre chienne, Floss, et nous gravissons la ravine boisée, le *ghyll*, qui flanque la maison. Cette immense dépression en « V », creusée par le ru, relie nos terres basses à nos champs les plus hauts. Par gros temps, le cours d'eau transformé en torrent passe en chantant le long de la maison. L'hiver, le vent déboule en rugissant des collines et déferle au-dessus des ardoises du toit, vague après vague, pendant que nous restons blottis dessous telles des berniques cramponnées à leur rocher. La ravine mesure presque quatre cents mètres de long, et peut-être douze de haut à son point le plus profond. Des épicéas, plantés par une main inconnue il y a un siècle au moins, ont poussé depuis le fond et l'emplissent de verdure persistante. D'en haut, on a une vue plongeante sur les cimes de ces arbres magnifiques. Des buses ont fait leur nid dans l'un d'eux, sur une plate-forme de branchages grande comme un lit d'enfant. Quand ces arbres tombent ou sont abattus par une tempête, ils enjambent le ru et forment des passerelles aériennes mousseuses que les écureuils roux finissent par lisser avec leurs petites pattes. Je plonge dessous en avançant avec les chiens. Ces ravines sont des rubans vitaux qui traversent notre ferme et la relient aux bois plus sauvages au-dessus et à la vallée en dessous. Les vieux arbres tordus et brisés semblent en revendiquer la propriété. Isaac dit qu'ils s'animent peut-être quand on ne les regarde pas, comme les Ents, les esprits de la forêt, dans les livres de Tolkien. Leurs racines entremêlées sortent parfois du sol et me font trébucher, dispersant les souris et leurs ennemies, les hermines. Quand arrivé au sommet j'émerge dans le soleil, j'entends un marteau à piquets taper quelque part : un martèlement de bois qui résonne dans les collines.

Je franchis le portail du Pré Nouveau, la plus haute de nos parcelles. Une terre médiocre, dont les deux tiers consistent en une pente abrupte, herbue, orientée au sud, et le troisième en une tourbière humide. Nous en avons fait l'acquisition au cours des mois qui ont suivi la mort de mon père, parce qu'il était en vente. Ce n'était pas cher, et il y avait de bonnes raisons à cela. Il ne convient que comme pâturage rustique pour les ovins et les bovins et ne pouvait donc pas servir à grand monde en dehors de nous, à cause de sa situation isolée en haut de notre chemin. Ses bords, en été, ne sont qu'une masse d'herbes en fleurs : conopode, trèfle rouge et blanc, bugle rampante, boutons-d'or, myosotis, coucous, vesces, orchidées et chardons. L'achat était soumis à des règles environnementales précises concernant les périodes et la manière dont il peut être pâturé, afin de protéger des fleurs sauvages. La tourbière située dans le bas est tellement détrempée qu'on y tient à peine debout ; la tourbe se maintient en surface mais à peine, comme la peau sur une crème dessert. Les terres plus élevées qui l'entourent déversent leurs eaux dans cette cuvette, et comme la plus grande partie de l’eau ne peut pas s’en échapper, c’est un endroit toujours humide, une masse tourbeuse de roseaux et de longues herbes. Des petits poissons-chats filent se cacher de mon ombre et plongent dans les algues d’une mare, à quelques mètres.

La clôture a été presque entièrement refaite avant la vente du champ, mais il y a un endroit, tout au bout de la tourbière, où elle s’écroulait et n’avait pas été remise en état, peut-être parce que l’ouvrier engagé pour la réparer n’avait pas eu envie de se mouiller les pieds. Après l’acquisition, j’ai donc embauché une autre équipe pour reconstruire une clôture et sécuriser la parcelle. En marchant le long du tracé pour mesurer le travail à faire et nous mettre d’accord sur un tarif, nous sommes tombés sur une brebis morte appartenant à mon voisin, qui gisait coincée dans la tourbe, la face mangée par les blaireaux. Je m’attendais plus ou moins à ce que les gars me disent de la poser moi-même, ma clôture, mais non : ils ont relevé le défi, et maintenant ils sont au travail. Je suis venu voir si tout se passait bien.

Une demi-douzaine de chiens de berger jouent à se poursuivre et à se bagarrer dans le grand soleil, sur la pente herbue. Un gaillard aux épaules larges et aux cheveux noirs patauge dans ma direction. Ses bras nus et bronzés sont humides de sueur, car il porte des piquets sur ses épaules pour les apporter à ses camarades, de l’autre côté des roseaux. De sa main libre, il chasse une mouche qui lui a piqué le bras. Ces lieux humides pleins de hautes herbes sont de redoutables repaires de taons, qui vous sucent le sang et vous laissent une énorme crevasse dans la peau. D'autres volent autour de lui en attendant de pouvoir se poser. Je rejoins le gars près des piquets récemment plantés, trempé jusqu'aux genoux, et en arrivant je vois que le plus baraqué de la troupe, celui qui manie le marteau à piquets, est immergé jusqu'au ventre dans l'eau sombre. Ils se servent de très longs piquets pour atteindre un sol plus ferme dans le fond, et utilisent la tension du câble pour maintenir la clôture en place. Le brun me signale qu'ils ont vu des moutons à nous sur le *lonnin*, le chemin : deux brebis et trois agneaux. Et que ceux qui sont dans le pré sont tourmentés par les taons, ils vont avoir besoin de mes soins.

Quand ces gars ne font pas de travaux de commande, ils vont chercher les moutons des fermiers avec leurs chiens, rassemblent les troupeaux et les font descendre. Ils font aussi la tonte et travaillent dans leurs propres fermes familiales : ce sont des gens comme eux qui ont fait ce paysage. Ils ont le pas lourd, des mines sévères, mais s'amusent bien à travailler ensemble. Ils se taquinent à propos de leurs conquêtes, ou de leurs vaines tentatives, et se paient la tête du plus costaud, qui est trempé et qui exige qu'ils aillent au KFC le plus proche en fin de journée. Il adore ces saloperies, me racontent ses collègues. Puis la pluie arrive, grise et lourde, et le soleil qui se prend dans ses gouttes les fait briller comme du mercure. Nous nous abritons sous un saule. Nous attendons pendant que l'ondée fouette les feuilles vert olive.

Des libellules bleues et émeraude filent sous les branches étendues des frênes. Les grosses gouttes qui s'abattent sur la tourbière créent des vaguelettes concentriques. Un triton reste immobile à quelques centimètres sous la surface de l'eau, indifférent à la pluie, les pattes et les doigts tendus, le regard fixé sur nous. L'averse passe. Les gars retournent en pataugeant planter leurs piquets. « Regardez ! » dit l'un d'eux en pointant le doigt. Isaac arrive en courant dans les fleurs à travers le champ trempé. Il passe entre les moutons qui ruminent, couchés sur l'herbe. Je lui crie de m'attendre dans la pente et m'élance à sa rencontre. Floss l'atteint la première et reçoit un câlin. Nous partons tous les quatre chercher les bêtes égarées le long du chemin qui monte, descend, serpente et tournicote entre nos terres et les collines lointaines. Les moutons qui s'échappent sont pénibles, mais s'ils ne sont pas partis trop loin, mieux vaut les rattraper tout de suite avant qu'ils ne fassent des dégâts dans les jardins du village.

Une fois franchie la première butte, nous apercevons les brebis et les agneaux qui avancent le long du chemin. J'envoie Tan les chercher. Il file comme une flèche, les rejoint et les double. Les bêtes font demi-tour et reviennent au galop vers nous. Isaac ouvre le portail du pré que nous appelons la « butte d'En Haut », et Floss les y pousse. Les bêtes partent en courant vers le bas du pré. Elles dénichent un lièvre brun qui détale. Les lièvres adorent ces étendues d'herbe. Au printemps, ils y font des courses folles, puis se dressent sur leurs pattes arrière pour boxer. Leurs femelles mettent bas dans les prés et cachent leurs petits dans les roseaux et les touffes d'herbe. Elles restent immobiles et nous regardent passer avec leurs grands yeux noisette.

Ici, le terrain est plus ouvert – presque une lande –, avec seulement de temps en temps une haie d'aubépines pour briser la ligne d'horizon. Ces prés sont des pâturages qui ont toujours été gérés de la même manière depuis des décennies innombrables. La terre n'est pas adaptée aux cultures. Nos brebis qui ont eu deux agneaux y paissent l'été, tandis que celles qui n'en ont qu'un, s'il est robuste, retournent avec lui dans les collines où il pourra être élevé dans la rude végétation d'altitude. Quelques vaches se sont rassemblées derrière nous, dans le pré du voisin, et passent la tête par-dessus la clôture. Elles appartiennent à mon ami Alan. C'est l'un des anciens de la commune, un homme plein de bon sens, fait du même bois que mon père. Nous échangeons souvent des remarques sur le prix des moutons, la météo ou les bêtes sauvages que nous avons vues. Il semble attristé par la manière dont les choses ont changé et me fait observer que nous gagnons aujourd'hui (en valeur réelle) un quart de ce qu'il était payé, jeune homme, pour ses moutons.

Et cependant, c'est encore pour nos animaux que nous restons là, ce sont eux qui génèrent le travail et les revenus qui nous aident à payer les factures. Nous retirons deux ou trois fois plus de revenus du bétail que des subventions écologiques (bien que nous soyons dans les tranches les plus hautes des aides disponibles). La production de notre agneau et de notre bœuf selon des méthodes plus respectueuses pour la flore sauvage, les insectes, les oiseaux et les autres animaux ne nous rémunère pas correctement, alors que nous devrions bénéficier d'une plus-value. À une époque où tout tourne autour de la production d'une alimentation à bas prix, je ne vois pas de perspectives se dessiner. La viande a été réduite à un bien de consommation pitoyablement bon marché dans les grandes surfaces, alors qu'elle devrait être une denrée respectée et prisée – même si cela implique d'en manger moins. Beaucoup de Britanniques ont perdu le goût (et le savoir-faire culinaire) pour ce qui peut être produit de manière durable dans leurs campagnes. La viande de mouton provenant de bêtes âgées arrivées au terme de leur vie reproductive dans les collines n'aurait aucun débouché sans la communauté pakistanaise qui, heureusement, aime encore la cuisiner et la consommer. Les vieux paysans de nos vallées savent précisément quand l'Aïd commence et se termine, car leurs plus grosses ventes de moutons coïncident avec ces dates.

Quand j'étais jeune et que j'ai commencé à comprendre à quel point le monde était tordu et compliqué, j'ai cru que nous pourrions tourner le dos à tout ça et nous cacher dans notre ferme comme dans une sorte de cocon. Et quand je suis parti à contrecœur pour l'université, puis pour gagner ma vie dans ce monde plus vaste, entre la vingtaine et la trentaine – en me mettant devant un ordinateur pour faire ce qu'on me disait de faire, en gros –, j'ai adoré le fait d'avoir un lieu où me retirer, où m'absorber dans ce que je percevais comme un « vrai » travail. C'est la ferme qui m'a permis de garder ma santé mentale.

Lorsque les gens rêvent de « retour à la nature », c'est souvent ce genre d'évasion qu'ils ont en tête. Quand on est resté coincé dans un bureau pendant des années de sa vie, avec de longs trajets en train de banlieue ou dans les bouchons, la vie à la ferme ressemble peut-être à la liberté. Mais j'ai fini par me rendre compte que la réalité de la vie d'éleveur est tout sauf une évasion du monde ; la plupart du temps, on en est plutôt l'esclave. Tout ce qui se passe dans une ferme est affecté par l'époque dans laquelle elle baigne ; elle est façonnée par un ensemble de forces extérieures puissantes. Nous sommes manipulés comme des marionnettes, tiraillés dans un sens et dans l'autre par des fils invisibles. Quelque part, cachés à la vue, ces fils sont reliés à votre manière de faire vos courses, de manger et de voter – et cela depuis toujours. Mais depuis cinquante ans, nous laissons les supermarchés et d'autres grosses firmes tirer sur ces fils sans laisser aucun choix aux éleveurs. Nous avons du mal à faire face à la catastrophe écologique que ce processus a entraînée, tout en produisant la nourriture la moins chère de l'histoire. Et au lieu de régler les problèmes structurels d'un système alimentaire dans lequel la quasi-intégralité du pouvoir et des profits est monopolisée par de grosses entreprises peu soucieuses de la santé des citoyens, des fermes et des écosystèmes, les responsables politiques proposent des subventions, ou « indemnités environnementales », inadéquates, minimales, pour dissimuler ses pires effets et pouvoir continuer sur la même voie.

Désormais, mes amis agriculteurs se répartissent grosso modo en trois groupes. Un tiers d'entre eux ont commencé à modifier leurs pratiques, trouvant des marchés de niche pour gagner de l'argent, et sont bien décidés à essayer de se comporter en bons serviteurs de l'écologie. Un autre tiers d'entre eux sont ouverts au changement mais disposent d'une marge de manœuvre limitée, empêtrés dans leurs réalités financières, souvent en tant que locataires lourdement endettés. Le troisième tiers est constitué des sceptiques – voire encore des adeptes du modèle d'agriculture intensive de l'après-guerre. Tout ça, ce ne sont que de belles paroles, disent-ils. Ils se consacrent plutôt à fournir ce pour quoi la société veut bien payer : de la bouffe pas chère.

Nos plus grandes écoles agricoles continuent de produire à tour de bras de jeunes agriculteurs « orientés business » et zélés défenseurs de la productivité. On leur apprend à être à la pointe de l'agriculture nouvelle, à faire appel à la science et à la technologie pour contrôler la nature. À envisager la terre en économistes. On ne leur enseigne rien sur la tradition, la communauté ou les limites écologiques. Rachel Carson n'est pas au programme. Ailleurs, dans d'autres facs, d'autres cursus produisent à la chaîne de jeunes écologues qui ne connaissent rien à l'agriculture ni à la vie rurale. L'enseignement est divisé en spécialités étanches et répartit ainsi les jeunes dans deux tribus séparées qui se comprennent à peine.

Un étudiant en agriculture est venu à la ferme l'an dernier, et quand je lui ai montré nos champs de foin en lui expliquant leur diversité en fleurs et herbes sauvages, il m'a regardé avec un mélange de perplexité et de dédain, comme si j'étais un idiot d'un autre âge, sympathique mais délirant. Il m'a affirmé avec assurance que ses profs auraient recommandé de labourer mes champs pour les débarrasser des « mauvaises herbes » et de ressemer une herbe plus moderne. L'idée qu'une ferme puisse être un peu plus que simplement une affaire rentable lui était totalement étrangère.

Heureusement, mon père ne m'a jamais envoyé dans une fac agricole. Il était vieux jeu et pensait que ces lieux produisaient des gens qui connaissaient le coût de chaque chose et la valeur d'aucune. Vers l'âge de vingt et un ou vingt-deux ans, je me rappelle lui avoir parlé avec admiration de la ferme d'un copain qui employait toutes sortes de techniques dernier cri, et il m'a simplement répondu : « Donnons-leur vingt-cinq ans et on verra comment ça se passe, avant de trop nous emballer. » Son critère, c'était le temps, et non le profit à court terme ou la dernière mode.

L'enseignement de l'agriculture parle encore principalement de changement et d'innovation, de « disruption », et non de ce qui fonctionnera à long terme. Du point de vue de la modernisation, mon étudiant dans le champ de foin avait raison. La conjoncture est telle que presque aucune forme d'agriculture authentiquement durable n'est rentable en ce moment. Cultiver pour la nature est un suicide économique. Produisez de la viande à un coût plus élevé que le poulet ou le jambon produits en agriculture intensive, et vous êtes considéré comme un anachronisme dans les rayons du supermarché.

Je suis obligé d'ignorer mes comptes dans cette tentative de bonne gestion, en espérant que le reste du monde reviendra à la raison un jour prochain. Bien sûr, ce n'est pas une bonne base pour un système sain, mais j'ai décidé il y a des années que si je devais travailler en dehors de la ferme pour compléter nos revenus, pour avoir les moyens de soigner correctement nos terres, eh bien je le ferais. Devoir s'adapter et gagner sa croûte autrement, cela n'a rien de nouveau. Je sais que si nous devenons trop fiers, trop têtus et trop inflexibles, nous sommes finis. Nous allons devoir apprendre de nouveaux tours. Mais je ne vais pas ruiner notre ferme à essayer de copier le modèle conventionnel d'agriculture industrialisée que j'en suis venu à voir comme destructeur. En cela, je suis aussi têtu que mon père.

Isaac et moi avançons sur le chemin et trouvons le trou dans la haie par lequel les moutons se sont échappés. Les touffes de laine prises dans les épines trahissent leur passage. Les clôtures, haies et murets de bonne qualité nous aident à garder les moutons là où nous le voulons, mais naturellement les bêtes ont leurs propres idées sur la question. J'enfonce quelques branches dans le trou d'un côté de la haie, puis de l'autre, jusqu'à ce que l'ouverture soit entièrement barrée. Comme Isaac n'est pas convaincu que cela suffira, j'enfonce encore une branche et je tire jusqu'à ce que la réparation ne soit plus qu'une masse d'épines rigide.

Nos brebis et agneaux sont répartis en trois troupeaux séparés, car cela correspond à la disposition des parcelles de notre ferme. Nous les déplaçons régulièrement pour permettre à l'herbe de se reconstituer entre les périodes de pâturage. Isaac, Tan, Floss et moi traversons ces prés. Des hirondelles nous dépassent d'un coup d'ailes, en volant juste au-dessus de l'herbe pour attraper les insectes dérangés par nos pas. Isaac, qui trottine pour rester à ma hauteur, fait remarquer qu'elles ressemblent aux chasseurs X-wings de *Star Wars*. Les brebis et les agneaux lèvent la tête en nous voyant, ou s'éloignent de quelques pas, mais dans l'ensemble ils ne se dérangent pas car ils nous connaissent. Rien ne remplace le fait de marcher sur la terre, de la sentir céder doucement (comme il se doit si le sol est sain) sous mes bottes.

J'essaie d'expliquer à Isaac que nous devons décider quelles bêtes nous ferons pâturer dans nos prés, comment et quand : soit en rotation autour des enclos, soit en « pâturage permanent ». Déterminer l'intensité du pâturage, la quantité de végétation que nous conservons et combien de temps nous laissons la pâture au repos : assez longtemps pour laisser pousser dix centimètres d'herbe grasse comme le feraient des éleveurs conventionnels, ou encore plus longtemps pour que les orchidées et les fleurs sauvages fleurissent puis se ressèment, ce qui prendra trente, quarante jours ou même plus. Nous essayons maintenant de pâturer de manière à augmenter la biodiversité et obtenir un sol plus sain, ce qui diffère de nos anciennes méthodes. Cela exige de plus longues périodes de repos entre les pâturages, et une plus grande variété d'herbivores pour brouter. Les moutons n'apprécient pas toujours l'herbe longue, déjà ancienne, ils préfèrent les pousses plus courtes et sucrées, c'est pourquoi il nous faut de bonnes clôtures et haies pour les empêcher de prendre la poudre d'escampette, comme les évadés sur le chemin.

Ces décisions sont importantes. Elles déterminent si cette terre produira un sol vivant et en bonne santé, ou s'il va s'éroder, se compacter et mourir ; si nous aurons des fleurs sauvages, des insectes, des oiseaux et des arbres sur nos terres, et combien ; si les haies seront touffues ou perdront leur cœur entremêlé ; si les rus et les cours d'eau seront sinueux ou rectilignes. Accumulés sur des paysages entiers, ces choix déterminent le genre de campagne que nous aurons et s'il y restera de la place pour la nature, ou même pour les gens. Ce sont des décisions très précises dont on parle peu, qu'on partage et qu'on comprend peu en dehors du monde fermé de l'élevage.

Une buse décrit des cercles au-dessus de nous dans le bleu en lançant des appels à son partenaire. Isaac la regarde surfer sur les thermiques pour rejoindre une colline au loin, au-dessus de nos jeunes vaches. Celles-ci broutent, la tête baissée. J'en compte sept et je vois que tout va bien : nous n'avons donc pas besoin d'y aller. Il y a cinq ans, nous avons recommencé à élever des bovins, près de vingt ans après qu'un tireur d'élite de la police est venu abattre au fusil ceux de mes parents lors de la crise de la vache folle. Créer un nouveau troupeau, trouver et acheter les bonnes femelles fondatrices, apprendre à les connaître, voir leurs veaux naître et grandir, tout cela apporte beaucoup de joies. Mon père aurait adoré, et ses avis me manquent, car il connaissait le bétail mieux que moi.

Nous sommes en train de construire un troupeau de galloways ceinturées – des vaches noires au poil bouclé avec une large ceinture blanche autour du ventre, originaires d'Écosse, juste de l'autre côté de l'estuaire de Solway. Elles se remarquent à plus d'un kilomètre, avec leur bande blanche caractéristique. Les bovins sont un élément vital du patchwork de l'élevage autrefois en vigueur dans toute notre vallée ; il s'est lentement perdu quand nous avons commencé à nous spécialiser et à simplifier nos pratiques il y a une trentaine années. Mais je veux que mes enfants grandissent avec des vaches. Je veux qu'ils connaissent leurs différentes habitudes de pâturage, nécessaires pour une partie de nos nouveaux pacages dans les bois et sur les berges.

Nous nous sommes déplacés pour aller voir une éleveuse respectée et faire le tour de ses vaches. Je portais Tom sur mes épaules. Elle a appris aux enfants le nom et l'histoire de chacune des bêtes, et a gratté le dos de celles-ci quand elles sont venues nous entourer avec curiosité. Un grand taureau déambulait parmi les vaches en meuglant, en soulevant de la poussière tel un bison sauvage dans la prairie et en leur flairant la queue. Le petit poing de Tom s'est resserré sur une mèche de mes cheveux. Mais le taureau était inoffensif. Il avait été champion de la vente d'élite à Castle Douglas l'automne précédent.

On sentait bien, dans ce pré, que l'éleveuse aurait préféré n'en vendre aucune, mais bien sûr elle se devait de le faire. Elle nous a proposé le choix entre deux belles génisses gestantes, et nous en a demandé un prix astronomique. Il était clair que ces bêtes n'iraient nulle part si ce n'était pour un bon prix. Nous sommes rentrés les mains vides, légèrement démoralisés et conscients que la constitution de notre troupeau prendrait plus longtemps et coûterait bien plus cher que prévu. Mais on ne commence pas un troupeau avec des femelles médiocres. Donc, trois semaines plus tard, nous avons rappelé, acheté celle que nous avions préférée et sommes allés la chercher. Au mois de janvier suivant, elle a donné le jour à notre première génisse à pedigree, que nous avons appelée « Racy Ghyll Lily I ».

J'avais oublié combien j'aimais les vaches : leurs habitudes grégaires, leur caractère débonnaire, leur rumination permanente. J'avais oublié à quel point elles faisaient partie de ces lieux. Nos galloways ceinturées sont réellement chez elles dans ces paysages du Nord. Elles sont carrées, trapues et velues, avec une tête courte et large, le poitrail et le ventre arrondis (il faut une bonne panse pour digérer les nourritures rustiques). Dans leur robe à deux couches, la tête couverte de boucles, elles endurent sans broncher nos hivers humides et froids. Elles ont été créées par un long historique d'élevage sélectif et de pression évolutive pour être des dures à cuire. Elles n'ont nul besoin de bâtiments ou d'équipements sophistiqués et ne demandent pas grand-chose de plus qu'une poignée de foin les jours de très mauvais temps. Elles maigrissent pendant l'hiver, mais conservent mieux leur chair que les races modernes qui « fondent » rapidement en cas de disette ; elles savent se trouver à manger même dans les pires périodes.

La façon dont elles modèlent le paysage a été une révélation pour moi, notamment quand je les ai vues éclaircir les roseaux et aider à la dispersion de plantes comme l'orchidée avec leurs empreintes de sabots. Elles paissent de manière plus irrégulière que nos moutons, c'est-à-dire qu'elles laissent certaines zones pousser davantage à des moments clés du printemps et de l'été, ce qui permet à quelques plantes de fleurir et de se ressemer, tandis qu'à d'autres endroits elles broutent à ras, ce qui favorise d'autres végétaux aimant la lumière. Les oiseaux nicheurs au sol comme les courlis ont l'air d'apprécier cet habitat mixte, car on trouve souvent leurs nids dans les prés à vaches. Sans elles, les herbes folles agressives l'emporteraient sur les plantes plus petites, plus délicates et plus rares. Le pré où les vaches paissent tout l'été résonne de la stridulation des sauterelles et du chant des locustelles tachetées, animé par des nuages de papillons de nuit ou de jour. En juillet, des orchidées se dressent parmi les herbes. Les éphémères dansent au-dessus des mares où boivent les bêtes. Les hirondelles attrapent à tire-d'aile les mouches qui grouillent sur les bouses. Les corbeaux y cherchent des vers, des larves, des scarabées et des pupes, et dispersent les nutriments dans toute la parcelle.

Nos pâtures à moutons permanentes, comme celle dans laquelle nous nous tenons en ce moment, comprennent un mélange de presque cinquante espèces d'herbes et de fleurs sauvages capables de résister à un pâturage plus uniforme, et plus adaptées à une tonte courte. Des oiseaux comme l'alouette et le pipit farlouse adorent ces espaces tondus à ras. Deux ou trois fois l'an, je vois un petit faucon, un hobereau, les prendre en chasse. Donc, la leçon n'est pas tant que les vaches sont bonnes et les moutons mauvais, mais plutôt que nous avons besoin d'une mosaïque saine d'habitats agricoles variés : nos bêtes sont les instruments qui façonnent notre environnement en bien ou en mal. Et nos habitats pâturés abritent nettement plus de biodiversité que n'importe quelle terre agricole travaillée en monoculture intensive.

Isaac et moi retournons vers la maison. Je suis trempé jusqu'aux genoux, mon fils jusqu'au ventre. En passant, nous donnons des coups de pied dans les taupinières qui constellent le pré pour disperser la terre sur l'herbe.

C'est assez stupéfiant, mais les paysans, au fil des siècles, n'ont jamais connu grand-chose à la biologie des plantes et du sol. Le sol, c'était juste la terre dans laquelle on faisait pousser les cultures, la matière sous la surface de la pâture, sans grande importance en soi. On ne s'en préoccupait pas. Nous savions qu'il avait un pH plus ou moins élevé, mais pas que c'était un écosystème vivant. Quand on y songeait, c'était uniquement pour se demander si on l'avait suffisamment hersé ou s'il fallait le couvrir d'une couche de chaux ou d'engrais. Mais si vous aviez demandé à mon père ou à mon grand-père, ou à moi-même, ce qu'était en fait la terre, ou comment fonctionnait sa « vie microbienne », nous n'aurions pas su quoi répondre.

Isaac et moi nous sommes éduqués ensemble dans ce domaine, ces deux dernières années, grâce à notre amie qui enseigne l'« agriculture régénératrice ». Elle nous a montré des choses simples dans nos champs. Elle a prélevé, à la bêche, des carrés de terre de quinze centimètres de côté et nous avons compté les vers de terre qu'ils contenaient. Nous avons vu à quel point le sol était plus sain dans certains endroits que dans d'autres, et nous avons parlé de la manière dont nos pratiques passées avaient engendré ces différences. Notre professeure a enfoncé un anneau de plastique dans la terre et versé de l'eau dedans pour nous montrer la quantité de liquide que retient un sol sain, et à quelle vitesse il l'absorbe, par rapport à un mauvais. Elle m'a pardonné mon ignorance en matière de photosynthèse et m'a patiemment expliqué pourquoi les plantes poussent bien mieux quand elles ont plus de masse de feuilles et des racines plus profondes, plutôt que quand elles sont tondues en permanence.

Elle nous a aidés à comprendre qu'un sol plein de vie est l'habitat le plus important de la ferme – la base de la chaîne alimentaire – et que toute agriculture est au bout du compte « de l'élevage », car de toute manière, que la surface soit occupée par des cultures ou par des herbivores, nous sommes toujours en train d'exploiter et d'utiliser des quantités extraordinaires de créatures vivantes au-dessus et en dessous de la surface. Environ la moitié de ce qui vit dans le monde vit dans le sol. C'est un univers en soi, occupé par toutes sortes d'étranges et merveilleuses relations entre les racines des plantes et les algues, les bactéries, les nématodes, les charançons, les protozoaires, les champignons, etc. Je ne prétends pas comprendre. Une poignée de terre en bonne santé peut contenir plus de bactéries (parmi une multitude de bestioles) qu'il n'y a d'humains sur Terre. La bonne nouvelle pour le sol de notre ferme, c'est que, contrairement aux terres labourées et « améliorées », il est perpétuellement couvert d'un épais tapis d'herbes et de fleurs sauvages variées – ce qui veut dire qu'il n'est jamais complètement exposé au soleil, à la pluie ou au vent qui le chaufferaient, le souffleraient ou l'éroderaient. Par endroits, les racines descendent à près d'un mètre, retenant le sol et fournissant des chemins pour les nutriments.

Le secret pour le garder en bonne santé, comme nous le savons maintenant, c'est d'imiter le comportement des herbivores sauvages, avec des épisodes soudains de pacage massif, qui piétinent l'herbe et la parsèment de merde, de pisse et de salive. C'est assez moche à voir, un gâchis d'herbe écrasée, mais c'est le paradis pour le sol. Les bousiers, les vers et une multitude de créatures diverses entreprennent alors de ramener les feuilles et les déjections d'herbivores (qui regorgent aussi de matière végétale condensée et partiellement digérée) dans le sol. Il s'ensuit un festin géant, un gueuleton à base de terre, que nous pouvons encore encourager en ayant davantage d'arbres et de haies qui couvrent la terre de feuilles mortes et de bois pourrissant. Tous ces éléments conjugués jouent un rôle précieux dans la formation du sol, et avec le temps de plus en plus de terre se crée, laquelle retient le carbone. Notre terre est désormais solidement arrimée, sans érosion, et son écosystème souterrain peut donc s'épanouir, libéré des engrais et de la charrue. Les oiseaux m'ont dit que cela fonctionnait, car ils passent tout leur temps à se nourrir dans les deux parcelles que j'ai gérées de cette manière à titre expérimental il y a quatre ans. Le sol est la fondation de notre écosystème.

Malheureusement, nous ne pouvons pas tous être nourris par des systèmes pastoraux. La charrue, avec les récoltes annuelles qu'elle permet – maïs, blé, orge, soja, sorgho, manioc, pommes de terre et riz –, fournit leur alimentation à la plupart des humains. Mais ces trente dernières années, nous avons appris que le labourage était catastrophique d'un point de vue écologique : il éventre les réseaux microbiens du sol, augmente ou abaisse sa température (en éliminant la végétation de surface, ce qui l'expose aux éléments), tue les bactéries et les micro-organismes, et favorise l'érosion par la pluie et le vent à une échelle gigantesque, intenable. Cette nouvelle est sidérante – et dure à encaisser pour de nombreux paysans. Ajoutez à cela le fait que les engrais et pesticides de synthèse détruisent en grande partie la vie souterraine, et les agriculteurs (ainsi que les humains en général) se retrouvent avec un problème de taille sur les bras. Notre civilisation repose sur la charrue (et sur les outils chimiques de l'après-guerre), et voilà que la charrue pose problème. Il va donc falloir trouver comment cultiver d'une manière hautement productive mais qui travaille avec la nature, et qui la respecte. Cela implique de changer maintenant nos pratiques et de remettre en cause les outils dont nous sommes devenus dépendants.

Il est possible de cultiver des plantes annuelles sans avoir recours à la charrue, en enfonçant les semences directement et en dérangeant le sol au minimum (« culture sans labour »). Mais cela s'accompagne de nouvelles difficultés, car comment faire alors pour éliminer la récolte moissonnée et laisser place à la suivante sans l'enterrer avec une charrue, ni tuer la repousse et les mauvaises herbes à l'aide de pulvérisations chimiques ? Il se peut qu'un jour on arrive à concevoir et cultiver des espèces de céréales persistantes qui rendront le labour superflu (des gens très intelligents travaillent là-dessus, mais ce n'est pas encore une réalité partout). Et comment faire pour fertiliser les champs sans engrais de synthèse ?

La solution à ces défis, dans de nombreux endroits, est le retour à des cultures mixtes en rotation et à l'élevage du bétail. À la place des engrais de synthèse, on utilise les bêtes et des plantes couvrantes comme le trèfle et les légumineuses pour nourrir et guérir le sol. Des troupeaux d'ovins et de bovins broutent et piétinent les chaumes après la moisson et inhibent la repousse, puis mangent les mauvaises herbes arables une fois le champ redevenu pâture dans la rotation. Il s'avère que les anciennes règles des champs tiennent toujours la route – il suffit de minimiser ou de supprimer le labourage. Ironie du sort : les meilleures des nouvelles « technologies » durables pour rendre la santé aux sols cultivés et les rendre à nouveau fertiles, ce sont les vaches et les moutons. C'est pour cela que les terres d'altitude ont toujours été une nursery de bétail pour les terres situées en plaine ; des quantités de moutons et de vaches étaient nécessaires pour permettre la culture des végétaux, et il était sensé d'en produire l'essentiel sur les terres ayant la plus basse valeur marginale.

De retour à la maison, nous essuyons les réprimandes d'Helen parce que nous rentrons trempés et salissons le sol. Pour couronner le tout, Tom a rapporté de pleines poignées de pommes de pin, qu'il laisse tomber par terre dans l'entrée. Isaac se met en slip et monte se changer. « Mets tes habits au sale tout de suite ! » lui crie sa mère. Je retire mes chaussettes et m'assois dans le plus vieux fauteuil. La cuisine sent délicieusement bon. Helen a préparé un poulet et une tarte aux poireaux-pommes de terre. Je lui raconte la réparation de la clôture et les tâches de la matinée. Elle fait semblant d'écouter pour me faire plaisir, mais elle est préoccupée par son propre travail : le courrier sur le comptoir, les factures étalées. Son ordinateur portable est ouvert. Elle a passé la matinée à revoir le registre médical parce que nous avons une inspection officielle la semaine prochaine. Elle assume les innombrables tâches ingrates qui font tourner la maison et la ferme. Et parfois, elle semble avoir envie de m'étrangler ou de me hurler dessus parce que je la laisse à la maison avec quatre enfants et un million de choses à faire. À d'autres moments, je la vois sourire pendant que nos enfants jouent dans les prés ou dans le ru, ou quand ils nous aident dans les enclos à moutons ou dans l'étable, et elle semble adorer elle aussi cette vie. Elle a un tempérament de feu et se bat tous les jours pour notre famille. Si je peux faire ce que je fais, c'est uniquement parce qu'Helen consacre toutes ses heures éveillées à soutenir la ferme et à prendre soin de la famille. Elle veille à tout en coulisse. C'est toujours elle qui a été forte quand moi je perdais pied.

Je ne suis pas sûr d'être très doué pour l'élevage. C'est une activité écrasante. Je ne peux déjà pas tout faire, alors tout faire bien… Je jongle en permanence avec les responsabilités pour payer les factures. Souvent, je me trompe. La ferme ne rapporte presque rien, et le peu qu'elle rapporte, elle le dévore. J'ai la terreur de finir ruiné, de tout laisser partir à vau-l'eau. Je sais maintenant pourquoi mon père avait parfois l'air vaincu. La liste des choses que je n'ai pas encore faites s'allonge tous les mois. Je pourrais occuper deux vies à réparer nos clôtures et nos murs, à plesser nos haies, à soigner tous les moutons malades et à faire le travail qu'il faut pour améliorer notre troupeau. Je pourrais dépenser des fortunes que nous n'avons pas à planter des arbres et à créer davantage de zones de vie sauvage. Je pourrais passer encore plus de temps à essayer d'élever un grand troupeau de vaches à pedigree et des troupeaux de moutons inégalés. La vérité, c'est qu'une ferme vous avale tout cru, vous prend tout ce que vous avez, et en demande encore. C'est aussi un grand exercice d'humilité : on ne peut pas y arriver seul.

La plus grande leçon que j'aie apprise, c'est que l'idée du « fermier » individuel héroïque est une sorte de mythe macho. Il faut un village pour faire du bon travail à la ferme. Une grande partie de ce travail est accompli par les femmes. Ma femme, ma mère, ma grand-mère ont toutes soutenu cette ferme, construit leur vie autour et supporté des hommes obsédés par elle. Mais cela va bien plus loin que notre famille. Nous dépendons d'une foule de gens qui savent comment entretenir ce paysage à la manière traditionnelle, qui savent utiliser les vieux outils pour gérer les haies, les bois, ou pour planter des arbres en pleine santé. Nous recherchons les conseils des bons éleveurs et éleveuses qui s'y connaissent en vaches et en moutons : quand les déplacer, de quelle manière, et comment les sélectionner pour qu'ils soient rustiques et adaptés aux conditions locales. Nous avons plus que jamais besoin de ces paysans compétents et réfléchis.

J'ai fini par comprendre que nous avions également besoin d'une petite armée de naturalistes pour nous aider à jouer notre rôle dans la restauration des campagnes. La somme des choses à comprendre dans l'écologie d'une ferme dépasse tout ce qu'on peut raisonnablement attendre de n'importe quel éleveur. Reconnaître que je ne pouvais pas tout faire ni tout savoir m'a fait peur, au début. Je craignais de ne pas être aussi fort ni aussi sage que j'aurais dû l'être. Mais plus j'ai partagé et accepté de l'aide, plus notre ferme est devenue une communauté. Plusieurs écologues jouent maintenant un rôle dans nos pratiques – certains venus d'agences gouvernementales, d'autres en tant qu'amis encourageants, et quelques-uns que nous avons payés pour nous aider à comprendre ce que nous possédons et pourquoi c'est important. La mise en commun des connaissances est en train de transformer notre compréhension de nos terres et de notre vallée. Cette alliance des savoirs anciens et modernes rend notre travail plus excitant et gratifiant que jamais. La vie est plus riche de toutes ces choses que nous apprenons. Et plus nous partageons notre ferme, plus elle prend d'importance à nos yeux. Je ne tourne plus le dos au monde.

Nos champs sont plus animés aujourd'hui que dans les années 1980 et 1990, où ils devenaient parfois solitaires et silencieux à mesure que le sol s'érodait et que le travail et les gens se perdaient. Cette vallée est de plus en plus un lieu de régénération – un lieu où l'on fait du travail, du bon travail qualifié. Il y a toujours ici quelqu'un en train de travailler, ou d'apprendre, ou de nous aider. Restaurer la campagne n'implique pas de détruire les anciennes communautés et les anciens modes de vie, ou du moins ça ne devrait pas être le cas. Il s'agit de construire de nouvelles communautés rurales fortes qui respectent à la fois le vieux et le neuf.

Des scolaires viennent à la ferme utiliser nos champs comme salles de classe pour apprendre des choses sur l'agriculture, l'alimentation et la nature. C'est un bonheur de voir des enfants assister à la naissance d'un agneau, toucher une toison ou suivre le parcours de la nourriture du champ à l'assiette. Ils poussent des exclamations en voyant dans une boîte de Pétri des larves de phryganes prélevées sur les berges. Ils cherchent des cloportes dans les troncs pourris. Ils farfouillent dans les broussailles de nos zones ensauvagées pour y dénicher des grenouilles et des têtards. Ils gambadent en comptant les fleurs sauvages dans nos prés. Et ils nous aident à planter des haies ou à enfoncer des saules sur les berges. Pendant les pauses, ils se régalent de la liberté des champs, courent partout en braillant, et emplissent nos terres d'une joie sauvage.

Un jour, une classe est venue d'une ville éloignée, et on nous a dit qu'un petit garçon avait des difficultés chez lui. Il parlait à peine, avait le teint gris comme du ciment, et tressaillait chaque fois qu'un adulte s'approchait de lui. Pendant la pause déjeuner, je l'ai emmené avec la maîtresse chercher les œufs dans le petit poulailler mobile qui se trouve dans l'herbe à côté de la grange. Nous avons doucement parlé des poules qui gloussaient dans la cour, et du fait qu'elles regagnaient leurs nids pour pondre dans la paille. Il a tendu le bras à l'intérieur et soulevé les œufs tièdes, et l'espace d'une seconde, cette joie simple a illuminé ses traits. Au fil de la journée, il a paru retrouver ses couleurs, sa voix et un peu plus d'assurance. Il adorait regarder les chiens rassembler les moutons. Et au moment de dire au revoir, il nous a souri d'un air absolument sincère. Sa maîtresse nous a dit qu'il avait passé une journée fantastique, la meilleure depuis bien longtemps. Une fois l'enfant parti, j'en ai pleuré de frustration et de tristesse.

Après le déjeuner, mes filles viennent avec moi car j'ai besoin d'elles sur les chemins pour emmener nos troupeaux à l'enclos. Certains agneaux ont le derrière sale et ont besoin d'être vermifugés. Le troupeau se trouve au-delà du village, dans un pré loué, une rude pâture séparée il y a longtemps des terres communes. Molly reste en haut du chemin et s'assoit sur le talus herbeux pour prendre le soleil pendant que Bea et moi allons chercher les moutons plus loin sur la route. Bea arrête la voiture et je fais sortir le troupeau du pré. Nous poussons les bêtes sur la route, avec nos cinq chiens sur leurs talons, et quand elles arrivent à la hauteur de Molly, celle-ci les fait tourner sur le chemin. Nous repartons vers la maison entre les saules. Les filles se font des badines en dénudant des branches de hêtre prises dans les haies.

Je demande : « Qu'est-ce que c'est, cet arbre ?

– Fastoche : un sorbier des oiseleurs, répondent-elles.

– Et cette ferme, elle est à qui ?

– À Peter Lightfoot.

– Que pensez-vous de ce bélier herdwick ?

– Pas mal. Mais il a le poil un peu trop clair pour ton goût, papa. »

Elles sont fières de leur culture agricole, elles qui ont l'habitude de présenter et de vendre des moutons depuis qu'elles sont toutes petites.

J'ai essayé d'enseigner à mes enfants les choses qu'on m'avait apprises, comme « connaître les moutons », identifier à qui ils appartiennent et jauger leurs qualités en quelques secondes. Mes filles comprennent le style et le caractère de notre troupeau et des autres autour de nous, et chacune a aussi un mouton à elle. Molly a perdu sa plus vieille brebis il y a deux hivers de cela. Comme elle avait travaillé pour moi au moment de l'agnelage, je l'ai laissée en choisir une jeune en remplacement lorsqu'il y avait au moins cent bêtes à l'étable. La plupart des gens les auraient trouvées toutes identiques. En quelques minutes, elle a porté son choix sur la meilleure et m'a lancé un sourire d'adolescente décontractée en sortant de l'étable. Elle savait que c'était la meilleure, une bête dont je n'avais pas envie de me défaire, mais la perte était amoindrie par la fierté de savoir qu'elle s'y connaissait assez pour l'avoir repérée. Rares sont les bergers qui auraient aussi bien choisi.

À la naissance de Tom, j'ai acheté une agnelle à une vente de notre voisine et rivale Jean Wilson pour 500 livres, afin de démarrer son troupeau. Elle lui a écrit une carte disant qu'elle espérait qu'en grandissant il me battrait dans les foires agricoles avec les agneaux engendrés par cette brebis. Elle lui a accordé une prime «porte-bonheur» (20 livres de remise sur le prix d'achat). Dans les années à venir, je ne doute pas qu'il présentera ses bêtes dans les foires aussi bien que le font mes filles (elles en remontrent à la plupart des bergers).

Je veux aussi que mes enfants aient conscience de la chance que nous avons de vivre dans cette ancienne vallée agricole loqueteuse, si gorgée de nature. Qu'ils voient – contrairement à moi quand j'étais jeune – l'ensemble du tableau derrière nos cadres traditionnels et qu'ils envisagent notre ferme dans son entièreté ; qu'ils comprennent que nulle ferme n'est une île, mais qu'elle fait partie d'un écosystème plus vaste, une vallée, un bassin hydrographique, un monde interconnecté. Je montre du doigt les ramoneurs, ces petits papillons noirs que les moutons chassent d'un coup de sabot, d'autres avec des petites taches rondes qu'on appelle des tristans, et les myrtils, plus grands, marron et rouges sur les bords. Je leur montre les fleurs de bugle bleu lavande qui s'élèvent de la tourbe à intervalles de quelques centimètres, les simples petites fleurs de potentille jaunes, et la mousse sur la face humide des troncs des chênes. Quand nous traversons le portail ouvert et entrons dans le pré, je ramasse une bouse séchée, friable et légère comme du papier mâché, et mes filles me regardent comme si j'étais timbré. Elle s'effrite entre mes mains, mais grouille de vie : de grosses larves grises, des petits bousiers noirs, de minuscules coléoptères turquoise et des carapaces d'insectes brillent dans le soleil.

Les brebis remuent les oreilles et baissent la tête pour échapper aux mouches qui se rassemblent au-dessus d'elles. Les plus âgées mènent le troupeau, leurs agneaux trottant derrière elles. Les chiens font des zigzags pour les pousser en avant, la langue pendante. J'essaie d'expliquer ce que je fais, pourquoi je me soucie du fumier, et des scarabées, et des tourbières, et des champignons et des vers. J'essaie d'expliquer que l'avenir de la ferme dépend du fait de conserver autant que possible les habitats (et les processus naturels) de cette vallée qui fut sauvage, il y a de cela des milliers d'années.

«Mais c'était comment?» demande Molly.

Je dois reconnaître que pendant très longtemps je ne l'ai pas bien su. Mon grand-père faisait comme si notre vallée avait toujours été ainsi et devait le rester à jamais. Mais à présent, les écologues nous apprennent qu'elle était bien plus boisée autrefois et qu'elle abritait des espèces que je n'y ai jamais vues: des râles des genêts, des putois, des martres des pins, des lynx, des sangliers, des bisons, des bovins sauvages, des ours, des loups – et des espèces disparues telles que le mammouth et le rhinocéros laineux, le mégalocéros, le lion des cavernes. Les écologues ne savent pas précisément comment tout cela fonctionnait parce qu'il n'y a pas de descriptions, de photos, de films pour nous aider à imaginer ce passé. Certains pensent que l'endroit se trouvait sous une dense canopée d'arbres matures – la forêt profonde et sombre des contes de fées d'Europe comme dans *Le Petit Chaperon rouge* –, mais de plus en plus d'éléments indiquent que c'est une conception erronée, ou du moins simpliste. Les humains en font partie et façonnent les lieux depuis des dizaines, peut-être des centaines de milliers d'années. Nous sommes venus dans des lieux comme celui-ci en chasseurs-cueilleurs avant la dernière ère glaciaire, et avant que les bois ne les revendiquent, en suivant des troupeaux de rennes et d'autres herbivores, comme le font encore les gens dans le Grand Nord.

L'idée d'une vaste forêt est plus probablement une projection fondée sur ce qui se produit maintenant lorsque nous laissons une zone boisée se débrouiller seule, et non sur ce qui se produisait dans la nature sauvage de la Préhistoire lorsque de vastes troupeaux d'herbivores étaient déplacés par les grands carnivores. Les systèmes sauvages sont emplis de ce que les écologues appellent « dynamisme » et « perturbation ». Des herbivores grands et petits grignotent les arbres et les fourrés et les écrasent, dégageant des clairières et des zones herbues. Nous avons tendance à nous figurer les habitats comme statiques, fixes, mais dans la nature tous les habitats sont constamment forcés au changement par le pacage, les tempêtes, la maladie, l'écrasement des plantes, leur piétinement, la pourriture, la mort et la décomposition. Et tous ces processus sont nécessaires, car ils engendrent des niches uniques. Un écosystème sain est sans cesse en mouvement. La vraie nature sauvage n'a jamais ressemblé à un joli bois anglais. C'était le bazar, et les trois principaux types d'habitats – bois, brousse, clairières boisées – se déplaçaient continuellement dans une danse tournoyante, mouvante, de naissance, de vie et de mort.

Molly dit que cela lui rappelle un documentaire sur le Serengeti que nous avons regardé récemment. Elle a raison, me dis-je. Nos systèmes agricoles traditionnels peuvent évoluer de manière à fournir un tel patchwork d'habitats changeants (en utilisant les races natives et le savoir-faire concret des gens de la campagne) : des prés et des pacages ressemblant aux clairières du passé, pâturés de diverses manières et avec une intensité variable, et des haies fournies comme celles devant lesquelles nous passons maintenant avec le troupeau, pleines d'oiseaux qui se croient à une lisière de bois sauvage et épineuse. Plus nous créerons des habitats et processus tels que les rivières et les étangs sauvages, les fourrés souples et épineux, plus les espèces perdues commenceront à revenir. Paradoxalement, l'agriculture la meilleure pour la vie sauvage en Europe est la moins développée, la plus « rétrograde », celle que l'on trouve encore parfois dans des pays comme la Roumanie ou la Hongrie.

Devant nous, les moutons ont atteint un ru. Ils s'agglutinent, hésitants, jusqu'à ce que l'un d'eux saute au point le plus étroit et que les autres le suivent. Nous franchissons bientôt notre portail et descendons vers les enclos. Les filles attrapent les bêtes sales, que nous tenons fermement le temps que je leur nettoie le derrière à l'aide d'une paire de cisailles. L'un des agneaux a des asticots sur une plaque de laine humide ; nous les retirons à coups de pichenettes avant d'appliquer de l'huile anti-asticots Battles. L'agneau frissonne et paraît soulagé. Une demi-heure plus tard, nous avons terminé. Nous courons derrière les bêtes pour leur faire traverser le pâturage au-dessus des enclos et les pousser dans un nouveau pré. Un rouge-queue à front blanc volette devant le troupeau. Puis un autre, et encore un, jusqu'à ce que cinq petites queues rouges accompagnent les moutons d'un buisson d'épineux à un autre. On les aperçoit à chaque battement de leurs ailes, comme de petits triangles d'acajou fraîchement scié. L'air embaume la menthe, piétinée par les sabots des bêtes. Puis les voilà dans le nouveau pré, tête baissée pour brouter, ou levée pour appeler leurs petits. Je dis à mes filles de rentrer seules, et elles font la course dans la pente abrupte couverte de fleurs blanches, roses et jaunes. Je leur crie « Merci ! » mais elles ne m'entendent pas. Je dois maintenant retourner voir la vache et son veau pour m'assurer que tout va bien.

L'aspect du pré n'est plus du tout le même qu'à l'aube. Ces prés ne sont jamais pareils. Je commence à apprendre à les lire correctement, et ils font ma fierté. C'est une fierté d'un nouveau genre, à ajouter à la connaissance de mes ovins et de mes bovins. J'ai toujours vu leur beauté, leurs vagues de couleur ondulantes, mais je ne voyais pas, ou ne comprenais pas, leur folle biodiversité. Mon grand-père m'a tout appris sur les herbes, mais ne parlait jamais des fleurs sauvages. Ma grand-mère et ma mère parlaient des plus jolies fleurs de nos prairies, mais ne connaissaient pas bien leurs noms et se promettaient de regarder dans l'ouvrage *The Oberver's Book of British Wild Flowers*, toujours rangé dans le tiroir du téléphone.

Au fil des mois, après la mort de mon père, j'ai peu à peu pris conscience de mon ignorance quant à la nature de notre vallée. J'ai donc payé un botaniste pour faire l'inventaire des plantes. Il ne m'a fallu que quelques secondes, quand il est entré dans notre meilleur champ de foin, pour voir qu'il savait le lire comme j'en étais incapable. Il a déployé une petite collection de fleurs dans sa main et me les a détaillées une à une, content que cela m'intéresse. Au bout d'une heure ou deux, il apparaissait clairement que nos prés étaient en bien meilleure santé, bien plus biodivers, que nous ne l'imaginions. Nos champs n'étaient pas fichus, et il n'était pas trop tard. Le botaniste tombait sur des espèces obscures qu'il devait chercher dans ses livres – des plantes qu'il avait rarement vues ou qu'il ne s'attendait pas à trouver là. À la fin de la première journée, il était rouge de coups de soleil et radieux d'enthousiasme. Il avait recensé plus de quatre-vingt-dix espèces rien que dans le premier champ. Certains champs modernes soumis à une culture intensive ne comptent plus que quatre ou cinq espèces, parfois une seule. Il m'a indiqué des plantes que je n'avais jamais remarquées sur mes terres et m'a raconté leur histoire :

l'euphraise arctique, l'euphraise confuse, l'hydrocotyle vulgaire ou herbe-aux-patagons. Et il a donné un nom à des plantes que je connaissais depuis toujours mais dont je ne savais toujours rien, comme le géranium des bois, la potentille des marais, le cirse à feuilles variables, le lychnis fleur-de-coucou, la campanule à feuilles rondes, la laîche puce, le séneçon des marais. Il a dénombré sur la ferme près de deux cents espèces de plantes ou d'herbes, dont beaucoup figurent sur la « liste rouge » des espèces menacées. Il s'est aussi rendu compte qu'une demi-douzaine d'espèces importantes n'y étaient pas, si bien que nous avons entrepris de les réintroduire au moyen de 6 500 semis minuscules, tous mis en terre à la main.

Le botaniste m'a appris encore autre chose d'important : que « la nature » n'est pas une chose qui se contente de vivre au pourtour de mes parcelles et dans les fourrés des lisières – elle vit aussi *dans* les champs, dans le sol et dans l'herbe. Les plantes rares sont des merveilles, mais il nous en faut aussi beaucoup de communes. Un pré contenant vingt espèces de fleurs et d'herbes n'est peut-être pas aussi écologiquement parfait qu'une prairie sauvage dégagée par les castors, ou qu'une clairière ouverte dans les bois par des bisons, pour autant il n'est pas sans valeur. Il est toujours bien plus riche et meilleur pour la nature qu'un champ d'ensilage sans fleurs. Des plantes relativement courantes comme le trèfle blanc ou rouge, ou la marguerite, ou le bouton-d'or, fournissent une nourriture abondante à des insectes comme les abeilles.

L'idée selon laquelle la terre devrait être soit parfaitement sauvage, soit parfaitement rentable et stérile est erronée et trompeuse ; c'est une simplification fausse et non recevable. Quand, par désespoir, nous réduisons notre vision du monde à une image en noir et blanc – l'agriculture c'est mal, la nature c'est bien – nous perdons de vue des distinctions et des nuances vitales. Nous clouons au pilori tout agriculteur qui ne serait pas un saint. Nous passons à côté des vraies complexités de l'agriculture, du vaste spectre qui s'étend entre ces deux extrêmes et des énormes possibilités d'agriculture propice à la nature qui existent dans cet espace. Certains changements modestes dans les pratiques pourraient se révéler révolutionnaires. Quel que soit le système adopté, il y a moyen de faire bouger un petit peu les choses pour y réintroduire beaucoup de nature. Si des gains marginaux, ces cinquante dernières années, ont peu à peu chassé la nature de nos champs, le processus peut être inversé.

Notre mode d'élevage ne nous rapportera aucune médaille, et pas beaucoup d'argent. Et il ne va pas « nourrir le monde », même s'il peut y contribuer. Certains agriculteurs, à l'extrémité la plus intensive et industrielle du spectre, considèrent nos usages comme une rêvasserie nostalgique. Ils feront des choix différents : ils nourriront plus de gens et pour moins cher que nous. Les exploitations ne peuvent et ne doivent pas toutes être exactement comme la nôtre, mais peu importe. Pour disposer d'un système alimentaire solide et résilient, nous avons besoin de fermiers de toutes sortes. La diversité est une force dans l'agriculture, comme dans tant de choses. Mais les agriculteurs, tout en effectuant un certain nombre de modifications plus ou moins importantes et avec des soutiens pour les aider à s'éloigner des pratiques destructrices, peuvent faire en sorte que les exploitations agricoles, quel que soit leur type, redeviennent bien meilleures pour la nature.

C'est maintenant la fin de l'après-midi, et les ombres s'allongent sur le versant sud de la colline. J'ai veillé à ce que le veau soit bien rassasié de lait, pomponné par sa mère qui lèche les boucles de sa toison. Je retraverse nos terres, empli de joie par la manière dont elles changent. Ma règle élementaire est la suivante : où que vous soyez dans notre ferme, vous ne devez jamais vous trouver à plus de trois cents mètres d'un autre type d'habitat précieux. Je veux une ferme emplie de chants d'oiseaux, d'insectes, d'animaux et de plantes et d'arbres magnifiques. Elle devra être alimentée principalement par le soleil, pas par les énergies fossiles. Nous passons à un usage réduit des médicaments et des produits chimiques, ainsi que des aliments du commerce. Nous n'utilisons presque plus de pesticides, et j'espère même bientôt les supprimer totalement. Nous nous sommes déjà affranchis du réseau électrique grâce à des panneaux photovoltaïques, et l'étape suivante est une mini-turbine hydroélectrique ou une mini-éolienne. Récemment, nous avons fait expertiser notre bilan carbone. Nous avons alors constaté que nous en captions bien plus que nous n'en consommions ou émettions. Je pense que nous pouvons encore en capter davantage.

Rien de tout cela n'empêche d'élever un magnifique troupeau de moutons ou de vaches. Les engrais, les médicaments, les pesticides, les carburants, les aliments, les tracteurs et les machines que nous achetions naguère et qui nous faisaient perdre de l'argent étaient en réalité responsables de tous les dégâts que nous avions subis. Nous passons progressivement à un système agricole qui produit à manger avec un minimum d'intrants. Malheureusement, cela implique de gagner de l'argent hors de la ferme quand il le faut. Cette nouvelle manière d'envisager notre ferme ne remplace pas mes rêves d'origine ni mon identité ; elle y ajoute juste encore plus d'intérêt.

En vérité, nous retournons partiellement à une vie agricole plus ancienne – une vie de sueur, de sang et de labeur. Le travail redevient saisonnier et physique, et nous force à être là, à voir les choses, à nous salir les mains. Ce n'est pas la recette pour une vie facile. Les paysans d'antan travaillaient extrêmement dur et devaient toujours rester vigilants. C'était rude, et cela ne respecte aucun principe économique de diminution du travail et d'augmentation de la productivité. La préoccupation d'un agriculteur ne devrait pas être de passer le moins de temps possible sur le terrain. Nous devrions y être constamment présents afin de mieux comprendre et utiliser les rythmes et processus de la terre, que nous pourrions alors soigner de manière plus concrète.

Notre nouvelle vie à la ferme est synonyme de pouvoir et de contrôle limités. Nous nous retrouvons une fois de plus dans l'ancestrale bagarre avec la nature, et nous perdons souvent. L'hiver dernier, j'ai essayé de diminuer les doses de médicaments et d'antibiotiques que j'administrais à mes bêtes. Résultat : quand il y a eu un gros coup de blizzard à la fin du printemps, mes moutons sont soudain tombés malades et ont très mal résisté au vent hurlant et au froid mordant. Ils étaient, à mon insu, porteurs de la douve du foie – un parasite qui utilise comme hôte, pendant une partie de son existence, un minuscule escargot d'eau douce qui ensuite se fait manger avec l'herbe par les moutons et leur abîme les intestins et le foie. Le processus est invisible, mais quand le long hiver s'est mis à peser sur mes bêtes – au moment où elles étaient maigres et fatiguées –, elles ont commencé à peiner, la pneumonie s'est installée, et plusieurs en sont mortes. Je savais que si je leur avais administré l'un des puissants médicaments contre la douve qui se trouvent sur le marché, cela aurait pu être évité. Parfois, renoncer à ces choses-là peut paraître naïf et se payer cher. Si le passé avait été facile, nous ne l'aurions pas abandonné aussi facilement. Quand vos enfants tombent malades, vous voulez les meilleurs traitements, et mon attitude est la même avec mes bêtes. Mais nous allons essayer de n'élever que des races locales adaptées à nos terres, et les sélectionner de manière à nous en sortir avec un apport minimal de produits et remèdes chimiques.

Mon père m'a dit et répété, pendant les mois précédant sa mort, que je n'avais pas à batailler contre le monde entier. Dans ses quinze dernières années, il était arrivé à une sorte de sagesse qu'il n'avait peut-être pas toujours eue (ou que je n'avais pas toujours su apprécier). Il avait appris que c'était acceptable de faire parfois un pas en arrière pour souffler, et de faire autre chose si cela payait mieux, ou si c'était plus logique. Ce n'est pas grave de reconnaître qu'on ne sait pas, ou qu'on se trompait avant. Ce pragmatisme est peut-être ce que mon père m'a légué de plus utile. Mon grand-père et lui ne faisaient pas tout ce que je fais maintenant, parce que personne n'attendait cela d'eux à leur époque. Je peux respecter leur bon sens et leur travail sans pour autant copier religieusement tout ce qu'ils faisaient. Ils réagissaient à la société dans laquelle ils vivaient et travaillaient, et je dois faire de même.

J'ai mis longtemps à accepter le plein déploiement du plan de conservation des cours d'eau proposé par Lucy. Sa grande idée était de déplacer le ruisseau qui traversait notre meilleur champ de foin vers un lit plus naturel à quelques centaines de mètres, afin de créer de nouveaux étangs et de nouvelles zones humides. Il me semblait que cela mobiliserait trop de terres et gâterait notre champ, et aussi que c'était démolir une trop grande part du travail accompli dans le passé. J'ai donc commencé par dire non, et nous nous sommes mis d'accord sur des changements moins ambitieux. Mais les années passant, j'en ai appris davantage sur les cours d'eau ensauvagés et j'ai accepté qu'on s'adapte à eux, et non l'inverse : j'ai changé d'avis. J'ai demandé à Helen et à mes enfants, et ils ont convenu que nous devions le faire parce que c'était la bonne chose à faire.

Cet été, les ouvriers sont venus : trois hommes d'une entreprise de bâtiment du coin avec une pelleteuse, un camion à benne et toutes sortes de machines. Ils sont un peu sceptiques à l'idée d'utiliser leurs machines pour « bousiller » un champ et voient dans ce projet le genre d'élucubrations qui ne peuvent sortir que de la tête d'une universitaire. Mais ils s'y sont mis et ils ont creusé des tranchées, des étangs, ainsi qu'un lit sinueux pour le ruisseau (le tracé ayant été déterminé au moyen d'une modélisation des inondations par satellite). Puis ils ont comblé le vieux lit rectiligne. Maintenant que c'est fait, ils ont fièrement commencé à créer des mares et étangs encore plus ambitieux que dans le projet d'origine. Enfin, tout sera clôturé de manière que les berges ne soient broutées que de temps en temps, si bien que le reste du pré pourra faire office de pâture d'agnelage sans que les agneaux nouveau-nés risquent de tomber à l'eau et de se noyer.

Nous prévoyons de planter des bandes de saules, d'aulnes et de noisetiers sur les berges. Helen dit que c'est comme « planter de la nourriture à castors » et qu'avant notre grand âge ces arbrisseaux seront peut-être rongés par ces petits ingénieurs aquatiques à fourrure. Le temps nous le dira. J'ai longtemps pensé que ces réintroductions étaient une folie, mais j'ai mis de l'eau dans mon vin. Plus j'en apprends, plus il me paraît sensé que des castors reviennent un jour gérer les zones les plus humides de notre vallée, plutôt que moi avec une hache et une pelle. Mon bétail peut aussi bien paître au long d'un ruisseau plus sauvage.

Je suis le conseil de mon père : je m'adapte au changement chaque fois que c'est possible et m'ouvre aux nouvelles possibilités. Je ne suis pas là pour combattre la moindre évolution dans le monde.

Quand nous sortons de la maison après dîner, les brebis et les agneaux s'appellent de part et d'autre de la vallée. J'emmène Tom et Isaac dresser les plus jeunes de nos chiennes, Bess et Nell. À l'étable, elles bondissent d'enthousiasme et viennent frotter leur museau contre nous, avides de compliments, aussitôt que j'ouvre la porte. Isaac doit prendre une grosse voix et leur donner des tapes jusqu'à ce qu'elles le respectent. Tom serre les genoux pour se cramponner au réservoir du quad, penché en avant, quand elles montent derrière lui. Puis, sur le chemin, elles sautent en marche, partent en courant et dévalent la pente entre les chardons en se chamaillant.

Isaac est le fils le plus gentil, le plus malin et le plus loyal dont un père puisse rêver. Il dévore les livres, et en chemin il me raconte les mythes nordiques qu'il vient de lire. Son rêve agricole m'emplit de fierté, d'espoir et de peur. De fierté et d'espoir parce que, bien sûr, j'adorerais qu'un ou plusieurs de mes enfants reprennent la ferme qui est devenue ma vie. J'adore imaginer cette vieille exploitation poursuivant son chemin, et mes enfants éprouvant un peu de l'amour que j'ai pour cette vallée, y trouvant le sens dans leur vie que j'y ai trouvé. Mais je ne voudrais pas qu'ils se sentent prisonniers des rêves de leur père. Je tremble pour eux, aussi, parce que c'est parfois un mode de vie épouvantablement dur et parce que le modèle économique est consternant.

Nous entraînons les jeunes chiennes sur de vieilles brebis dans le pré du bas, en les envoyant le long des bords du terrain pour ramener les bêtes vers un enclos fait de barrières mobiles au centre. Bess est forte et enthousiaste. Elle raffole du travail. Les brebis ont compris qu'elles ne lui échapperaient pas et entrent dans l'enclos sans grande résistance. Bess me regarde, ennuyée d'être tombée sur des bêtes si faciles. Sa sœur Nell étant timide, je fais ce que je peux pour la rassurer. Mais au bout d'un moment elle arrive à les rassembler, avec un style fluide, soyeux. Je regrette d'avoir gardé les deux, car Bess, avec son caractère autoritaire, semble avoir nui à la confiance en soi de sa sœur. Je vais devoir accorder à Nell plus de temps et de compliments hors de la présence des autres, puisque j'essaie d'en faire un chien de berger. Au lieu de gaspiller notre énergie, j'aimerais arriver à stabiliser notre ferme pour que nous puissions respirer, ralentir, et consacrer plus de temps à l'entraînement des chiens et à l'appréciation de ce lieu extraordinaire où nous sommes chez nous.

Nous allons voir mes *tup hoggs*, les moutons mâles d'un an que nous gardons pour les vendre comme béliers. Ils passent leur été dans un petit pré tout simple en altitude qui appartient à un certain Barrie, lequel, selon Isaac, ressemble au père Noël. Il y a quelque chose dans le pré de Barrie, peut-être son sol acide et tourbeux, qui contribue à donner à la toison de nos herdwicks un ton bleu ardoise foncé, la couleur idéale pour les vendre à l'automne. Leur tête et leurs pattes blanches se sont « dégagées » et éclaircies ces dernières semaines, perdant la noirceur de l'enfance, si bien qu'à présent elles emplissent mes yeux ravis d'une blancheur de neige. Leurs museaux se rident et deviennent plus saillants, un effet de la testostérone qui se déclenche au moment où ils atteignent la maturité sexuelle. Leurs pattes deviennent robustes, leurs os s'épaississent et, derrière la tête, leur cou laineux prend des allures de crinière argentée. Leurs cornes pâles se sont recourbées ces derniers temps, au niveau des oreilles et souvent près des yeux. Il existe une hiérarchie entre eux, et les plus forts paradent fièrement comme des rois.

J'adore mon troupeau de moutons ; ils font ma joie et mon orgueil, et quelque chose me dit que ce sera toujours le cas. Je travaille avec Isaac sur sa capacité à évaluer les bêtes, en l'aidant à repérer les détails qui permettent de distinguer un grand mouton dans un pré plein de bonnes bêtes. Il n'en est encore qu'aux bases, mais je pense qu'il s'en tirera très bien. À l'automne dernier, je n'ai pas pu aller les présenter lors de notre rassemblement de bergers : mon autre travail m'avait complètement absorbé. Comme je n'avais pas le temps de préparer les bêtes, Isaac y est allé avec ma mère et je suis resté à l'écart, contrarié de ne pas pouvoir vivre cette journée que j'aime tant. Le soir, Isaac est revenu en brandissant fièrement un plat en argent qu'il avait gagné au concours des « jeunes éleveurs » – une récompense accordée au jeune berger qui a le mieux su présenter une bête devant les juges. « Mais… tu n'avais même pas emmené de moutons ! » me suis-je exclamé. « Oh, pas grave, m'a-t-il répondu. Jean Wilson m'a prêté son jeune *tup*, et il s'est très bien tenu, très fier. Je pensais bien que je gagnerais. » Jean était ravie : elle m'a envoyé un message pour me faire remarquer qu'avec une de ses bêtes, on était assuré de gagner le plat en argent.

On m'a élevé dans certains principes sur ce qui faisait un « bon fermier ». Les meilleurs étaient ceux qui avaient le plus beau bétail, que ce soient des vaches, des moutons ou des cochons – c'étaient de grands éleveurs. Leurs champs débordaient de récoltes superbes, et ils travaillaient dur. Il me semblait alors que cette façon de voir n'avait jamais changé et ne changerait jamais. Mais à présent je vois clairement, en me retournant sur la vie de mon père et de mon grand-père, que la définition d'un bon fermier évolue d'une génération à l'autre.

J'ai grandi avec l'idée qu'une ferme était une propriété, un bien privé appartenant à quelqu'un, toute la fortune d'une famille, ou encore un legs compliqué de dettes et d'obligations. C'était avant tout un lieu de travail – un travail qui définissait les gens et leur donnait un but.

C'était aussi une affaire, une entreprise commerciale, produisant de la nourriture pour payer les factures et nourrir les gens. Nourrir son prochain est une entreprise noble, mais souvent dédaignée malgré son importance. Les sociétés humaines sont lardées de risques – il suffit de rater ne serait-ce qu'un peu les cultures, et les gens commencent à souffrir, les pauvres en premier ; si vous ratez tout, ce sont des millions de personnes qui meurent de faim.

Une ferme était aussi une maison, un foyer, les racines d'une famille, profondément ancrées dans le sol. Elle restait un foyer même si elle ne rapportait rien, ce qui expliquait que des fermiers continuent de s'y accrocher alors qu'ils auraient dû abandonner depuis longtemps ; un lieu chargé d'histoire, de récits et de souvenirs, comme une terre sacrée. Dans le même temps, une ferme faisait partie d'un système économique, culturel et social plus vaste, un réseau de familles et de communautés faisant le même travail, se consacrant aux mêmes bêtes, plantes ou pratiques.

Un vieux paysan m'a dit un jour qu'il avait eu l'impression de ne plus exister pendant dix-huit mois, après avoir perdu ses vaches et ses moutons suite à l'épidémie de fièvre aphteuse de 2001. Ce n'était pas simplement que son identité était liée à son travail avec ses bêtes, c'était que tous ses amis et connaissances aussi étaient liés à ces choses-là, ainsi que les ventes, foires et rassemblements qui les unissaient. Ses liens avec sa communauté avaient disparu en même temps que son bétail.

Une ferme a toujours représenté un rêve rural d'indépendance et de liberté, le rêve de laisser sa trace quelque part plutôt qu'être emporté vers la ville dans un vaste exode d'inconnus. C'est toujours vrai, et pourtant je comprends maintenant qu'une ferme est un lieu autrefois sauvage qui a été domestiqué pour notre service, appartenant à un écosystème souvent brisé ou appauvri. Nos champs sont le front de taille où nous, en tant qu'espèce, rencontrons le monde naturel, où notre politique, notre régime alimentaire et nos choix de consommation façonnent la terre, le monde sauvage autour, et même le climat. Et nous avons souvent fait beaucoup de mal.

J'en suis venu à comprendre que l'agriculture, même dans ses pratiques traditionnelles, a toujours un coût pour le monde naturel – c'est généralement un déclassement par rapport à ce qui serait là si les humains n'y étaient pas. Mais une fois que nous l'acceptons, nous pouvons aussi voir que les bons fermiers font davantage que produire des denrées : à force d'un laisser-faire bienveillant ou de soins assidus, leurs fermes peuvent permettre à une multitude de créatures sauvages de vivre en leur sein et dans leurs environs ; retenir des eaux qui, autrement, inonderaient des bourgs et des villes ; et capter quantité de carbone dangereux pour le climat. Une bonne ferme a une valeur publique bien supérieure au prix lamentable que reçoit le fermier pour sa production. Un de mes amis bergers voit tous les ans plus d'un million de randonneurs traverser ses terres pour rejoindre les montagnes où sont ses pâturages. Ces gens viennent du monde entier admirer un paysage magnifique, rude, à demi sauvage, fait de collines, de ruisseaux, de murs de pierre sèche montés à la main et de vieux corps de ferme.

J'ai fini par comprendre que même les bons fermiers ne peuvent pas décider à eux seuls du sort de leur ferme. Qu'ils doivent compter sur les choix de tous, en matière de consommation et de vote, pour soutenir et protéger une agriculture durable, favorable à la nature. Qu'ils ont besoin de fonds publics et de mesures politiques pour faire admettre qu'une agriculture bien menée est un bien public, une chose qui a besoin d'être encouragée et protégée.

La marginalisation de l'agriculture dans notre politique et notre culture nationales est une tragédie, car ce qui est en jeu, c'est le genre de pays dans lequel nous voulons vivre : une version cheap du Midwest américain brisé, ou une terre reflétant nos valeurs, notre histoire, nos aspirations et notre nature propres. Nous ne deviendrons pas un pays de bonne agriculture en nous laissant simplement porter comme nous l'avons fait jusque-là, en laissant les grosses firmes acquérir encore plus de pouvoir et en recherchant une alimentation toujours moins chère dans leurs supermarchés et leurs magasins.

Nous devons prendre l'alimentation bien plus au sérieux, cesser de la voir comme un problème technique à régler, mais plutôt comme quelque chose d'important en soi, qui enrichit la vie. Nous devons songer à la manière dont la nourriture est produite et au fait que nos choix se répercutent quelque part dans les champs. Nous avons tous été responsables de la nouvelle agriculture industrielle. Nous avons laissé faire parce que nous pensions désirer l'avenir qu'elle nous promettait. À présent, si nous voulons un futur différent, nous avons quelques décisions difficiles à prendre.

Nous avons trop longtemps écouté les économistes. Ils nous disaient de ne pas nous soucier d'alimentation locale puisque nous avions à l'échelle mondiale des chaînes d'approvisionnement qui étaient sûres. Mais même à supposer que cette affirmation soit vraie (le monde est bien plus instable et vulnérable aux crises humaines et naturelles qu'ils ne veulent bien l'admettre), ce n'est pas pour ça que les circuits courts sont importants. Nous avons besoin d'une agriculture locale pour pouvoir la comprendre et y rester engagés, et lui faire épouser nos valeurs. La production alimentaire est trop importante pour être repoussée hors de notre vue et de nos pensées. Les denrées issues de sources mondiales anonymes et lointaines sont rarement soumises à nos normes et régulations sociales, environnementales et d'hygiène, ou produites d'une manière conforme à nos valeurs. Nous avons tellement pris l'habitude d'être déconnectés des champs et de ceux qui les cultivent que nous avons oublié à quel point c'est curieux, d'un point de vue historique. Nous ne devrions pas être étrangers aux champs qui nous nourrissent. C'est mauvais pour notre santé de trop nous éloigner de la terre et des éléments, et des dures réalités qui nous permettent de subsister. Il existe maintenant une montagne de preuves que les gens sont en meilleure santé physique et mentale quand ils font un travail physique et passent du temps dehors, en contact avec la nature. L'aspiration moderne à nous élever et nous éloigner des préoccupations élémentaires et du travail de la terre se révèle être exactement le contraire de ce dont nous avons réellement besoin.

Ce dont nous avons besoin, c'est sortir de nos marchés et supermarchés les aliments produits d'une manière non durable ; on ne peut pas les laisser saper l'agriculture favorable à la nature, pleine de bienfaits. Nous devons continuer de produire une grande partie de notre alimentation sur notre sol afin de ne pas avoir à l'importer depuis des contrées stériles, ruinées, comme celles du Midwest américain, ou depuis des terres dépouillées de leurs écosystèmes vierges, comme en Indonésie et en Amazonie. Dans ces régions-là, l'agriculture est moins régulée, moins contrôlée, et nous ne pouvons pas l'influencer.

Par-dessus tout, nous avons besoin de terres cultivées et de terres sauvages qui équilibrent mieux nos besoins complexes. Nous devrions peu à peu limiter le recours à certains des outils technologiques qui ont bouleversé l'agriculture au cours du dernier demi-siècle, afin que des méthodes fondées sur la mixité et la rotation des cultures puissent être remises en avant. Retirez (progressivement) les intrants chimiques à base d'énergies fossiles, et les fermiers n'auront plus besoin qu'on leur dise de privilégier la mixité et la rotation, ils y reviendront d'eux-mêmes. Si nous pouvons encourager des habitats agricoles plus diversifiés, la rotation des pâtures et d'autres pratiques imitant les processus naturels, nous transformerons nos campagnes. Nous n'avons pas besoin que le gouvernement soit sur le dos des agriculteurs (l'Histoire regorge d'échecs en la matière, par exemple dans l'ancienne Union soviétique), nous avons simplement besoin de mettre en place les bons systèmes pour qu'ils adoptent ces pratiques d'une manière qui soit viable.

L'ancien contrat social entre les paysans et la société arrive à un point de rupture. Nous avons besoin d'une nouvelle donne, d'une nouvelle entente, d'un nouveau système, qui rapproche l'agriculture et l'écologie. Et cela demande du dialogue, du réalisme, de la confiance, un changement de comportement chez les fermiers comme chez les consommateurs, et une volonté de payer le prix réel (en magasin ou via les impôts) de la nourriture et du travail de la terre, pour rendre les choses aussi bonnes qu'elles devraient l'être. Certaines des solutions semblent minimes et sont individuelles, mais d'autres exigent des changements politiques et structurels d'envergure. Nous allons devoir peser politiquement par millions si nous voulons créer une politique qui voie la terre et ce qui s'y passe comme étant au cœur de la construction d'un pays plus juste et équitable.

*

Le temps que nous arrivions à la maison, Tom dort profondément sur mon genou, écroulé contre moi sur le quad. Helen sort et lève les yeux au ciel. Elle m'aide à le soulever et le porte à l'intérieur. Beaucoup de choses sont injustes dans notre maisonnée, quelque peu vieille école, et je suis rarement là pour lui donner un coup de main ou faire ma part, mais tous les soirs c'est moi qui mets Tom au lit. Ce gamin est un petit taureau, tout en volonté, en détermination et en indomptable énergie. Aller se coucher ne fait pas partie de ses projets ; en général, il se tortille, se retourne et se débat. Il adore qu'on lui lise les histoires de *Blackberry Farm*, de Jane Pilgrim, qui étaient à moi autrefois, et à mon père avant moi. Mais ce soir, il tombe comme une masse. Je caresse ses cheveux en me demandant ce qu'il pensera de nous dans quelques années. J'espère que j'en aurai fait assez.

Que diront de nous nos descendants ? Comment serons-nous jugés ? Se tiendront-ils dans la poussière d'un monde hostile et brûlé, entourés par les ruines de tout ce qui existe aujourd'hui, et penseront-ils que nous, qui aurions pu sauver la Terre, avons été des vandales écervelés, trop égoïstes ou trop idiots pour faire machine arrière ? Le futur nous connaîtra-t-il comme la génération qui a tout poussé trop loin, sous la garde de laquelle le monde a commencé à se déliter, qui s'est détournée de ses responsabilités faute de courage et de sagesse ? Ou s'étendront-ils dans la fraîche lumière verte des chênes que nous aurons plantés et seront-ils fiers de nous, la génération qui aura tout arraché à l'abîme, qui aura eu le courage d'affronter ses failles, la grandeur d'oublier ses différends et travailler à l'unisson, la sagesse de voir que la vie valait plus que les choses achetées en magasin, une génération qui se sera hissée plus haut qu'elle-même pour construire un monde meilleur, plus juste ?

Le choix nous appartient. Nous sommes à la croisée des chemins.

Un joueur prudent ne parierait pas sa maison sur notre vertu, car les probabilités pointent vers l'échec. Il y a un million de raisons de croire que nous ne sommes pas assez courageux, grands ni sages pour faire quoi que ce soit d'aussi ambitieux et idéaliste que mettre fin aux dégâts que nous provoquons. Nous suffoquons sous nos propres libertés. À la simple idée d'acheter moins, ou de renoncer à quoi que ce soit, nous braillons comme des cochons qu'on éloigne de la mangeoire. Le monde des humains est souvent laid, égoïste et malveillant, et nous nous laissons facilement leurrer et diviser. Et pourtant, malgré tout, j'ai la conviction que nous, vous et moi, chacun à sa manière, sommes capables de faire le nécessaire.

Il y a quelques semaines, nous avons planté le douze millième arbrisseau sur nos terres. Nous avons probablement triplé le nombre d'arbres que compte notre ferme, et nous espérons en planter encore bien davantage dans les années à venir, déployer encore plus de couloirs de buissons et de bois sur nos terres. Je me suis lancé le défi de planter au moins un arbre pour chaque jour de ma vie jusqu'à la mort. Ça ne fera pas une forêt, mais ce sera quelque chose. Je veux créer une ferme pleine de refuges, et de variété, et d'ombre, avec des feuilles partout qui retournent à la terre. Je veux faire en sorte que notre ferme soit encore plus accueillante pour les oiseaux hivernants qui viennent y chercher des baies et des fruits. Notre ferme ne résout rien seule ; elle n'est que le petit coin de terre où nous pouvons démarrer. I tous ensemble, nous pouvons transformer nos paysages, une petite action après l'autre.

Il y a quelque chose de très agréable dans le fait de planter un arbre. Si c'est bien fait, il vous survivra et rendra le monde un peu plus riche et plus beau, grâce à vos efforts. Planter un arbre signifie que l'on croit en un monde qui sera toujours là quand on n'y sera plus, et que l'on s'en soucie. Cela signifie que vous avez pensé plus grand que vous-même et que vous êtes capable d'imaginer un avenir au-delà de votre propre existence, un avenir qui vous tient à cœur. Jusqu'à la fin de sa vie, mon père réparait les clôtures et les murs cassés parce qu'il se souciait de l'avenir de cette ferme, et, à travers elle, de sa modeste vie. J'y crois aussi, et je plante des arbres avec la même intention.

On dit que les charrons d'antan plantaient, plessaient et stockaient les pommiers selon un cycle qui couvrait trois générations, de manière que leurs petits-fils aient suffisamment d'arbres matures, et fassent sécher un bois adéquat, pour fabriquer les moyeux durs dont ils avaient besoin. Il nous faut recommencer à vivre ainsi, en pensant à long terme et avec plus d'humilité. Mes descendants feront peut-être quelque chose de ces arbres que nous plantons à présent. Mais plus simplement, j'espère déjà que mes enfants et petits-enfants y grimperont et construiront des cabanes, attraperont du poisson et courront librement comme nous-mêmes l'avons fait.

J'espère qu'ils aimeront nos troupeaux et notre culture et qu'ils chériront la vie sauvage. Je suis las des absolus, des extrêmes et de la hargne de cette époque. Nous avons besoin de plus de gentillesse, de compromis et d'équilibre.

Tout ce que nous avons fait de bien à la ferme nous est venu de gens qui trouvaient des moyens de réconcilier l'animosité historique entre agriculteurs et écologistes. L'ancienne liberté de faire chacun ce qui nous plaisait comme si chaque ferme était une île, une simple exploitation, séparée de toutes les autres, pose maintenant problème. Un champ de maïs choisi à bon escient dans un paysage ne va pas forcément créer des problèmes d'érosion des sols ; en revanche, planter du maïs dans tous les champs peut déboucher sur une catastrophe écologique. L'écologie dépasse l'échelle du champ et de la ferme. Il nous faut travailler à l'échelle de nombreuses fermes et de nombreuses vallées. Si nous savons une chose sur les écosystèmes, c'est qu'ils englobent des paysages entiers, de la mer au sommet des montagnes, du nord au sud et de l'est à l'ouest et inversement, et qu'ils comprennent des fermes, des vallées, des régions et des pays, des continents même.

Les coucous qui à chaque printemps lancent leurs appels dans nos chênes pendant deux mois ont fait tout le chemin depuis l'Afrique subsaharienne. Ils ont besoin de nombreux abris sûrs pour vivre et se nourrir, d'endroits qu'ils puissent survoler sans danger pendant leur migration. Il en va de même pour les hirondelles, les martinets, les tariers pâtres, les gobe-mouches gris, les rouges-queues et bien d'autres. Ma ferme est intimement liée à des contrées lointaines que je ne verrai jamais, et sur lesquelles je n'ai aucune influence. Les grives litornes et les rouges-queues que j'aime dans mes haies tout l'hiver disparaissent un jour de printemps et s'envolent vers le nord, les toundras de l'Arctique et les forêts de Scandinavie et du nord de la Russie. On raconte que les corbeaux qui survolent notre ferme – et qui arrachent la chair des moutons morts sur nos collines – se dirigent parfois vers le nord-ouest pour trouver des partenaires et fuir les vagues de froid sur les côtes d'autres pays, comme le Danemark ou la Norvège. Mais même à une échelle plus locale, la vie sauvage se déplace constamment entre les vallées et les autres zones. Les courlis, les huîtriers et les vanneaux qui enchantent notre vallée font des allers-retours entre nos champs et les vasières d'estuaire dans des endroits comme le détroit de Solway et la baie de Morecambe. Les loutres qui marquent les rochers de leurs déjections en dessous de ma maison ont un territoire bien plus large en amont et en aval : elles peuvent parcourir des kilomètres en une nuit. Et les saumons et truites de mer qui envoient des éclairs d'argent dans les replis de nos rus passent une grande partie de leur vie au grand large, à esquiver les chaluts et les dents pointues des orques. Notre petite ferme fait partie d'un très vaste monde.

*

Nous coupons à travers champs, et Bea saute du quad pour ouvrir les portails des clôtures que nous franchissons. Nous voilà presque au fond de la vallée, et les doigts du soleil s'étirent à travers les collines vers le nord-ouest. Les ombres s'allongent. Je n'ai pas encore vu nos béliers aujourd'hui, les moutons les plus précieux de la ferme. Ils sont la source de sang neuf pour le troupeau, et je dois absolument m'assurer avant la nuit qu'ils vont bien. Isaac est resté regarder la télé en attendant l'heure du coucher, mais Bea a eu envie de m'accompagner.

Nous nous dirigeons vers les terres marécageuses de la plaine. Creusées d'innombrables ruisseaux et d'anciennes tranchées de drainage, elles forment des pâtures rustiques et, plus tard dans l'été, seront couvertes de reines-des-prés, dont les fleurs crème vous arrivent à la taille. Les béliers sont censés se trouver là. À l'aube et au crépuscule, le fond de la vallée a quelque chose d'un peu primitif, quand les vaches et les chevrettes broutent dans une mer de brume tandis que les hérons passent, de retour des endroits où ils pêchent et attrapent grenouilles et têtards. Pendant des siècles, ce terrain a été abondamment drainé pour que les tourbières deviennent des prés plus utilisables, au moyen de tranchées qui peuvent atteindre trois mètres de profondeur. Il a fallu des efforts herculéens et une multitude de bras pour entretenir ce système de drainage. La dernière action d'« amélioration » a été menée dans les années 1980 avec des machines puissantes, quand l'Office des eaux a rectifié le tracé du ru qui traverse nos terres. Son lit a été garni de piquets et de planches de bois des deux côtés, jusqu'à ressembler à un canal en miniature. Le fait qu'une compagnie ait eu les moyens et la volonté de faire une chose pareille dans une vallée retirée du Lake District, poussée par un zèle d'ingénieurs et une théologie des rivières rectilignes, paraît déjà surréaliste. Mais il n'y a pratiquement pas un champ en Angleterre qui n'ait été « amélioré » d'une manière ou d'une autre au cours du siècle passé.

Je n'ai ni le personnel, ni les fonds, ni la volonté de drainer cet endroit. Les vieilles vaches poilues et les moutons herdwick se moquent des rivières droites comme la justice et des pâtures d'un vert uniforme. Et donc, sans tambour ni trompette, le fond de la vallée, année après année, retrouve peu à peu sa nature sauvage. Le ru rectifié a fini par grignoter les berges mises en place pour le retenir, et menace à présent de s'évader. Les planches du canal pourrissent. Le limon s'est déposé dans les rigoles, qui se remplissent lentement de vase et d'algues, où les hérons et les loutres chassent la grenouille.

Pendant que nous avançons dans le fond de vallée, je contemple autour de moi, de tous côtés, un ancien paysage modelé par le travail qui vit et respire encore, mais qui est aussi marqué par vingt années de changement.

Je vois au-dessus de nous d'anciennes chênaies qui essaient de se régénérer. Des petits frênes de montagne pointent partout sur le coteau laissé à lui-même, essayant de vaincre les cervidés. La végétation est de plus en plus dense et profonde, avec des aulnes et des aubépines le long des cours d'eau. La plaine est à demi abandonnée et à demi sauvage. La vallée est bien plus hirsute que dans mon enfance, car elle contient moins de moutons. Cela trouble ou fait enrager quelques-uns de mes voisins, tandis que d'autres s'adaptent, prennent plus de bétail ou trouvent d'autres moyens de tirer une subsistance de leur terre.

Je vois des éleveurs commencer à s'associer pour rendre les lieux encore meilleurs, trouver des moyens de laisser de la place à des cours d'eau plus sauvages. On plante à nouveau des kilomètres de haies, on reconstruit les murets, on retape de vieilles granges et de vieilles maisons en pierre. Je vois des clôtures pousser autour des rus, des étangs que l'on creuse. Le tapis de tourbe qui couvrait nos terres communes a été restauré. Des prés fleuris libérés des engrais et pesticides de synthèse scintillent maintenant de nuages d'insectes, de papillons et d'oiseaux.

Et je vois dans notre communauté d'autres personnes qui ne sont pas agriculteurs planter elles aussi des arbres et des haies, ou créer des zones humides, ou aider à coordonner nos efforts. Ce sont ces choses-là qui rassemblent les mondes, et l'ancienne frontière entre « eux » et « nous » s'estompe. L'amour pour cette région nous unit.

Parfois, je ne sais que penser de ces changements, alors je me contente d'observer et d'apprendre de ce qui se dessine. Je n'ai pas l'arrogance de croire que j'ai toutes les réponses. Ces paysages sont façonnés par une foule de gens et d'idées, comme ils l'ont toujours été.

Cependant, un fil de continuité avec ce qui s'est produit avant court à travers tout cela, car la plupart des troupeaux de moutons suivent encore les mêmes mouvements immémoriaux entre collines et pâtures. Nous travaillons encore ensemble, avec les chiens, sur nos parcelles communes, et continuons de rassembler nos bêtes et de les présenter dans les foires. Ces vallées sont emplies de jeunes hommes et femmes intelligents et enthousiastes qui aiment leurs traditions et le travail que demandent les vieilles fermes d'altitude. Ils tiennent absolument à jouer un rôle dans ce mode de vie, et à y construire leur avenir, comme je l'ai fait.

Cette vallée restera peut-être méprisée tant par les fermiers adeptes de la production à tout prix (« C'est mignon, mais c'est juste un style de vie ») que par les écologistes amoureux de la nature sauvage (« Vous êtes priés de disparaître parce qu'on préférerait que les hautes terres soient entièrement reboisées »), mais pour moi, elle représente un beau compromis, et elle s'améliore sans cesse à mesure que nous apprenons et que nous trouvons des solutions nouvelles à ses difficultés. Je suis fier de ma communauté à la fois pour avoir perpétué les anciens usages et pour essayer de trouver de nouvelles manières de régler les graves problèmes de notre ère.

Je crois en ce paysage et en ceux qui l'habitent.

Je conduis tranquillement le quad sur l'allée herbue qui longe le ru, entre les chardons des marais. Les béliers sont sur la rive. Tout en tête, épaules et cornes. Je les compte et constate qu'ils sont tous en bonne santé. Mon regard est toujours attiré par le plus grand et le plus fier d'entre eux, appelé « le Monstre ». Nous l'avons acheté il y a trois ans, et il a engendré quantité de fils et filles de qualité. À son côté, « le Jedi », que nous avons acquis pour un prix record il y a deux ans. Ces deux gentlemen laineux donnent sa forme à notre troupeau et augmenteront sa valeur, si tout va bien. Ils tournent les talons et partent au galop dans le pré.

Alors que nous prenons le virage, nous apercevons un instant une forme blanche et fantomatique derrière la haie. Je coupe le moteur.

Le temps ralentit. L'eau clapote sur les cailloux entre les bassins plus profonds, miroitant dans les dernières lueurs du jour. Dans le bassin le plus sombre, des nuages d'alevins, de petites truites, tournoient en désordre et égratignent de leur corps la fine peau de l'eau. L'air est animé par le doux bourdonnement des mouches.

Bea, assise devant moi, ne bouge pas. Elle porte un tee-shirt et un short roses, et ses jambes solides encadrent le réservoir. Nous attendons. Je la tiens par la taille et la serre fort pour lui dire que je l'aime et que je lui suis reconnaissant de son aide. C'est une jeune fille farouchement fière et indépendante. Elle a le visage large et ouvert, une bande de taches de rousseur sur le nez, et les cheveux attachés en queue-de-cheval. Elle est gentille et drôle : les enfants se précipitent vers elle quand elle entre dans une pièce. Mais avec les adultes elle se montre rebelle, narquoise. Depuis son plus jeune âge, c'est auprès de sa grande sœur Molly qu'elle cherche le réconfort et l'autorité, pas auprès de ses parents. Elles ont toujours formé une petite tribu rien qu'à elles, avec ses propres rapports de loyauté. Quand, lorsqu'elle était toute petite, je lui disais de faire des choses, elle cherchait le regard de sa sœur pour savoir si elle devait obéir. Si elle pense avoir raison, elle n'hésite pas à nous tenir tête, à sa mère et à moi. Comme beaucoup de femmes dans ma famille, elle a de la personnalité, du cran et un sens aigu du bien et du mal. Ces moments où elle m'aide à la ferme sont ceux où elle me laisse le plus lui montrer de l'affection. Je sais qu'en secret elle veut que je sois fier d'elle. Et je le suis, bien sûr, mais je ne suis pas certain qu'elle l'ait déjà compris.

Le couchant projette de longues ombres de chênes à travers les prés. La journée est presque achevée. Et là, nous le voyons, l'oiseau fantôme dans le pré qui longe le nôtre, à cinquante pas. Une chouette effraie.

Elle ne semble pas nous avoir remarqués. Un frisson électrique traverse le corps de ma fille. Nous restons muets et la regardons voler dans un sens et dans l'autre, tel un papillon de nuit géant et blanc, ses ailes caressant en silence l'air mince du crépuscule. La chouette vire à droite et à gauche, semblable à une balle roulant d'un côté à l'autre d'un pichet de verre, tirée vers le sol par la gravité aux deux bouts de chaque arc de cercle. Chaque fois qu'elle remonte d'un côté, elle redescend de l'autre. Elle est si délicate, si fragile, que lorsqu'elle se détourne à la fin de chacun de ses arcs de chasse, elle disparaît presque. Et pourtant, étrangement, dans son mouvement et en esprit elle est plus grande. Elle emplit le champ de sa présence.

Un corbeau charognard noir de jais essaie mollement de la dévaliser, mais après une courte lutte chacun des oiseaux reprend son chemin. La vallée est silencieuse, hormis le jappement d'un chevreuil. Je serre ma fille entre mes genoux. Elle ne dit rien. Elle est ensorcelée.

Ces instants-là sont la récompense de nos efforts pour bien traiter notre terre. La beauté ne paie pas les factures, bien sûr. Elle ne suffit pas à elle seule, mais elle rend la vie meilleure. Les gens de la campagne l'ont toujours su, avant de devenir esclaves du rendement industriel et du consumérisme. Je suis heureux que mon grand-père et mon père m'aient appris qu'une bonne vie a peu de chose à voir avec l'argent ou avec ce qui s'achète. Plus que jamais je respecte leur mépris pour les valeurs financières qui ont cours de façon obsessionnelle dans le monde moderne. Nul d'entre nous ne peut échapper aux réalités du commerce, mais nous pouvons tenter de réformer notre société pour la rendre plus juste, plus digne et plus bienveillante. Je n'en peux plus des fadaises économiques des années 1980.

Là-bas, au bout du pré envahi d'ombres argentées, la chouette oscille d'un côté à l'autre, d'avant en arrière. Puis, les yeux rivés sur sa proie, elle replie ses ailes et tombe comme une flèche dans l'herbe. Nous retenons notre souffle le temps de quelques secondes silencieuses qui semblent durer une éternité. Puis la chouette remonte et recule légèrement vers un portail en portant un petit cadavre brun, frémissant. Nous soufflons.

Il n'y a rien au-delà de ça. Rien de plus haut. Rien de plus profond que ces choses simples. Rien qui compte davantage qu'essayer de vivre notre petite vie sur ce bout de terre.

J'espère que Bea vivra encore cent ans. J'espère qu'elle aura une vie saine, emplie de bonté et de joie. Et peut-être, quand elle sera vieille, où qu'elle soit dans le monde, se rappellera-t-elle cet instant où, avec son père, elle a regardé une chouette blanche chasser. Un minuscule instant de beauté et de magie partagé. Ou alors, peut-être se tiendra-t-elle ici même, éleveuse, longtemps après mon départ, et se rappellera-t-elle que j'ai fait mon possible pour veiller sur ces terres.

Ceci est l'héritage que je léguerai à mes enfants.

Ceci est mon amour.

Dis-leur ce qui se passe sur la terre. Il faut que quelqu'un leur dise...
Quand j'étais jeune, il y avait des coucous et des lychnis partout, et des papillons dans le thym, dans la rocaille des collines. Les rus étaient pleins d'alevins, leurs bassins en regorgeaient, et les cigales d'eau patinaient à la surface
Je suis peut-être un vieil imbécile, mais j'aime bien voir ces trucs-là. Sauf qu'on n'en voit plus. Et c'est la faute à la cupidité. La cupidité. Et ça va empirer si rien ne change.
Dis-leur.

Mayson Weir, ferme de Dowthwaite Head

Remerciements

Ce livre n'existe que parce que j'ai autour de moi toute une bande de gens formidables qui me donnent la possibilité d'écrire et que je tiens à remercier du fond du cœur :

Merci à Jim Gill et au reste de mon équipe chez United Agents.

Merci à Helen Conford de m'avoir commandé ce texte et d'avoir été ma première éditrice, qui m'a aidé à trouver la forme dans les premiers mois du projet. Merci à Stefan McGrath, Ingrid Matts, Penelope Vogler, Jane Robertson, Helen Evans et à tous les autres Pingouins d'avoir dépassé de loin l'effort attendu.

Je serai toujours reconnaissant à Chloe Currens de m'avoir aidé à faire de ce livre ce qu'il est devenu. Je me sens privilégié d'avoir une si brillante éditrice, dont je sais qu'elle se battra toujours pour moi et me poussera à donner le meilleur de moi-même. J'adore faire partie de la famille Penguin : c'est la réalisation d'un rêve inaccessible pour l'ancien ado qui regardait avec émerveillement les livres Penguin Classics sur les étagères de sa mère.

Merci à tous ceux qui m'ont aidé de mille petites manières à rédiger cet ouvrage via des conversations sur mon compte Twitter @herdyshepherd1.

Merci à tous les libraires, les journalistes et les organisateurs de festivals qui ont soutenu mes écrits et ont vendu mes livres un à un.

Merci à des centaines de lecteurs et d'auteurs pour leur bonté et leur soutien, que ce soit en face-à-face ou en m'écrivant. Je n'ai pas eu le temps de répondre à toutes les lettres, mais vos messages attentionnés m'ont beaucoup touché.

La vie à la ferme est pleine de gens qui vous apprennent des choses et qui vous aident, et je remercie tous ceux qui l'ont fait pour moi. Merci à mes amis pour leur soutien, pour avoir gardé la tête sur les épaules en plein battage médiatique, et pour avoir donné de fausses indications aux visiteurs non invités quand ils essayaient de trouver ma maison.

Merci à Alan Bennet, qui est un bon voisin de ferme et avec qui j'aime discuter de ces choses-là sur le bord de la route à côté de nos champs. Merci à Peter Lightfoot de m'avoir permis de rester sur le bon chemin. Merci à David Cannon d'être un gentleman et l'ami qu'il avait promis d'être. Merci à Joe Weir d'être mon complice avec les béliers herdwick. Merci à Richard Woof pour son aide, et pour le travail à la tronçonneuse sur ces fichues haies. Merci à Chris Davidson, Derek Wilson, Scott Wilson, Tom Blease et Hannah Jackson de me remplacer quand je m'absente.

Merci à Ken Smith de m'avoir conduit sur les longues routes droites du Midwest américain. Et merci à Renae et Kevin Dietzel de m'avoir donné un aperçu de la vie agricole dans l'Iowa. J'ai décrit les défauts de ce système, mais je serais fautif si j'omettais de dire que j'ai eu la bonne fortune de rencontrer un grand nombre de bons fermiers américains progressistes et d'admirer leur contre-attaque : les meilleures réflexions sur l'agriculture régénératrice nous viennent en grande partie des États-Unis. Je dois beaucoup à Greg Judy, de Green Pasture Farms, pour m'avoir enseigné un tas de choses sur le sol et le pâturage via sa chaîne YouTube.

Si notre ferme s'est transformée au cours des dix dernières années, c'est parce que beaucoup de grands connaisseurs de l'environnement sont venus passer du temps avec nous et nous aider à changer notre façon de penser et de gérer nos terres. Lucy Butler et Will Cleasby sont arrivés il y a des années de l'Eden Rivers Trust et ont déclenché notre conversion. Merci à l'équipe actuelle de l'Eden Rivers Trust de continuer ce bon boulot, y compris Elizabeth, Lev, Tania et Jenny.

Rob Dixon nous a aidés à comprendre notre terre, et en particulier nos plantes sauvages, et s'est beaucoup sali les mains à plesser des haies et à planter les semis manquants qui commenceront à fleurir dans nos prés dans les deux ou trois ans à venir.

Caroline Grinrod est peut-être celle qui a eu le plus d'influence sur notre ferme ces dernières années, en nous instruisant sur la gestion du sol et des zones enherbées, et elle mérite mes sincères remerciements.

Lee Schofiels et d'autres collègues du RSPB ont été d'intéressants partenaires avec qui échanger des points de vue, et ont aussi façonné notre façon de penser. Charlie Burrell et Isabella Tree ont été des hôtes et des guides adorables, avec ce qu'ils ont fait à Knepp Castle – qui a aussi influé sur ma manière de concevoir notre ferme. Cain Scrimgeour et Heather-Louise Devey nous ont aidés à mieux comprendre nos papillons de nuit et nos chauves-souris ; la fraîcheur de leur perspective a rendu amusante notre approche de la vie sauvage. Merci à Becky Wilson pour notre audit carbone, les multiples tests du sol, et pour avoir insufflé avec enthousiasme de la vie dans tout cela. Merci au Woodland Trust de nous avoir soutenus avec les arbres. Merci à tous ceux qui ont fait des dons pour des projets dans toute la vallée – en particulier la famille Bray. Merci au personnel de la Natural England and Environment Agency, qui a fait advenir de belles choses en coulisse. Merci à Paul Arkle de m'avoir aidé à me dépêtrer des démarches administratives nécessaires pour faire admettre notre ferme dans les meilleurs programmes environnementaux, et pour son enthousiasme devant ce que nous nous efforçons de faire. Merci à James Robinson pour ses renseignements sur la production laitière et sur les difficultés de changer quoi que ce soit dans le système actuel.

Je dois aussi un énorme merci à mon ami Danny Teasdale, qui nous a aidés tous les deux à mieux comprendre les cours d'eau et qui a trouvé l'argent et les ouvriers pour passer à l'action. Danny est un conservationniste pragmatique comme il nous en faudrait partout – si vous voulez l'aider à travailler à la conservation de cette vallée, merci de faire un don à son organisation (www.ucmcic.com). Je suis fier de notre partenariat pour une agriculture respectueuse de la nature, et j'espère qu'il deviendra de plus en plus puissant.

Merci à tous ceux qui se sont portés volontaires pour planter des arbres et des haies. Merci à tous nos partenaires scolaires, qui nous rappellent perpétuellement la chance que nous avons de vivre ici et la joie qu'il y a à la partager.

Les lecteurs doivent aussi savoir que nous n'avons rien d'unique ni de particulier : cette vallée et la suivante sont pleines de bons paysans qui trouvent tous de nouvelles manières de mieux gérer leur terre pour la production alimentaire comme pour la nature. Il y a beaucoup de très bons agriculteurs qui se soucient de tout cela, et ils me donnent de l'espoir.

Les amis suivants ont eu la gentillesse de lire le manuscrit de ce livre et de m'aider par leurs commentaires :

Nicola Wilding, Adam Bedford, Rob Dixon, Caroline Grindrod, Kathryn Aalto et Patrick Holden. Merci aussi à Jane Clark pour sa lecture du manuscrit et ses remarques incisives.

Toute erreur factuelle ou de jugement qui subsisterait relève de ma seule responsabilité.

Merci à Malcolm Maclean de m'avoir hébergé dans le « bungalow » à Uig quand j'avais besoin de tranquillité.

Merci à Maggie Learmonth et Ozman Zafar d'être de bons amis et d'avoir été là quand j'avais besoin d'eux. Merci à mon frère polonais Lukasz d'être venu par un mauvais printemps et de m'avoir simplement prêté main-forte sans rien demander en retour ; tu m'as remis sur pied. Et merci à Nick Offerman d'avoir montré du respect envers mon travail, de m'avoir fait rire, et simplement d'être un homme remarquable.

Merci à Ian et Liz pour tout ce que vous faites pour nous quand les choses deviennent un peu folles.

Merci à ma mère d'être là et de nous soutenir.

Merci à mes enfants, Molly (totalement indifférente à ce livre), Bea (quelque peu indifférente), Isaac (fier supporteur) et Tom (complètement ailleurs et responsable à lui seul d'environ un an de retard), et à ma magnifique, forte et très intelligente femme, Helen. Merci du fond du cœur, Helen. J'ai tellement de chance que tu me soutiennes en faisant toutes ces choses du quotidien que personne ne célèbre mais sans lesquelles notre vie tomberait en lambeaux. Rien de tout cela n'existerait sans tes encouragements et ton soutien indéfectible qui me portent quand tout devient si difficile. Je t'aime.

Enfin, ce livre m'a été inspiré par deux de mes héroïnes, Rachel Carson et Jane Jacobs : des autrices qui ont osé remettre en cause la « sagesse acceptée » de leur époque et s'attaquer aux dogmes qui nuisaient à la vie des gens ordinaires. Et mes remerciements les plus sincères, avec respect, à mon ami Wendell Berry, qui m'a indiqué un chemin dans le noir, il y a longtemps, afin que nous le suivions tous.

L'EXEMPLAIRE QUE VOUS TENEZ ENTRE LES MAINS A ÉTÉ RENDU POSSIBLE GRÂCE AU TRAVAIL DE TOUTE UNE ÉQUIPE.

ÉDITION : Flore Gurrey
COUVERTURE ET CONCEPTION GRAPHIQUE : Éric Pillault
RÉVISION : Emmanuel Dazin, Jean-Luc Demizieux et Isabelle Paccalet
MISE EN PAGE : Cursives
PHOTOGRAVURE : Point 11
FABRICATION : Louise Clément
COMMERCIAL ET MARKETING : Pierre Bottura
COORDINATION : Jean-Baptiste Noailhat
MARKETING ET COMMUNICATION DIGITALE : Clémentine Malgras
RELATIONS LIBRAIRES : Laura Darmon
PRESSE ET COMMUNICATION : Jérôme Lambert avec Axelle Vergeade
LES ARÈNES DU SAVOIR : Pierre Bottura avec Marc Blactot, Adèle Hybre, Guillaume Lollier et Clémentine Malgras

RUE JACOB DIFFUSION : Élise Lacaze (direction), Katia Berry (grand Sud-Est), François-Marie Bironneau (Nord et Est), Charlotte Jeunesse (Paris et région parisienne), Christelle Guilleminot (grand Sud-Ouest), Laure Sagot (grand Ouest), Diane Maretheu (coordination), Charlotte Knibiehly (ventes directes) et Camille Saunier (librairies spécialisées)

DISTRIBUTION : Interforum

DROITS FRANCE ET JURIDIQUE : Bertille Comar et Geoffroy Fauchier-Magnan
DROITS ÉTRANGERS : Sophie Langlais
ACCUEIL ET LIBRAIRIE : Laurence Zarra et Lucie Martino
ENVOIS AUX JOURNALISTES ET LIBRAIRES : Vidal Ruiz Martinez
COMPTABILITÉ ET DROITS D'AUTEUR : Christelle Lemonnier, Camille Breynaert et Christine Blaise
SERVICES GÉNÉRAUX : Isadora Monteiro Dos Reis

La couverture et la bande ont été imprimées
par Déjà Link à Stains (Seine-Saint-Denis).

Achevé d'imprimer sur Roto-Page
par l'Imprimerie Floch à Mayenne (Mayenne)
en février 2023.

ISBN : 979-10-375-0848-5
Numéro d'impression : 101992
Dépôt légal : mars 2023

L'ensemble de cet ouvrage a été réalisé dans le respect des règles environnementales en vigueur. Il a été imprimé par un imprimeur certifié Imprim'vert, sur du Lac 2000 PEFC pour l'intérieur et une carte Crescendo pour la couverture.

IMPRIM'VERT®

En France, un livre a le même prix partout.
C'est le «prix unique du livre» instauré par la loi de 1981
pour protéger le livre et la lecture.
L'éditeur fixe librement ce prix et l'imprime sur le livre.
Tous les commerçants sont obligés de le respecter. Que vous achetiez votre livre en librairie, dans une grande surface ou en ligne, vous le payez donc au même prix. Avec une carte de fidélité, vous pouvez bénéficier d'une réduction allant jusqu'à 5 % applicable uniquement en magasin (les commandes en ligne expédiées à domicile en sont exclues).
Si vous payez moins cher, c'est que le livre est d'occasion.